権利金・更新料の判例総合解説

権利金・更新料の
判例総合解説

石外 克喜 著

判例総合解説シリーズ

信山社

はしがき

　学生時代，私は，大学で磯村哲教授の債権各論の講義を聞き，それに魅せられて先生のゼミに入れていただいた。研究生活に入る当初の頃にも先生には格別のお世話になっている。その先生が，1997年8月，82歳の生涯を閉じられた。同年10月には，ご子息の磯村保教授から先生の新著『錯誤論考』が手元に送りとどけられた。予期しないことであっただけに，私は，驚きかつ身のひきしまる思いをしたことであった。私の本の完成が遅れていたせいもないわけでない。虎は死して皮を残すというが，この私は一体何を残せるのかと自問自答せざるをえなかった。

　高齢の，今，やっと本がでる。これまで重ねてきた「判例評論」の集大成ともいうべきものだが，学説と判例理論の対比に重点をおいたつもりである。この本がでることにより，何時になったら本がでるのかとお心遣い下さった後藤清教授の期待に多少は応えることができたであろうか。

　大山梓教授は，ご専攻が日本外交史であったためか，常日頃，法学者が研究を進めてゆくには，関連学説を渉猟するにとどまらず，関連資料が語りかけてくれる言葉にこそ耳を傾けるべきだと説かれていた。その意味あいからすれば，本稿の「権利金」における資料とは，明治45年1月20日の大審院判決（民録18輯1頁）であったし，また，「更新料」における資料とは，昭和43年9月13日（昭和43年（借チ）第7号）の千葉地裁の決定（借地非訟事件における財産給付額等算定事例集2集98頁）であった。決定の中身では，借地（商業地）上建物の増改築を許可するにあたり，もともと，土地賃料が月「3.3 m^2 20円」と「毎年米6斗」であったものを，鑑定委員会が「3.3 m^2 月152円」としたのに対し，裁判所は「3.3 m^2 月350円」とした。さらに，「附随処分」としての「金銭給付額」を，鑑定委員会が「337,500円（更地価格の2.2％）」としたのに対し，裁判所は「0円」とした。これは，その算定方法を，鑑定委員会が〔更新料相当額（更地価格の5％）〕を前提にして残存期間（9年）分をはじきだしたのに対し，裁判所はまさに賃料増額の方法のみで調整するとしたためである。この決定は，上記給付額を，多くの判決などが更新料そのものにより算定しているのに反し，まさに，賃料増額の方法によって算定しているのである。そのような見解の対立はいかなる理由から生じてくるのか。私はその疑問を私法判例リマークス（2001年（下））のエッセイ「推測」で取り上げておいた。更新料を賃料増額で徴収することにでもなれば，これまであまり鮮明にされなかった賃借物の使用収益適状作出義務の内容を，増額賃料義務に対応させ明らかにする必要がでてくるのではないかと思われる。このことを否認するか否かということが対立理由の一つではないかと述

はしがき

べておいた。

　この本の出版に当り多くの人々からいろいろなご援助をたまわった。椿寿夫教授の貴重なご助言がなければこの本は日の目を見なかったかも知れない。厚くお礼を申し上げる。

　出版をお引き受け下さった信山社の袖山貴氏，打合せの都度適切なご指示をいただいた編集工房INABAの稲葉文子氏，それに，下準備などに人一倍のご尽力をいただいた岡原重則・道枝夫妻，花北順夫氏にも厚くお礼を申し上げる。

2002年10月10日

石　外　克　喜

目　次

はしがき

Ⅰ　権　利　金

第1章　問 題 提 起 …………………………………………………… 3

　第1節　研究の目的・対象 ……………………………………… 3
　第2節　当事者関係の認識 ……………………………………… 4
　第3節　権利金の中心課題 ……………………………………… 5
　第4節　個 別 問 題 ……………………………………………… 7

第2章　沿革・形成理由 ………………………………………………… 11

　第1節　史 的 沿 革 ……………………………………………… 11
　第2節　法律・経済上の形成理由 ……………………………… 12

第3章　権利金授受の根拠 …………………………………………… 15

　第1節　合意による場合　【1】～【12】……………………… 15
　第2節　転借人との合意による場合　【13】～【14】………… 22

第4章　権利金の性質と金額 ………………………………………… 25

　第1節　単独性質判例　【15】～【33】，①，【34】～【47】……… 26
　第2節　複合性質判例　【48】…………………………………… 48
　第3節　金　　　　額 …………………………………………… 49

vii

目　次

第5章　権利金の返還を請求する方法 ……………… *61*

第1節　造作買取請求権による場合　【49】〜【57】……… *61*

第2節　不当利得返還請求権による場合　【58】〜【62】…… *66*

第3節　不法行為に基づく損害賠償請求権による
　　　　場合　【63】……………………………………………… *71*

第4節　合意に基づく返還請求権による場合
　　　　【64】〜【67】………………………………………… *71*

第5節　慣習に基づく返還請求権による場合
　　　　【68】〜【69】………………………………………… *73*

第6章　終了事由と権利金の返還認否 ……………… *75*

第1節　賃借人側の事由による場合　【70】〜【77】………… *75*

第2節　合意解除による場合　【78】〜【85】………………… *79*

第3節　不可抗力による場合　【86】〜【88】………………… *82*

第4節　賃貸人側の事由による場合　【89】〜【91】………… *83*

第7章　賃貸借と権利金の授受 ……………………… *87*

第1節　賃料算定と権利金　【92】〜【95】…………………… *87*

第2節　一時賃貸借と権利金　【96】〜【99】………………… *90*

第8章　権利金授受と不法原因給付 ………………… *95*

第9章　権利金と他の一時金の関係 ………………… *97*

第1節　権利金と更新料　【100】〜【101】…………………… *97*

第2節　権利金と敷金　【102】………………………………… *99*

第3節　権利金と保証金　【103】……………………………… *100*

第10章　結　語 …… 103

第1節　目的の具体化 …… 103
第2節　返還認否の判断ポイント …… 105
第3節　要　約 …… 108

Ⅱ　更　新　料

第1章　問題の所在 …… 113

第1節　借地借家法と更新料 …… 113
第2節　問題分析の1ヒント …… 115

第2章　沿　革 …… 117

第1節　発生経緯 …… 117
第2節　判　例　【104】～【105】 …… 118
第3節　借地非訟事件の決定例　②～④ …… 119

第3章　判決と決定の位置づけ …… 123

第1節　問　題　点 …… 123
第2節　判決と決定の並記説 …… 124
第3節　判決と決定の区分説　⑤～⑥,【106】,⑦～⑨ … 125

第4章　合意に基づく更新料授受 …… 131

第1節　問　題　点 …… 131
第2節　合意の成立・不成立　【107】～【111】 …… 134
第3節　合意の有効・無効　【112】～【115】 …… 139
第4節　更新料授受契約と法定更新　【116】～【135】 …… 144

第 5 節　更新料不払いと賃貸借解除　【136】〜【146】……*159*
　　第 6 節　学　　説……………………………………………………*169*

第 5 章　慣習に基づく更新料授受……………………………*173*

　　第 1 節　問 題 点………………………………………………………*173*
　　第 2 節　慣習容認判例　【147】……………………………………*174*
　　第 3 節　慣習否認判例　【148】〜【160】…………………………*176*
　　第 4 節　学　　説……………………………………………………*186*

第 6 章　更新料の性質………………………………………………*189*

　　第 1 節　問 題 点………………………………………………………*189*
　　第 2 節　単独性質の判例と学説　【161】〜【168】, 10 11,
　　　　　　【169】〜【171】……………………………………………*189*
　　第 3 節　複合性質の判例と学説　【172】〜【179】……………*199*

第 7 章　更新料の金額と算式……………………………………*205*

　　第 1 節　問 題 点………………………………………………………*205*
　　第 2 節　借地の場合　【180】〜【183】……………………………*206*
　　第 3 節　借家の場合　【184】〜【191】……………………………*208*
　　第 4 節　学説と判例…………………………………………………*212*

第 8 章　結　　語……………………………………………………*217*

　　第 1 節　諸状況と更新料……………………………………………*217*
　　第 2 節　「従前の提供」と更新料……………………………………*219*
　　第 3 節　判例解説の検討結果………………………………………*220*
　　第 4 節　残された問題………………………………………………*221*

参考文献……………………………………………………225
判例索引……………………………………………………229

判例集等略称

大　判	大審院民事部判決	評　論	法律評論
最　判	最高裁判所判決	高民集	高等裁判所民事判例集
高　判	高等裁判所判決	東高民時報	東京高等裁判所判決時報（民事）
地　判	地方裁判所判決	高刑集	高等裁判所刑事判例集
支　判	支部判決	下民集	下級裁判所民事裁判例集
最　決	最高裁判所決定	全　集	大審院判決全集
高　決	高等裁判所決定	金　判	金融・商事判例
地　決	地方裁判所決定	判　時	判例時報
支　決	支部決定	判　タ	判例タイムズ
民　録	大審院民事部判決録	法　協	法学協会雑誌
民　集	大審院民事判例集	法　時	法律時報
	最高裁判所民事判例集	民　商	民商法雑誌
新　聞	法律新聞	新　報	法学新報

I 権利金

第1章　問題提起

第1節　研究の目的・対象

1　考え方の基礎

不動産賃貸借において賃貸人が賃借人から賃料のほかに権利金といった一時金を授受することがあるが，一体，それはどうしてなのか。あえて賃借人による利用の客体として，土地，建物にならべて場所的利益といったものを分けて考え，それについての対価などを権利金と呼んでいるのが実情である。では，不動産賃貸借当事者間においてそのような場所的利益の対価はこれを授受することができるとしても，賃貸借が終了した場合にその権利金の返還を認めることができるか。この問題の可否を見定めるためには当事者間の合意の内容，あるいは権利金の性質により判断するとしている。とりわけ，この問題を実質的に究明するには，まず，上に述べた場所的利益を交換価値の側面と使用価値の側面とに分けてとらえる必要がある。そして，その上で，そうした場所的利益が賃貸不動産との結びつきの上で可分関係にあるのか，それとも不可分関係にあるのかを考える必要がある。

2　判例総合解説

ここでは，不動産賃貸借の当事者間で授受される権利金・更新料・敷金・保証金といった一時金のうち，はじめに「権利金」，ついで「更新料」の判例を取り上げ検討を加えることにする。というのは，便宜的な構成になるが，権利金・更新料には不動産賃貸借自体にかかわる問題が多く，敷金・保証金には賃借人の債務を担保するなど賃貸借にとって副次的な関係にかかわる問題が多いためである。権利金・更新料のうち権利金を先にしたのは，両者の間に賃料を介して密接な関係があるものの，権利金の場合，賃貸借終了時に権利金が返還されるかなど，はじめの契約に関する問題が重要視されているのに反し，更新料の場合は，更新料支払契約が法定更新の場合にも適用になるかなど，更新後の次の契約に関する問題が重要視されているからである。

権利金と更新料の関係が緊密なものであることについては，学説では，「最初に支払われた権利金が当初の期間のみの賃料の補充であるならば，更新のさいに，更新後の期間全部についての補充としての権利金が支払われなければ，地主としてはたまらないから」，権利金の代わりとしての更新料の「額は最初の権利金と大差ないことになるはずである。」

第1章　問題提起

(星野英一・借地・借家法66頁)とか，判例では，「建物の賃料が多額の敷金の差入れ，または権利金の授受があって特に低廉に定められている等の事情については認めるに足る証拠のない本件においては，右更新料名義の金額を加算することは相当でない……。」(江戸川簡判昭49・3・25【100】)とか，賃貸借契約の締結当時，権利金，敷金などの差入れがなく地価をはじめ物価が著しく値上りしているため，借地権価格に1割に相当する更新料が支払われている場合の更新料の性質というのは土地利用の対価である(最判昭59・4・20民集38・6・610【101】)とか述べられている。したがって，ここでは，一時金のうち権利金・更新料をもっぱら対象とし，敷金・保証金については別巻を予定している。

ちなみに，借地非訟事件の決定には，裁判所が条件変更の許可を申立人に与える際，権利金などの授受の認められないことなどを考慮して財産給付金中に更新料を算定して支払いを命ずる(千葉地決昭和43年(借チ)第3号昭43・7・11判タ225・191更新料②)と述べるものがある。

第2節　当事者関係の認識

1　不対等者関係

学説は，不動産賃貸借の当事者間を，主に，長く社会経済上の強者と弱者との対立関係とみてきた。しかし，今日，時代の推移を反映してその間の関係の理解について変化が認められないというわけではない。それは，借地・借家の法律関係の解釈上にも反映されている。古く，「私は地主家主が独占的立場にあるを奇貨(きか)として，随分無理なる要求を借主になして居るのを見受けるのである。而(しか)も此条件を受け容れなければ殆ど絶対に賃借し得ないのが現実の状態である。私は契約は対等者間に行はるゝものであり不対等者間に行はるゝものは名は契約と称するも実は規則に服従するものであると思ふのである。されば一定の条件に服すると云ふ貸主に対する賃借人側の申出は契約の所謂承諾であるけれども，私は実質上の降服を意味するものであって，高利貸から金を借りる人失職者が工場の労働条件を承諾して就職するのと豪(ごう)もかはらないものであると思ふのである。」と述べられていた(寺田彌一郎「所謂権利金の意義性質」新聞2767号4頁)。

2　住まいへの権利(対国家関係)

しかるに，近時，平成4年から施行されるに至った新しい借地借家法の意義に言及して，同法は，「それまで一貫して借地人・借家人の地位を強化・保護する方向で展開してきた借地借家法制に初めて逆のベクトルを持ち込んだ。すなわち同改正は，定期借地権制度の導入など地主・家主の『契約の自由』を拡大することによって借地・借家の供給を促進するというサプライ・サイダーの立場を考慮した改正であった。」「マクロ的に観察すれば，日本を含めた先進資本主義国において経済のグローバル化の圧力のもとで規制緩和と市場メカニズム重視を基本にした国家・社会構造の改変が進められている。」とし，さらに，「借家人の法的地位は，家主に対する関係に

おける『居住権』者として限定されるのではなく，国家に対する『住まいへの権利』」の主体として位置づけられ，存続保障を内容とする住居賃貸借法制は，持家建設への公的貸し付け，良質な借家の建設に対する公的資金援助，低所得者層のための公営住宅建設，家賃補助などさまざまな国家的住宅政策のメニューのなかの（最重要の）一つとして要求されるのである。」と述べられている（広渡清吾「住居賃貸借法の位置と政策的機能」法時70巻2号10頁，14頁）。

3　対等者関係

最近になって，「現在の借地人をみますと，資本家的借地人，小市民的借地人等，実にさまざまな借地人が存在しますが，経済大国と称されるなか，国民のほとんどが経済的に中流以上の意識をもち，物が溢れる時代において，社会経済的に弱者であるような借地人は少数であります。したがって，もはや『借地人＝弱者』といった観点からの借地人保護を目的とする必要はありません。借地期間満了後は，土地家屋を購入するなり，借家に移るなりするべきです。居住用，事業用いずれについても，現在，多くの借家が存在し，しかも供給過剰ですらある状況です。一方において，弱者保護の観点から，正当事由を温存させる意見もありますが，正当事由と弱者保護は切り離して考えるべきで，弱者保護は，福祉政策等他の政策で解決すべきです。そして，『約束を守る』，『借りたものは返す』といった社会正義を優先すべきです。」と述べる説もでてきている（日税連公開研究討論会中国税理士会研究チーム編・借地権101年目の改革54頁）。

そして，同説は借家の供給が需要を上廻っているので，不動産賃貸借当事者間を社会経済的に強者と弱者の対立関係にあるとする従来の見方を解消し改めるべきであるともいう（中国税理士会研究チーム編・前掲書36頁参照）。では，今日の不動産賃貸借のあり方をそのように言いきることができるであろうか。周知のように，判例の取り扱う事件には，不動産賃貸借が継続的契約であるため契約の途中において賃貸人から賃料の増額を請求され，賃料不払を前提として契約が解除され，借地や借家を明渡すように求められるものが多い。請求の当否は別としてそうした状態に置かれた場合の賃借人の心的，物的負担は大きく，賃貸不動産（とくに住居用）を所有する者と所有しない者との間には，契約を締結しそれを維持する力の上で，つまり交渉力の上で，依然，隔絶した差異があることを見逃すことはできないように思われるのである。

第3節　権利金の中心課題

1　返還の認否

不動産賃貸借の当事者間で授受される賃料以外の金員，たとえば，更新料については，その授受契約自体が法定更新の場合にも適用になるか，賃借人が更新料を賃貸人に支払わない場合，不動産賃貸借そのものが契約解除されるか，とかいった問題がある。

しかしながら，権利金の場合には，そのような授受そのものをめぐる問題よりも，賃貸

第1章　問題提起

借終了時に返還が認められるか否かといった問題が重要視されている。借家における場所的利益というものは、「区画整理その他の事情によって偶然に招来さるる場合も予想さるる。併し乍ら多くの場合それはその家屋を永年に亘って賃借し、必要なる設備を整へ、商売の繁栄に力を尽し来った賃借人の努力、投資の結果であって、多く他人に賃貸する目的を以て家屋を建て、殆ど裸のままの家屋を賃借人に提供したる家主の関する所ではない。此処に必然的に起るべきは賃借人は現行法上自らの為した投資の結果換言すれば所謂造作に費したる費用を回収し得べきかの問題である。」この問題を否定し、「之を賃貸借契約に随伴する必然的の事柄であるとし、形式的に家主の不当利得に非ずとの理由で冷眼視し去るのは、所有権絶対の思想にわづらはされた許し難き考え方と云はねばならぬ。」「私の興味を有する点は賃貸借契約成立の際の権利金授受問題よりは権利金返還問題、更に返還以上に賃借人の投資の結果たる有形無形の造作について家主に償還義務ありやの問題である。」といわれているのである（吾妻光俊「権利金に就て」法時3巻1号23頁）。なお、我妻説は、無形造作について「その建物の賃借人がこの造作を有することは、そのこれを貸主から買った場合たると、前の借主から譲り受けた場合たると、将又、自らの努力によってこれを生ぜしめたるとを問わず、賃借人が自己の資本によって、この建物に附属せしめたるものと見なければならないこと、他の本来の造作と何等異る所がない」といわれている（我妻栄「大判大15・1・29の判批」判民大正15年度28～29頁）。

権利金返還の根拠としては、権利金返還の合意があればそれで足り、合意がなければ慣習により、その慣習もないということになれば、不当利得返還請求権によらざるをえないであろう。では、賃貸借終了時に、賃貸人が、授受した権利金を返還しないで保持することが、何故に、賃貸人にとって不当利得となるのであろうか。地代家賃統制令に違反して権利金が授受され、授受契約そのものが強行法規違反や公序良俗違反で無効となる場合には、賃貸人が権利金を保持することは当然のことながら不当利得となる。しかし、右統制令などが適用されないという場合に、右権利金の保持が、不当利得とされるのは一体如何なる理由によるものであろうか（大判明45・1・20【58】、本書105, 109頁参照）。

2　終了事由と返還

権利金の返還認否の判断事情として、返還の合意や慣習は要件事実であるが、権利金の性質や賃貸借の目的、期間等々は間接事実であるとされている（田尾桃二「最判昭43・6・27の判批」判タ228号64頁）が、そうであろうか。ではまた、権利金の性格上その返還が認められる場合であっても、契約の終了事由が賃借人に帰責事由があるという場合には、権利金の返還は求めえられないことになるであろうか。ところが、判例には、賃貸借契約が、賃借人に帰責事由があって終了した場合にも、権利金は返還されるとするものがある。賃料不払いの場合に返還を容認する東京高判昭48・7・31【48】（傍論）、無断転貸（賃借人による使用収益のない）の場合に権利金の性質により返還を容認する東京高判昭51・7・28【30】

である。また，同じような場合に，返還を否認するとする判例がないわけでない。賃料不払いの場合に権利金の性質により返還を否認する東京高判昭29・12・6【1】である。では，それら差異ある諸見解のうち，われわれはどの見解を支持すべきであろうか。

第4節　個別問題

1　関連判例の発生

おおよそ，判例上敷金があらわれるのは東京地判明35・1・27新聞74・10においてであり，また権利金があらわれるのは東京地判大8・4・21評論8・上・民法1161においてであって，かなり前の早い時期からのことであった。しかしながら，更新料があらわれるのは東京地判昭45・2・13判時613・77においてであり，保証金（ビル建設費の補充金）があらわれるのは名古屋地判昭40・4・27判時419・45においてであり，いずれも比較的最近のことであって時期的に大変遅い。それでは各一時金が判例上あらわれるようになった時期のそのようなずれといったものはどうして生じたのであろうか（権利金につき，本書11頁参照）。

2　交付と受領

判例によれば，権利金の授受が不動産賃貸借の契約締結時に，契約内容になっていることが示されずに単に賃借人から賃貸人に対して，交付され，賃貸人によって受領されたとされている場合が多い。ということは，先に賃貸借当事者間で賃貸借契約そのものの中にあるいは別枠で権利金の授受契約そのものが当然のように締結されていて，その後に契約上の義務が履行されてしまうという手順が一部省略された結果，そのようになっているのであろうか（本書19頁参照）。

3　慣習

権利金授受の慣行は，地域により差があり，あるいは認められるとかあるいは認められないとかとされているが，慣行が認められる地域というものは限られている。権利金授受の慣行が，裁判規範すなわち，慣習法あるいは事実たる慣習として採用されるためにはどのような状態にあることが不可欠なのであろうか（本書15, 66, 73～74頁参照）。

4　複合性質

ところで，権利金が単独性質のものである場合に場所的利益の対価と解される場合がある。その場所的利益はさらに取得の対価である場合と享受の対価である場合とに分けて取扱うことが可能であろうか（本書106～107頁参照）。また，判例をみると，後述の更新料の場合もそうであるが，ここでの権利金の場合にも，時代の推移とともに一時金としての性質の理解が単独的なものから複合的なものに移り変わってきたようにみえる【48】。複合性質を認める学説の中には，各種の性質の権利金の中に何れも賃料一部の前払たる性質が通有されていると説く学説もある（瀬川信久・日本の借地184～185頁）。判例が権利金にそのような複合性質のものがあるのを認めるのは一体何故なのであろうか（本書48, 49頁参照）。

5 造作買取りと不当利得

初期の頃の判例をみると，賃貸借の終了時に権利金の返還を請求する法的方法は，主として造作買取請求権による方法であった。しかし，東京地判昭33・6・26（【21】＝【55】＝【65】＝【77】）などにみられるように，判例上，その「造作」の中に有形造作は含まれるが，無形造作は含まれないとする解釈論が定着し，右判決後はその方法を用いるものはなくなった。したがって，権利金返還の方法は主として不当利得返還請求権によることとなる。

その場合の不当利得の利得とは，賃貸人が賃借人から受領した権利金ではなくて借地関係終了の結果賃貸人に復帰するに至った営業上の利益であるとされている（鈴木禄弥・借地法下巻935頁），こうした理解というものは権利金をめぐる法律関係を構成する上でどのような形で反映するであろうか（本書28，71頁参照）。

6 賃貸借と権利金授受

権利金と賃貸借関係一般とのかかわりあいをみてみると，権利金と賃料とは性質を異にする，すなわち，借家の場合に，賃料は建物自体の利用価値をあらわすもの，権利金は場所的利益の利用価値をあらわすものと考えると両者は区別すべきものということになるが（薄根正男・借地・借家（借家篇）27頁），他の学説にはいわゆる設定権利金を授受すれば賃料は低く約定せざるを得ないとし右両者間に相関性を認めうるとする説がないわけではない（宮ヶ原光正「定期借地権と権利金」季刊日本不動産学会誌7巻2号50頁）。判例には，権利金が賃料の前払いとしての性質を失う場合，その授受は賃料の算定に影響しないとするもの【95】がある。そうしてみると，権利金と賃料の間に相関関係があるかないかの判断は，権利金の性質によっても左右されることになる。

つぎに，賃貸借当事者間で権利金が授受されている場合には，賃貸借は一時賃貸借ではありえないということになるであろうか（本書90～93頁参照）。なるほど，判例上，一定範囲の賃借期間では賃借期間が長い場合には権利金の金額が高くなるとし，逆に，賃借期間が短い場合には，権利金の金額が低くなるとしている【5】。しかし，他に，判例に，多額の権利金が支払われていても，その場合の不動産賃貸借は一時賃貸借でないとすることができないとするものがある【98】。

7 統制令と権利金

周知のように戦前戦後かなり長期にわたり地代家賃統制令が施行された（昭和61年12月31日失効）。現在すでに失効している右統制令の違反ということを前提にした不法原因給付・受益という既払権利金の返還認否に関する法理は現在でも何らかの形で有用なものといえるであろうか（本書95～96頁参照）。

8 他の一時金との関係

いうまでもなく，権利金と他の一時金との関係では，権利金と敷金，権利金と更新料，権利金と保証金との関係を吟味する必要があるであろう。ただ，判例上は，同一の不動産賃貸借の当事者間において，賃料とともに権利金と敷金とが併せて授受されていることが多い。このことは法律的に何を意味するので

あろうか（本書99〜100頁参照）。

　同一賃貸借で，敷金と権利金とが相並び授受されているのは，それは，権利金・敷金という性質・機能の異なった一時金を単に併置したにすぎないのであろうか。それとも，賃貸人が自ら蓄える資力を豊かにすることを意図したのであろうか（瀬川・前掲書185頁）。それとも，賃貸人が一時金によって賃借人の債務を担保させる範囲を拡大しようとしたのであろうか（鈴木(禄)・前掲書926〜927頁）。

第2章　沿革・形成理由

第1節　史的沿革

　大阪市が行った権利金に関する調査結果では、「一、御列席の蒲内委員の御報告に依りますと、大阪に於ける老舗取引の沿革は、往古の状態に就ての文献なき為知るに由なきも、豊臣、徳川両時代、即大阪が城下町として、且町人全盛時代として発展せし頃に老舗に関する資料が多く、之に依ると盛んに老舗の売買が行はれて居たといふことであります。之は広義の老舗に関するものと存じます。一、又或委員の御話に依りますと、老舗の場合は往古より行はれたるも、夫は居抜と称し、家を出て商品全部を後継者に売るものにして、無形の老舗を売買すること、なりたるは、明治の中葉、即明治20年頃なりとのことです。一、元来、借家に関して老舗の売買が行はれた最初は、風呂屋や旅館の老舗からであると云ふ御話も承りました。一、それから、遊廓における営業の老舗は之は後でお話があると思ひますが、世襲であったので、大体大正7、8年頃より一般人の間に老舗の売買が許される様になったと云ふ事であります。」とされている（司法省調査部「大阪に於ける所謂借家老舗に就て……」世態調査資料第29号25, 26頁）。また、「慶安4年（西紀1651年）の江戸町触（資料159＝御触書寛保集成1069頁）によると「風呂屋鑑板うりかひ之儀，自今以後，可為無用」とあるから、風呂屋，床屋の権利造作は売買せられたものと思ふ。」（武藤運十郎・日本不動産利用権史論432頁）、また、「法制史的な考証は別として、明治中期以後における資本主義の急激な発展に伴い都会地の人口が急激に膨張し、その繁華街における店舗や敷地の供給とこれに対する需要とのアンバランスが生じた事から、比較的多く発生するに至った現象ではないかと憶測される。かように権利金の問題は、従来主として繁華街における店舗や敷地の賃貸借或はその取引にあたり慣行的に起っていたに過ぎず、その事例は必ずしも多くなかったようであるが、その後、まず、交通の利便その他居住に適する好条件を具えた住宅地から次第に通常の借地借家にも及ぶようになってきた。（茶谷勇吉「借地借家の現行法規に関する若干の考察」司法研究17輯5巻71頁参照）」（岡垣学「権利金をめぐる諸問題—判例の綜合的概観」判タ59号1頁）とされている。

第2節　法律・経済上の形成理由

1　初期学説

　学説は，不動産賃貸借において，賃貸人は賃借人から，高額な賃料をとることができない場合に，代りに権利金名義でとる，すなわち，「地主・家主が賃料を高騰せしむる時は，悪地主や悪家主と世人より攻撃せらるるを以て此処に狡猾にも権利金と称し賃料を取り他方所謂賃料を他より低廉にしたのが此の権利金の由来だと思ふ。」（寺田「前掲論文」新聞2767号3頁）と述べ，また，権利金は，借地法によって借地権そのものが強化保護されたために生じた借地権価格である，すなわち，「今借地権の場合を考察して見ますと，土地賃貸借によりまして，賃借人は普通30年間存続（建物の構造によりましては60年間も存続することになります）の賃借権を取得することになります。即ち3年や5年と短い期間を定めましても効力はありませんで，借地法によりまして少なくとも最低20年間は存続するのであります。斯く相成りますから借地権の価値は所有権と略同額場所によっては所有権より遥か高価に売買されるのでありまして，是れは実際上から見ましても決して不思議ではないのであります。何となりますれば，借地権設定の為，半永久的に所有権は殆ど只だ地代を取得する丈けの権利の如くに甚だしい制限を受けますが，一方借地権者は現実に土地を使用収益することができますから，経済的価値から見まして借地権は決して所有権の下に立つべきではないからであります。此の故に，借地権を負担して居りませぬ更地と，借地権を設定してある地所とは，売買値段に於きまして，著しい相違を招来して居るのは当然の結果と謂はねばなりませぬ。借地法実施後の土地所有者は此点に著〔着〕眼すること甚敷周到となりまして，借地権なる強大なる権利を設定するに際しましては，賃貸借上から生じます賃料のみを受領したのでは満足しませんで，必ずや相当の権利金を受領する傾向を生じてきたのであります。借地法施行前に於いても権利金を受授〔マヽ〕する例はありましたらうが，それは極く僅少で，又其の性質も借地法実施後のそれと同様に見て差異はありません。斯様な次第で権利金を以て借地権設定の対価と見ることが，取引上の実際と法律上の性質からして相当な解釈だと確信致します。」（鈴木喜三郎「所謂権利金について」新聞2732号3～4頁）と述べ，さらに，また，権利金は，前述のように，借家人による投資の結果を回収させるものだと，述べている（吾妻「前掲論文」法時3巻1号23頁）。

2　最近の学説

　学説は，基礎理論的に権利金の形成理由を述べ，権利金には，競争原理に由来するプレミアム，借地人の改良行為に由来する増加，および建物の保護の必要に由来する契約当事者間での利益の三つがあるとし，第1のプレミアムは競争が特定の土地の利用をめぐって局所的に生ずる場合と一定の地域において総量的に限定された適地の利用の配分をめぐって構造的に生ずる場合があるとし，前者の場合の権利金は場所的利益の対価と呼ばれるも

の，後者の場合の権利金は，差率補充金と呼ばれるものであり，「物価変動率と地価変動率の将来における乖離に対する手当は，論理上賃料に折り込むことが不可能ではないとしてもむずかしいので，独自に権利金を形成する。」とする。したがって，権利金であっても，前者のものは，賃料の前払いにはならないが，後者のものは，なりうるとしている。つぎに，第2の借地人の改良行為に由来する増加としての権利金については，「借地人が土地造成費ないし基盤整備分担金等を負担した場合に借地契約終了に際して土地所有者にその未償却分の償還を請求することができる。」とし，この種の権利金は，借地権の譲渡に際して当事者間で授受されることもある，とし，借地人の営業が借地権を含めて一個の営業財産を形成していると見られる場合は，有益費にその価格が含まれるか疑問だが，未償部分の返還には不当利得の法理の適用を必要とする，とした。また，第3に，賃借人が賃借権の譲渡や建物の増改築に対する事前の原則的承諾を目的として賃料とは別の一時金を支払うことや，期間満了時に更新を確実にするために一時金を支払うこともある，とする。

他方，法律上の形成理由としては，地代家賃統制令や借地法が施行されたことをあげ，前者の場合には，借地契約において統制額を超える地代を約定することができなくなるため一時金の授受が行われるとし，地代家賃統制令は，プレミアムとしての権利金を排除し，また，同令の規制力は建物保護の必要性から利害調整のためにする一時金（増改築承諾料など）に及ぶも，しかし，改良行為に由来する増加の帰属にかかわる一時金には及ばないとし，また借地法の施行が，法律的形成理由になる点については，同法4条などに「正当ノ事由」による存続保障があることから直接に帰結されるものとして解消権利金が生ずる，としている（稲本洋之助「権利金」現代借地借家法講座1借地法128～135頁）。

第3章　権利金授受の根拠

不動産の賃貸借当事者間で権利金が授受される場合としては賃貸借契約締結にあたり合意に基づいて権利金が賃借人から賃貸人に支払われるというのがごく普通の状態である。しかし，賃借権が賃貸人に無断で賃借人から第三者に譲渡された場合にその第三者と賃貸人との間で改めて直接に賃貸借を締結するために権利金を授受するという場合などもないわけではない。ただ直接の当事者間においても，その締結時後しばらく経ったそののちに権利金を授受する合意がなされるという場合もある。

契約上の合意が根拠になって権利金が賃借人から賃貸人に授受されるとするのがほとんどの判例であり，慣習法を根拠に授受を認めるものは少ない。【57】が，解約申入れ後に賃貸人が賃借人から造作または権利を買い取るという事実たる慣習があるとするにすぎない（債務不履行の場合適用なし）。【68】【69】は，借家関係で，営業権の対価としての権利金授受に関する慣習法がないとしている。

第1節　合意による場合

1　明示の合意による場合

【1】から【6】はまさに明示の契約に基づき権利金が授受されるとする判例で，他に同旨の【27】【34】などがある。その中【1】は，借家人が賃借建物併用住宅であるため借家契約には地代家賃統制令が適用されると主張するのに対して，裁判所はその建物は店舗用建物であるとしてその主張を認めず，権利金の授受合意は，権利金が高額でなく，また合意は強要されたものではないので有効であるとする。

権利金授受契約の存在が明示される場合には，そこにおける合意を格別の評価対象にし合意の効力の有無や，権利金の性質が何であるかを解釈上の議論の対象にすることができるとしている。

【1】　東京高判昭29・12・6 東高民時報5・13民298（【73】と同じ）

［事実］　昭和26年3月1日，控訴人（被告）

第3章　権利金授受の根拠

Yは，被控訴人（原告）Xから，間口一間半，建坪六坪，表側に店舗のある建物を賃借した。Yは右借家契約に地代家賃統制令が適用になるとして公定賃料は200円を超えることはないと主張した（裁判所は，その建物に居住していたとしても，それは，地代家賃統制令の適用をうける借家でないとした）。Yは借家契約締結のさいに，敷金8,000円，権利金6万円をXに支払っていたが，Xは，延滞賃料を敷金で充当することをせず，賃料不払いを理由に，Yに対し，賃貸借契約を解除した。解除後にYは敷金返還請求権と賃料支払請求権を相殺する旨の意思表示をした（裁判所はその相殺は解除の効力に消長を来すものではないとし，契約解除の効力を認めた）。が，権利金の返還認否については次のごとく判示している。

［判旨］「本件賃貸借については地代家賃統制令の適用がないから，本件賃貸借にあたり当事者が本件建物が有する特殊の場所的利益の対価として，または単に賃借権設定の対価として権利金の授受を約するは自由であり，また本件権利金の額が不当に多額であり，その授受がXがYを強要してなさしめたことを認めるに足る証拠もないから，Yは，Xに対し，右権利金6万円の返還を請求する権利がないものというべ［傍点―筆者］」し，とする。

上掲【1】は，特殊な場所的利益の対価・賃借権設定の対価として権利金の授受契約はそれが強要されたものではない限り，効力はあるとし，また次の【2】の権利金の授受は地代家賃統制令に違反し，授受契約は無効であって権利金は不当利得で返還請求できるようだが，しかしその交付は不法原因給付となり，返還請求できないし，契約の趣旨からしても返還を求めることができない，とする。

【2】　大阪地判昭31・8・22下民集7・8・2254

［事実］昭和23年12月上旬，原告Xは，被告Yから，本件家屋を，賃料月5,000円，権利金4万円の約定で賃借した。XはYに権利金（2万円の限度で認定された）を交付したが，その賃料，権利金について監督官庁である大阪府知事の認可がなかった。Xは本件家屋で統制違反の菓子類製造を行っていたが，昭和24年9月1日，Xが訴外A外2名に本件家屋の使用を許可していたところ，同年同月5日，右Aらの過失によって出火し，Y所有の本件家屋を含む一棟3戸が焼失し，契約は終了した。そこでXはYに対し前述の権利金の返還を求め，逆にYがXに損害賠償を請求した。

［判旨］「XがYから本件家屋を賃料1ケ月5千円権利金4万円の約で賃借したこと……XがYに交付した権利金は前示争いなき2万円であつたと見なければならない。而して本件家屋の賃貸借当時にあつては家屋の構造，使用目的の如何に拘らず賃貸借に関し貸主が借主から権利金の交付を受けることは地代家賃統制令第12条の2により禁止されているのであつて，右規定が強行法規であることは勿論であるから，かかる権利金授受契約は無効でありYは法律上の原因なくして利得したものと云うべきである。しかしながら右規定は国民生活に於ける住宅の重要性に基き，戦後住宅難に便乗して借家貸主が多額の権利金を要求し他方資力なき多くの国民が住むべき家に困窮せる実情に着目して，かかる状態を排除し借家関係の法的規制により国民生活の安定を図らんとする趣意に出でたものであるから，これに違反する右権利金の交付は，即ち公序良俗に違反するものであり，民法第708条にいわゆる不法の原因の為め為したる給付であると云わねばならない。」「Xは又賃貸借契約の終了を原因として権利金返還を請求する

がそもそも権利金なるものは，当事者間の特約その他特段の事情がない限り，賃貸借契約が終了してもこれを返還しない趣旨の下に交付されるものであり，その故にこそ権利金の交付が禁じられるものと解すべきであるから，右の如き特段の事情につき何等の主張立証をなさずに，漫然賃貸借契約の終了のみを原因として権利金の返還を求める右請求は主張自体理由がない。即ちXの権利金返還請求は全て失当である［傍点―筆者］。」

【3】は，アパートの賃貸借において，賃借人が賃貸人から賃料延滞で契約を解除され，借室の明渡を請求された（同居者は退去）のに，その賃借人は，賃貸人があらかじめ受領していた権利金を返還しないため借室を明渡さずに留置すると主張した（裁判所は，権利金の返還は不要であるとして右留置を認めず，賃貸人の明渡請求を容認した）。

【3】 最判昭32・11・15民集11・12・1962（【10】の上告審）（【75】と同じ）

［事実］被上告人（被控訴人・原告）Xは，上告人（控訴人・被告）Yに対し，アパート2階17号室を賃貸し，その際当該賃貸借には地代家賃統制令の適用があるのにXはYから権利金1万5,000円の交付をうけた。その後，XはYに賃料を昭和25年8月分より増額して573円88銭，他に宿泊料金10円を加算した。しかし，Yは昭和26年5月分まで3,379円16銭の支払いを延滞したのでXは昭和26年5月19日，Yに対し3日以内に右延滞金を支払うよう催告し，支払いがないときは本件賃貸借を解除する旨意思表示した。そこでYは右権利金の返還請求に基づき借室を留置する旨抗弁したが，1審では右権利金の交付は不法原因給付であるとし終了時の権利金返還請求を否認して右抗弁を拒けたが，2審も同じく，その権利金返還請求が否認され控訴が棄却された。Yが上告した。

［判旨］「論旨引用の判例［大判昭6・6・17―筆者注］は，当事者の意思解釈上，当該権利金は，賃貸借終了の際返還すべき約旨のものかどうかが問題となつた場合であり，これに反し本件では，当事者の約旨によれば右権利金は返還を要しないとする趣旨であつたことが原判文上明白であるから，所論の判例は本件に適切でない。」「ところで，本件権利金については，原審は『賃借人たる被告（上告人）Y自ら進んで土産名義に原告（被上告人）Xに交付したものである』と認定しているのであり，その他原判文の全趣旨からすれば，Yは，本件賃貸借契約の締結に当り，Xに対し，本件権利金の支払を為し，法律上その支払義務なきことを知りながら，これを弁済した事実をも確定していることがうかがわれる……。［傍点―筆者］」

そこでは，1審，2審において権利金の支払を不法原因給付としてその返還を否認したのに反し，【3】では，3審が非債弁済としてその返還を否認している。賃借人が権利金授受契約時に，自ら支払義務のないことを知りながら弁済したからである。

【4】 横浜地川崎支判昭37・8・10下民集13・8・1651（【93】と同じ）

［事実］原告Xは，その所有建物のうち，(1)建物は，Y_1に対し，昭和26年5月頃に，また(2)建物は，Y_2に対し，昭和28年3月頃に，それぞれ賃貸した。その中，Y_1とXとの間の契約内容は，権利金10万円，敷金5万円，賃料月3,000円，月末持参払い，使用目的1階店舗用，2階居住用，期間の定めなし，であり，Y_2とX

第3章　権利金授受の根拠

との間の契約内容は、権利金10万円、賃料月6,000円などということであった。

本件では、はじめ契約上、賃料、敷金、権利金の組合わせにつき3通りの案を、XがY₂らに呈示し、その中の一を選択するよう求めた。三案というのは、A案　権利金10万円、敷金5万円、賃料月3,000円、B案　権利金10万円、敷金なし、賃料月6,000円、C案　権利金10万円、敷金なし、賃料月9,000円であったが、Y₁はその中のA案を選んだというものである。Y₂とXとは、調停において、右のB案が約定として取り上げられた。そして、その後、賃料は、Y₁との間で、A案の月3,000円が、3,500円となり、また、Y₂との間でB案の6,000円が6,500円となった（調停）。しかしY₁Y₂は、当事者間に存在する特殊事情を考慮すると右の賃料増額の効力を認めることは不当であるとする。

[判旨]「当事者間に契約成立の際金10万円の権利金が授受されたことは前記認定のとおりである。

ところで、通常店舗賃貸借の権利金には場所的利益享受に対する対価、すなわち、のれん代に該当するものと、家賃の一時払的性格を有するものとがあり、通常店舗の賃貸借において、前記はいずれの性質のものにおいても権利金の定めのあるときは権利金の定めのないときに比し、比較的低い賃料が定められる慣行のあることは公知の事実である。従つて、一応権利金の約定はその性格が前記いずれの場合に該当するかは別としても、賃料額の決定に影響しこれを低く決定させる特殊事情ということができよう。
[傍点—筆者]」

【4】では、権利金授受契約の効果をとくに取り上げ、その契約があるために賃料は低く定められるとする。

【5】　福岡地小倉支判昭38・4・8下民集14・4・687（【18】＝【79】＝【99】と同じ）

[事実]　昭和35年10月15日、原告X₁X₂は、被告Yから、共同してY所有の家屋を賃借した。約定は、(1)賃料4万円、前月末に持参払い、(2)期間は賃貸借の公正証書作成の日から3年、(3)使用目的料亭経営（調理場居室はYが増改築すること）、(4)敷金70万円、公正証書作成時に支払う、(5)老舗料100万円、(6)料亭営業に必要な食卓膳食器類、客用座布団無償貸与、(7)契約時に50万円を支払い公正証書作成の時に敷金の内入れとみなす、ということであった。昭和36年7月31日、右賃貸借は合意解除され、賃貸建物は明渡された。X₁X₂がYに残存期間相応分の権利金の返還を求めた。

[判旨]　Yは、もともと貸家で翠芳園という屋号で料理屋を営んでいたが、そこを賃借したX₁が同じ建物で料理屋を営み、その際、Yが各種メーターの設置工事の費用を負担する約束であった。そして、「X₁はYに対し営業権の譲渡の対価および右工事費の分担金の両者をこみにして「権利金」としてYに対し金100万円を交付することとする約定が成立したことを認めることができ[傍点—筆者]る。」

【5】は、権利金の授受合意によると、権利金の額を期間の長いものは高く、その期間の短いものは低いと解している。権利金については、営業権譲渡の対価、工事費の分担金をこみにして扱っている点、残存期間相当分の権利金返還という点が注目される

次の【6】の権利金の授受契約では、権利金は5年間に60回に分けて支払う分割払いであって日歩2銭6厘の利息のアドオン方式で算定することになっている。

第1節　合意による場合

【6】　東京地判昭47・11・30判タ286・267（【47】＝【91】と同じ）

[事実]　原告Xが，昭和42年2月25日，被告Yから，飲食店経営の目的であることを明示し，本件店舗を賃借し，昭和42年3月26日，同店舗でおにぎり屋を開店した。そして，本件賃貸借契約締結の際およびその1週間後に合計70万円，昭和42年4月より8月にかけて5回にわたり合計26万6,140円，総計96万6,140円の金員がXよりYに対しいずれも権利金として支払われた。本件店舗の床下屎尿浄化槽の不備から悪臭と蠅などが発生し，その借受店舗に瑕疵が認められたため，XはYに対し契約を解除して損害の賠償を請求した。一部認容。

[判旨]　「本件賃貸借契約締結の際，XとYの間で権利金の額は一応280万円と定められたが，Xには即時右金額を支払う余裕がなかつたため，本件賃貸借成立とともに50万円を，同年3月1日20万円を各支払うとともに残金210万円については翌3月より家賃（3万3,000円）支払いと同時に毎月25日に5万3,228円（割賦払により弁済期が延びたことに伴い日歩2銭6厘の割合による利息を加算した額）宛を賃貸借期間5年に対応して60回の分割払い（前記利息を加算して合計319万3,680円）とする旨が約定され，前記4月より8月にかけて支払われた26万6,140円は右分割払いの権利金であることが認められる。」権利金は，譲渡の承諾料でなく，家賃の補充額算定の一要素であるとした上，「本件権利金が賃料の補充的性格を有するものとすれば，本件においては賃貸借契約成立の日から契約解除による賃貸借終了の日までに対応する部分の支払済権利金は本件賃貸借解除に遡及効のない以上，Xにおいて支払うべきものであつて，これをXの被った損害としてYに賠償せしめるのは相当ではなく，支払済権利金全額から右部分を控除した残額を損害と認めるべきである。」「XがYに支払ずみの96万6,140円から賃借期間中の権利金元本として支払うべき36万5,547円とその利息1万2,671円とを控除した残額58万7,922円は，右瑕疵に伴う損害というべくYにおいてこれを賠償すべきである[傍点—筆者]。」

2　交付・受領があるとする場合

【7】から【12】では，【1】から【6】までと異なり，主に権利金授受契約の内容などきわだった争いがないためか，権利金の存在が当然視されていて，それらは交付もしくは受領それ自体に意味があるとされているものである。

【7】　東京地判大15・3・30新聞2558・11（【31】＝【64】＝【86】と同じ）

[事実]　訴外Aは，被告Yから，Y所有の建物を期限の定めなく賃借した。そしてAはYに権利金1,200円を交付していたが，両当事者間には賃借人に帰責事由があって契約が終了する場合には権利金を返還しない旨の特約があった。ところが大正14年1月16日，隣家からの火災で右借家が焼失した。そこで，Aから権利金返還請求権の譲渡をうけたとする原告XはYに対し，賃借人自身の意によらず賃貸借が終了したとして，右権利金の返還を請求した（否認）。

[判旨]　「訴外A及Y間ニX主張ノ如キ家屋ノ賃貸借契約ノ成立シタル事実Yカ右Aヨリ賃貸借契約ノ締結対価トシテ権利金1,200円ノ交付ヲ受ケタル事実及右賃貸借契約ハ家屋ノ焼失ニヨリ既ニ終了シタル事実ハ当事者間争ナキトコロナリ[傍点—筆者]」

次の【8】では，判旨の一部分で権利金が交付されているとし，他の判旨の一部分で権

第3章　権利金授受の根拠

利金の授受が約定されているという（後の部分では，180円が手付金なのか，造作代金および権利金なのか，その他なのかが争われている）。

【8】　東京区判昭5・2・15 新聞3100・9（【41】＝【59】＝【102】と同じ）

[事実]　大正13年2月8日，原告Xは被告Yに対し，所有建物を敷金72円の交付をうけ賃料22円80銭の約定にて賃貸し，契約成立の日に，XはYから180円の交付をうけた。Xは，Yが昭和3年1月以降，同年7月19日まで賃料を支払わないので，未払賃料額から既敷金額72円を控除し残金92円4銭の支払いを請求した（昭和4年（ハ）第2975号）。しかし，前記Y（昭和4年（ハ）年第1948号事件の原告X′）は前記X（前記1948号事件の被告Y′）に対して，家屋を明け渡したのちに，交付済の180円は手付金であるとして，その返還を請求した。前記2975号事件と前記1948事件は併合審理されたが，併合される前，前記2975事件においてYがXに対しなしていた相殺の抗弁を撤回した。前記1948号事件でのY（X′）の相殺の抗弁は適法と判断された。

[判旨]　「右契約成立ノ日ニY（別訴X′）カX（別訴Y′）ニ対シ敷金ノ外金180円ヲ交付シタル事実並ニYカ昭和2年12月分ノ賃料中金10円ノ入金ヲ為シタルノミニテ昭和3年7月19日家屋明渡ニ至ルマテ賃料ノ支払ヲ為ササリシ事実ハ凡テ当事者間争ナシ」。「当時借家カ払底ナリシ事実並ニ該家屋ノ所在地ハ店舗トシテモ将又住宅トシテモ他ニ比較シテ便利ナリシ事実及ヒ当時家屋建築ノ工賃材料カ甚シク高価ナリシ事実ヲ認メ得可ク……YハXニ対シ敷金72円ノ外造作代金及ヒ権利金トシテ金180円ヲ交付スヘキコトニ定メタル事実並ニXヨリYニ返還セラル可キ252円ヲ以テ之等敷金及ヒ権利金ニ充当セラレタル事実ヲ認ムルニ足ル…180円ノ権利金中ニハXカYヨリ震災後ニ於ケル不可抗力ニ基ク窮迫ノ下ニ呻吟セルニ乗シ其者ノ損害ニ於テ自ラ不当ニ利得シタル部分ノ存スルモノアルコトヲ認ムルニ十分ナリトス［傍点—筆者］」

【9】　最判昭29・3・11 民集8・3・672（【54】＝【70】と同じ）

[事実]　後掲【54】参照。

[判旨]　「上告人［控訴人・原告—筆者］Xが大正13年10月1日本件建物を借受け同年同月27日借家権及び造作代名義で1万4,000円，昭和2年12月5日及び同年同月19日の2回に造作権利増金名義で各1,250円宛計2,500円を被上告人［被控訴人・被告—筆者］Yの前主に交付したこと並びにXがその後昭和16年7月18日まで10数年間本件建物を賃借使用したことは，原判決が適法に確定したところである。」

【10】　大阪地判昭29・4・6 判時27・10（【72】と同じ，【3】の1審判決）

[事実]　被告Y_1は，原告Xから，X所有のビル2階の17号室を賃借した。その際に，Y_1はXに1万5,000円を交付した。ところが，昭和26年5月19日，XはY₁に延滞賃料の支払いを催告したが，Y_1がその支払いをしないため，昭和26年5月22日，Xは右借家契約を解除し明渡しを求めたので，Y_1がXに右権利金の返還を求めた。

[判旨]　Y_1が，右権利金の返還請求権に基づいて，右借室を明渡さず留置したが，その留置権は否認。「XがY₁に本件アパートの貸室を賃貸するに際り，受領した右金員はX主張のように単なる贈与金ではなくして，家屋の賃貸借に際し賃貸人と賃借人との間に授受せられる所謂権利金であると認めるのが相当である［傍点—筆

者］。……而して本件の如きアパートの居室の賃貸借において賃貸人が賃借人より権利金を受領することは地代家賃統制令の禁止するところであり、従って権利金の交付は不法原因給付と目すべきである。」「権利金の交付につき不法の原因が賃貸人たるXのみにあるものとは解することはできないから、YはXに対しこれが返還を請求し得ない。」

【11】 東京地判昭31・4・26下民集7・4・1045（【32】と同じ）

［事実］　原告Xは、その所有地を、昭和24年9月1日、A会社（後に商号をB会社と変更した）に対して、建物所有の目的で、賃料を1坪につき月金7円と定め、毎月末日払いとし、期間20年の約定で賃貸した。そして、同時に権利金として金30万円を受領し、A会社はその宅地上に木造瓦葺平屋建1棟建坪22坪5合を所有した。XはA会社に対し賃料不払いを理由に契約を解除したが、その点は、過大催告を前提にしているとして認められなかった。ところで、昭和26年12月29日、被告Yは右建物をA会社から譲り受けた。XはそのさいA会社とY間に借地権の無断譲渡があったというが、Yは、A会社がXに右のように権利金30万円を支払っているので、XはA会社Y間の借地権譲渡に承諾を与えたことになり、Xの賃料値上げは一方的で不当である、と主張した。

［判旨］　「Xが当初昭和24年9月1日本件土地を訴外A会社に賃貸するにあたつて権利金30万円を受領したことは、当事者間に争いがない。ところで、本件土地の借地権の価格が昭和26年12月29日現在において坪当り金8,000円合計約35万円であることは、本件記録上当裁判所に顕著である。してみれば、昭和24年9月1日現在の借地権の価格がこれを相当下廻ることは、容易に推察されるところであつて、Xは金30万円の権利金を受領することによつて完全に本件土地の借地権の価格を回収したものということができる。」［傍点―筆者］自ら意識して借地権をその対価を得て設定した土地所有者は、残る地代収取の機能を留保したものであって賃借人が借地権を他に譲渡するについて承諾を云々する権利を放棄したものというべきである。

【12】 東京地判昭32・5・11判時117・3（【45】と同じ）

［事実］　原告Xが、昭和6年5月7日、自己所有の土地をAに賃貸したときAから28万余円を受取った。BがAから借地権を譲受けたとし、その地上に建物を建て被告Yにその建物を譲渡した。そこでXはYに対し、Yは無断譲渡で借地権がなく右建物の敷地を不法占拠しているとして建物収去土地明渡を請求した。

［判旨］　「被告Yは、原告Xが昭和28年5月7日本件土地をAに賃貸したとき、Aから28万余円、但しうち現金10万円、残りは約束手形をいわゆる権利金として受取つているから、賃借人がその賃借権を譲渡するにつき、Xは包括的に承諾を与えたと主張し、Xは右事実のうち現金10万円を受取つたことは争わない。しかし、世間往々賃貸借契約をするとき賃貸人が賃借人に対し、後日返還を請求しない趣旨で権利金もしくは礼金、契約金という名の下に現金を交付している事実があるが……当然原告が譲渡につき包括的に承諾を与えたものとみることはできない。」

ところで、【7】【8】【9】は交付、【10】は受領と述べるように、判例が判文上賃貸借契約の締結にあたり、権利金授受の事実があったと述べ、殊更に、授受契約が存在するこ

自体に言及していないのは，【8】では，一部につき権利金の性質，金額が確定していること，【9】では，借家権の対価，造作代の金額が明確であること，【10】では，権利金の交付が不法原因給付となっている点に重点があること，また【11】【12】も受領とのみ述べるもの，【11】では，賃貸借当事者間において権利金30万円の受領という事実に争いがなく，借地権の完全価格を受領したこと自体借地権に譲渡性を認めることになること，【12】では，権利金が現金10万円で残りは約束手形というものであり，その性質は明確で礼金などであり賃借権に譲渡性を認めるものではないことが自明であるからであろう。

第2節　転借人との合意による場合

1　借家の転借人が建物賃借人との間で契約に基づき権利金を授受する判例

【13】　大阪地判昭25・11・10下民集1・11・1799

［事実］　原告Xは，訴外人Aから建物を賃借していたが，昭和20年10月，食糧事情悪化のため，自らは郷里に移転し従来の借家に留守番被告Yをおいた。その後昭和24年5月，Xの妻BがYに対しYは留守番なので退去してほしい，退去しないのであれば権利金1万円を支払うべきであるといい，結局，右同年同月11日，Xの代理人AとYとの間に7万円を支払うという契約が取り交わされた。XがYに，その契約金の支払いを請求（権利金授受契約は地代家賃統制令に違反するとして請求棄却）。

［判旨］　「本件契約はXがYに対し本件家屋の転貸人であるという立場においていわゆる権利金を取得するための契約であつて地代家賃統制令第12条の2の規定に違反するものであると断定せざるを得ないのである。本件のような場合Yが明渡してくれなければXは権利金を出してでも他に借家を求めなければならないので，この権利金をYが負担する趣旨であつて，自ら権利金を取得するためではないのであるから右法条に抵触するものではない，というが如きは全くいわゆるけんきようふかい〔マ、〕の論であつて，むしろそのことは却つてこれによつてYが支払うものも権利金であることを証明して余りがあるといわなければならない。同法条の目的とするところは単に利得の帰属を取締るにあるのではなくして，借地借家関係の公平，明朗を期するにあるのであつて，右のような論を容れることは明かに同法条の期待に反するものと考えざるを得ない。」

2　借家の転借人が建物賃貸人との間で権利金を授受する判例

【14】　東京地判昭31・2・10下民集7・2・303（【20】と同じ）

［事実］　昭和28年5月中に，被告Yがその所有する建物を訴外A商店に賃貸した。そのA商店は，もともと昭和23年に賃借人Bから右建物を転借したのであるが，A商店が，Yからその建物を直接賃借しなおしたといういきさつがある。その際，A商店は権利金を支払うこととなり100万円の小切手をY宛に振り出したが，しかしその一部は不渡となり30万円だけ支払ったことになった。もっともこの事件では借家の転借人A商店がBに権利金として300万円も支

払っているが，問題となったのは前者の30万円のほうの返還の認否である。昭和28年8月右賃貸借は終了した。原告Xは，A商店が破産したため，破産管財人となり，Yに対し右権利金の返還を請求した。

[判旨]「その際［A商店がYから直接賃借する際—筆者注］同商店は権利金を支払うことになり，100万円の小切手をYに振出したがその一部（乙第三，四号証）70万円は不渡となり結局30万円だけ支払となつたこと，同商店はBに対して有していた売掛代金275万円の債権と現金25万円を以てBの借家権譲渡の対価としての権利金の支払に充当し300万円の支払をなしたことを認めることができる。」

【13】では，借家の転貸人・転借人間の権利金の授受は，賃貸人・賃借人間の権利金の授受と同様，地代家賃統制令12条の2が適用されるとし，【14】では，借家の転貸借を賃貸人が承諾すると関係が複雑になるため，転借人が，賃貸人との間で直接に賃貸借契約を締結し，場所的利益の対価としての権利金が授受されている。

なお，賃貸借契約締結時に交付・受領と判示され，権利金授受を内容とする旨契約上明示しない判例も多い。ということは，地域差はあるものの権利金の場合は，更新料の場合に比べ授受合意があまり抵抗なく締結され，その存在が当然視されているからでもあろう。権利金授受の地域慣行があることを指摘する判例は若干数ある（【38】【39】）。

第4章　権利金の性質と金額

　不動産賃貸借の当事者間で授受される権利金の性質が何であるかは，権利金返還の認否をみきわめる上での一つの判断基準である。

　たとえば，その性質が，期間の定めある場合の賃料の前払いであって，中間終了時に賃料の前払分の一部が償却されているが，残存期間相応分が未償却のまま残っているという場合には，その部分は返却されてしかるべきことになるであろう。また，期間の定めある賃貸借において，期間とともに償却される場所的利益の対価たる権利金が支払われている場合には，右と同じ取扱いが認められることがある。さらにまた，賃貸借当初に，賃貸物件とともに，無形造作が売り渡され，賃貸借終了時に，返還する建物そのものにその無形造作を付着させて返還したとするという場合には，当初の無形造作の買入れ代金相当額を賃借人は賃貸人に対して権利金として請求できる，というがごときである。

　これまで，権利金の性質について判例にあらわれたのは，単独性質にあたるものの件数は，おおよそ，①営業権の対価（4件），②場所的利益取得の対価（9件）（そのうち実質的にみて利益享受の対価にあたるもの6件（傍論のものも含む）），③場所的利益享受の対価（3件）（そのうち実質的にみて利益取得の対価にあたるもの1件），④賃借権の対価（6件），⑤賃料の前払い（2件），⑥プレミアム（1件傍論2件），⑦造作代（6件），⑧譲渡承諾料（1件）である。ただし，造作代判例を権利金判例として取り扱うべきか否かについては疑問があり，これまで，造作代の中に有形造作代金とともに無形造作代金を入れて考えうるかについて若干の判例の見解は分れている。また，複合性質にあたるものには，たとえば，場所的利益の対価や賃料前払いや賃料未払いなどの保証金の三つが複合しているとするものがある。

　それでは，これらの諸性質の権利金の中，借地の場合にどのような性質のものが多く，また借家の場合にどのような性質のものが多いであろうか。判例の集計結果は，借地，借家の各関係の特性を明らかにするだけでなく，授受の必要性や，授受が認められるとして許容される金額の程度なども明らかにすることができるであろう。また権利金の性質が賃料と無縁な営業権の対価である場合には，地代家賃統制令の適用が認められない場合があるということになる。

　単独性質の判例では，右にみるように，実質的にみた場合の場所的利益享受の対価としての権利金がもっとも多い。場所的利益が，

第4章　権利金の性質と金額

売買される場合のほかに期間の経過とともに償却される場合があるとすれば、同じ場所的利益の対価であっても、実質的にみてそれを場所的利益取得の対価と場所的利益享受の対価とに分別し、判例のいう場所的利益の対価の一部は場所的利益取得の対価（4件）にあたり、他の一部は場所的利益享受の対価（8件）にあたると解することはできないか、と考える。

また、更新料の場合も、権利金の場合も、比較的新しいものには、単独性質を有するものの外に、いくつかの単独性質を複合させるものが現れている。このような現象は、権利金授受契約を締結する当事者間の意思解釈の変化からきているものであろうか。何故に単独性質のものの外に複合性質といったものがあるということになったのであろうか。前述のように学説に借地の権利金には地代の前払いにあたるものがすべてに通有されていると説くものがある（瀬川久信・日本の借地185頁）。

なお、以上の権利金の性質に関する諸説のほかに、東京地判大14・6・3（大橋九平治・土地建物借地借家関係並要義605頁所収）を取り上げ、それは利息による賃料補足としての権利金を取り扱ったものではないかとし、それに賛成するとする学説もある（薬師寺志光「所謂権利金について」日本法学3巻4号7頁）。

第1節　単独性質判例

1　営業権の対価

いわゆる営業権には広狭の二義がある。広義の営業権について、岐阜地判昭52・10・3判時881・142は次のように述べる。自分の営業所を他人が塀で囲んだため三方の隣接地が閉ざされた形になりそこでの営業が妨害されることとなった。そこで、被害者がそのような塀の撤去と営業妨害禁止の仮処分を申請した。この事案につき、「いわゆる営業権なる権利を明定した規定は我法制上に存しない。営業権といわれるものの内容をなす営業とは、一定の営業目的のため組織化され、有機的一体として機能する人的物的な構成による経済的経営活動の全体をいうものと解される。

すなわち、経営者および従業員等による人的な構成と、各種営業用の不動産、動産、不動産賃借権・預金・売掛金等の各種債権、無体財産権、営業上の免許、商号、暖簾（営業上の信用、名声、企業上の秘訣、知名度、取引先との関係）等による物的な構成の総合による企業維持活動をいうのであって、営業権それ自体はこれらを総括して営業活動をなし得る地位とも観念すべきものであり、したがって、これには営業活動によって受け得る積極的な有形無形の営業上の諸利益はもちろん、正当な営業活動を阻害されない利益をも包含するものと解される。それゆえ、それは1個独立したものではないから、営業自体として取引の対象となることはあり得ても（商法25条・245条）、営業権自体について物権的権利ないし物権類似の排他的効力を認めることはできないといわなければならない。」といい、右申請を認めなかった。しかし、不法行為による金銭賠償はこれを認めている。ところで、世間でいう営業権はまさに狭義の暖簾のことであって「一定店舗で長年行っている営業又

はその営業から生ずる経済的利益，老舗（しにせ）」のことをいい，営業権は「一定の屋号，商号，看板等によって表されることが多い」とされている（新法律学辞典第3版，1149～1150頁）。

【15】から【18】の権利金はこの狭義の場合の営業権の対価のことをいっている。

【15】では，営業上の利益とは，はじめの賃貸借契約の際に，賃貸人から，賃借人が既にあったものを対価を支払って買受けたというものでなく，賃借人が賃貸借期間中に投資して自ら築き上げた信用その他一切の利益であって，その利益を買い取るように求めたものである。しかし，そこではそのような営業上の利益の買取りの習慣は存しないとして賃借人の右抗弁が否認されている。

【15】 東京地判大 8・4・21 評論 8 上・民法 1161（【68】＝【89】と同じ）

［事実］ 大正3年9月1日，控訴人（原告）Xは，商店を営む目的で，その所有家屋を，賃料月25円，月末払い，期間の定めなく，被控訴人（被告）Yに賃貸した。その後大正7年7月15日，Xが民法617条によって，契約を解除したので右借家契約はその3か月目に終了した。そこで，Xは，Yに家屋の明渡しを請求したが，Yは，Xに返還する賃借家屋にともなう営業上の信用などを買い取るのでなければ右家屋の明渡しには応ずることはできないと抗弁した。

［判旨］「被控訴人Yハ本件家屋所在地ノ如キ東京市内本通リニ於テ商店ト為ス為メ家屋ノ賃貸借契約ヲ締結スル場合ニ於テハ賃貸借期間ハ少クトモ10年ヲ下ラス且ツ賃貸人ニ於テ賃貸借契約ヲ解約シ家屋ノ明渡ヲ請求スルニハ予メ賃借人カ営業上取得シタル信用其他一切ノ利益ヲ買収スルコトヲ要シ之カ買収ヲ為シタル後ニアラサレハ明渡ヲ請求シ得サル慣習存在スルニ拘ラス控訴人Xハヤカ雑貨営業ニヨリ取得シタル信用其他ノ利益ヲ買収セサルカ故ニ未タ本件家屋ノ明渡請求ヲ為シ得ヘキニアラスト抗争スレトモYノ如キ主張慣習ノ存在セサルコトハ当裁判所ニ於テ顕著ナル事実ナルヲ以テYノ抗弁ハ理由ナシ」

【16】 大判大 14・11・28 民集 4・12・670（【63】と同じ）

［事実］ 上告人（控訴人・原告）Xの先代Aは，大正4年4月2日，被上告人（被控訴人・被告）Y_1から，Y_1所有の大学湯という建物を賃借し，同一の屋号を用いて同じ場所で湯屋業を営んだ。大正10年10月15日，賃貸借契約が終了した時に，Y_1は，右建物を，Aが設備してきた造作や諸道具を付着させたままで，被上告人Y_2，Y_3に賃貸してしまい，建物賃借人X自身が老舗を売却することを妨害した。賃貸借終了時に，Y_1とXの間にはXにその老舗を他に売却させるか，Y_1自らが買い取るかの特約があったから，そのようにY_1がY_2Y_3に賃貸することは債務不履行になるとXはいい，さらに，Xは，それは$Y_1Y_2Y_3$によるXに対する不法行為にあたるという。しかし，原審は，右特約の存在を否認し，また老舗は，権利ではないから，老舗を侵害しても不法行為にはならないと，判示した。Xが$Y_1Y_2Y_3$を相手どって上告。その上告理由第3点で，Xは，「原判決ハ老舗カ取引ノ目的物トシテ重要ナル財産ノ価値ヲ有スルモ純然タル事実関係ニシテ権利ノ物体タルコト能ハス従テ之ニ対シ如何ナル侵害行為アルモ之ヲ目シテ不法行為ト為ス能ハサル旨判示シXノ請求ヲ棄却シタリ然レトモXハ左ノ理由ニヨリ老舗少クトモ本件ノ老舗ハ権利ノ物体タルモノト確信

第4章　権利金の性質と金額

シ且斯ク解スルコトヽ現代ノ社会ノ実生活ノ要求ニ適合シ徒ラニ形式論理ニ技巧ヲ弄シ之ヲ単純ナル事実関係ナリトシ法律保護ノ圏外ニ放逐セントスルハ社会ノ秩序ヲ攪乱シ益〔々〕実生活ノ要望ニ遠サカル不当ノ解釈ナリト思料ス老舗カ営業財産ノ重要ナル組成分子トシテ商人間ニ認メラルヽコトハ古今東西ヲ通シテ渝ハルコトナシ現代ニ於テ然ルコトハ原審判決モ亦肯定スルトコロナリ」，と述べた。

［判旨］「同法第709条ハ故意又ハ過失ニ因リテ法規違反ノ行為ニ出テ以テ他人ヲ侵害シタル者ハ之ニ因リテ生シタル損害ヲ賠償スル責ニ任スト云フカ如キ広汎ナル意味ニ外ナラス其ノ侵害ノ対象ハ或ハ夫ノ所有権地上権債権無体財産権名誉権等所謂一ノ具体的権利ナルコトアルヘク或ハ此ト同一程度ノ厳密ナル意味ニ於テハ未タ目スルニ権利ヲ以テスヘカラサルモ而モ法律上保護セラルヽ一ノ利益ナルコトアルヘク否詳ク云ハヽ吾人ノ法律観念上其ノ侵害ニ対シ不法行為ニ基ク救済ヲ与フルコトヲ必要トスト思惟スル一ノ利益ナルコトアルヘシ夫権利ト云フカ如キ名辞ハ其ノ用法ノ精疎〔粗〕広狭固ヨリ一ナラス各規定ノ本旨ニ鑑テ以テ之ヲ解スルニ非サルヨリハ争テカ其ノ真意ニ中ツルヲ得ムヤ当該法条ニ「他人ノ権利」トアルノ故ヲ以テ必スヤ之ヲ夫ノ具体的権利ノ場合ト同様ノ意味ニ於ケル権利ノ義ナリト解シ凡ノ不法行為アリト云フトキハ先ツ其ノ侵害セラレタルハ何権ナリヤトノ穿鑿ニ腐心シ吾人ノ法律観念ニ照シテ大局ノ上ヨリ考察スルノ用意ヲ忘レ求メテ自ラ不法行為ノ救済ヲ局限スルカ如キハ思ハサルモ亦甚シト云フヘキナリ本件ニ案スルニX先代Aカ大学湯ノ老舗ヲ有セシコトハ原判決ノ確定スルトコロナリ老舗カ売買贈与其ノ他ノ取引ノ対象為ルヘ言ヲ俟タサルトコロナルカ故ニ若Y₁等ニシテ法規違反ノ行為ヲ敢シ以テX先代Aカ之ヲ他ニ売却スルコトヲ不能ナラシメ其ノ得ヘカリ

シ利益ヲ喪失セシメタルノ事実アラムカ是猶或人カ其ノ所有物ヲ売却セムトスルニ当リ第三者ノ詐術ニ因リ売却ハ不能ニ帰シ為ニ所有者ハ其ノ得ヘカリシ利益ヲ喪失シタル場合ト何ノ択フトコロアル此等ノ場合侵害ノ対象ハ売買ノ目的物タル所有物若ハ老舗ソノモノニ非ス得ヘカリシ利益即チ是ナリ斯ル利益ハ吾人ノ法律観念上不法行為ニ基ク損害賠償請求権ヲ認ムルコトニ依リテ之ヲ保護スル必要アルモノナリ原判決ハ老舗ナルモノハ権利ニ非サルヲ以テ其ノ性質上不法行為ニ因ル侵害ノ対象タルヲ得サルモノナリ為セシ点ニ於テ誤レリ更ニX主張ニ係ル本件不法行為ニ因リ侵害セラレタルモノハ老舗ソノモノト為セシ点ニ於テ誤レリ本件上告ハ其ノ理由アリ［傍点—筆者］」

【16】は不法行為による被害の対象を老舗そのものでなく得べかりし利益であるとするが，そう解することによって，権利金の対象となる営業上の無形の経済的利益は実定法の無形の権利とはいえないが，解釈上，不法行為の保護法益であるといえるとする。ここでは場所的利益は賃貸借不動産に不可分に付着するため，得べかりし利益のほうを保護法益にしたのである。

【17】　福岡高判昭25・10・19高刑集3・3・498（傍論）（【38】と同じ）（地代家賃統制令違反被告事件）

［事実］　訴外A外8名が，控訴人（被告）YからY所有の建物を賃借した。その際，Aらが賃料のほかに，各自，15,000円ないし2万円をYに支払った。そのため，地代家賃統制令が本件に適用されるが，1審は，犯行後施行せられた昭和23年政令320号による地代家賃統制令12条の2に違反し，罰則規定18条1項3号で

処罰すると判示した。そこで，Yは，1審では本件は昭和21年勅令443号地代家賃統制令11条において準用する同令18条1項に違反し，同罰則規定1項2号で処罰すべきであるのに法令の適用を誤り，改正後の右統制令1項3号によっているとして控訴した（しかし，2審は，罰則規定18条1項を適用しておれば，それが1項2号によるも1項3号によるも刑には変るところがないから差支えないとする。控訴棄却）。

［判旨］「一概に権利金と云つてもこの中には「ノレン代」の性質を有するものと，「賃借権設定の対価」と云わるる範疇に属するものとがあるのであつて，前者は賃借家屋が店舗向きとして有する特殊の場所的利益や永年老舗として世間に著名で信用があつたというような営業上の要素に対する対価として支払われ又は之等無形の経済的価値の他に既設の店舗の飾窓，陳列棚その他有形的な造作等を加へて一体とし，それに対する対価として支払われるものもあるから，賃貸家屋の使用収益に対する対価そのものではなく，他の有形無形の営業上の価値に対する対価として支払われるものである。従つて，かような性質を有する権利金は地代家賃統制令の目的に照らし，同令による統制外におかれているものと解するのが相当である。之に反し後者即ち「賃借権設定の対価」に属する権利金と呼ばれるものの中にも二種のものがあるのであつて，その一は権利金を支払へば其後賃借人は賃貸人の承諾を得ずして賃借権を第三者に売渡すことができるという趣旨のものと，他は単に目的物の賃借を欲するためにのみ支払わるる趣旨のものであるが，何れにせよ，前者は譲渡性のある賃借権を取得するために支払われるものであつて賃送〔借〕権取得の対価，結局は賃借権の対価というのと同意義であるから，賃料と同じ性質を有するもの従つてそれは賃料の一部ということができるし，後者は賃貸目的物の需給関係に基く賃料のプレミアムに外ならないのであるから，それが賃料の性質を有するものであることは多言を要しないであろう。」

【18】 福岡地小倉支判昭38・4・8下民集14・4・687（【5】＝【79】＝【99】と同じ）

［事実］ 前掲【5】参照。
［判旨］「本件においては権利金のうち少なくとも96万円はいわゆる営業権の代償として交付されたものと認むるのが相当である。

ところで，賃貸借契約の賃借期間が定められている場合において営業権の代償として支出される権利金については賃借人としては，賃借期間内の営業により利益をあげて回収し得ることを前提としてその額を定めるのであ」る。

【15】と【16】はいずれも，いわゆる「のれん」（顧客独占権）を法律的保護に価するものと考えてはいるが，権利金という呼び名でその金員を呼んではいない。しかし，前述の【17】の判決は，その傍論において，営業上の要素に対する対価も権利金，賃借権設定の対価も権利金と呼ぶが両者を区別し，【18】の判決は，営業権の代償を権利金と呼んでいる。

なお【18】の特色は，①賃借人に帰責事由なく賃貸借が途中終了したのに権利金をそのまま賃貸人に保持させておくことは，不当で，最初の当事者の真意に反するとする点，②いったん賃借物件を賃借人が利用した以上，賃貸借が終了してももはや権利金は返還されなくなるとするのは形式的であるとする点にある。

第4章　権利金の性質と金額

2　場所的利益取得の対価

　場所的利益とは，営業上有利であるということのみでなく，通勤・通学などで交通上便利であるなど居住上有利であることである（岡垣「前掲論文」判タ59号1頁参照）。前者は主として店舗賃貸借の場合に問題になることというまでもない。

　場所的利益取得の対価としての権利金は【22】のように借地の場合にもみられるが，【19】，【20】，【21】，【23】，【24】，【25】，【26】，【27】にみられるように，圧倒的に借家の場合に多い。判文上は権利金を場所的利益の対価とのみ表示しているが，しかしながら，実質面からみるとその中には次の期間に相応する場所的利益享受の対価と解されるものがかなりあるように思われる。

【19】　東京地判昭7・8・5新聞3459・9（【42】＝【56】と同じ）

　[事実]　大正13年4月24日，原告Xが，被告Yから，Y所有の木造トタン葺平屋1棟建坪55坪を賃借した。契約内容は賃料月280円，28日払い，期間3年，使用目的営業用自動車車庫ということであった。
　締約時にXはYから畳などの造作を3,500円で買い受け，Xは営業のため土間48坪にコンクリート舗装を施した。ところが，昭和5年12月11日，YはXの賃料不払いを理由に契約を解除したところ，昭和6年4月4日，YはXから建物とともに右諸設備の明渡しをうけた。そこで，Xは，借家法5条でそれら造作をYが買い取り，代金2,800円を支払うよう求めたが，YはXの右買取りの意思表示は無効であると争った。
　[判旨]　「借家法第5条ノ適用ニ付同条ニ所謂賃貸借終了ノ場合トアルハ賃貸借カ賃借人ノ債務不履行ノ為解除セラレタル場合ナルト否トヲ論セサルモノト解スルヲ相当トス」「本件建物ニ於ケル造作ノ売買ニ当リ反証ナキ限リ之カ代金ニ包含セラルルモノト認ムヘキ所謂場所的権利ノ自ラ定マルモノアリ且有形的造作ト区別セラルルコトナクシテ所謂造作代金ノ定メラルルヲ通常トスルモノト謂フヘキヲ以テ右ニ所謂場所的権利ハ該建物ニ於ケル営業ノ態様種類ニ応シ各個ノ有形造作ニ分属シテ其各時価ノ変動ヲ支配スルニ過キサルモノ換言スレハ各個ノ有形造作ノ時価ノ内容ニ分属スルモノト認ムルヲ相当トスベ」シ。

　【19】は造作買取請求権は賃借人が債務不履行により解除になる場合でも適用になるとする。なお，この【19】は，造作というのは，「当該建物使用ノ客観的便宜ノ為メ之ニ附加シタル附属物ニシテ賃借人ノ所有ニ属スルモノ」であるという。

【20】　東京地判昭31・2・10下民集7・2・303（【14】と同じ）（実質的には単独性質の後述3の判例である）

　[事実]　前述【14】参照。
　[判旨]　「右権利金については賃貸借が終了し家屋を返還する場合には返還するという特約が当事者間に成立したとか，又は返還するという慣習の存在についてはこれを認めるに足る証拠はない。然し本件権利金の性質については原告X主張のように借賃の前払とみるべき証拠はなく，右証拠によれば一般の例による建物の場所的利益に対する対価と見るべきであるところ，賃貸借の期間が定められているからその期間についての対価と目すべきであるので，期間の途中において賃貸借が終了したときは反対の事情の認められない限り権利金を按分し残存期間に

相当する金額の返還をなすべきものと解するのを相当とする。」

【20】は、返還の合意、慣習はないが、その性質からして残存期間相応分は返還するとする。

【21】 東京地判昭33・6・26 下民集9・6・1196
（【55】＝【65】＝【77】と同じ）

[事実] 昭和28年6月22日、原告Xは、訴外AからA所有の店舗建物を賃借し、その際、敷金10万円、権利金10万円を、右Aに支払った。昭和30年3月23日、被告Yは、Aから右店舗を含むM市場の所有権を取得してその登記を済ませた。昭和30年9月末頃、Xの代表者BがM市場を管理するCに、以後右店舗を使用しない旨申し入れたので、XY間の右店舗賃貸借は、右解約の申入れにより、民法所定の3か月を経過した同年12月末頃に終了したため、Xが、Yに敷金10万円、権利金10万円の返還を請求した。

[判旨]「右権利金は一般に謂われているようにXが本件店舗所在地を利用することによって享有する無形的な場所的利益の対価たる性質を有すると認めるのが相当であるところ、Xは第一次的に借家法第5条所定の造作買取請求権に基き、無形的な造作として権利金（即ち場所的利益）の時価買取りを求め、その代金として金10万円を請求するのであるが、右借家法に謂う造作とは専ら有形的なものに限り、無形的な権利金の如きは含まれないと解すべきであるから、右のXの第一次的請求は失当である。」

【19】は、場所的利益取得の対価すなわち造作代としての無形造作を有形造作に分属すると解するも、【21】は、その無形造作を有形造作には含まないと解する。

【22】 東京地判昭39・12・24 判タ173・202

これは、第三者による借地上建物の取得に際して貸地人が借地権の譲渡に承諾を与えず、貸地人が建物収去土地明渡請求をなしそれに対し第三者が借地法第10条により借地上の建物の買取りを貸地人に請求した場合に、鑑定は、借地権不存在の場合の建物買取価格につき、建物自体の価格に場所的環境利益を合算して評価したが、建物価格に場所的環境利益を包含せしむべきか否かが争われたと思われる事件である。

[判旨]「買取請求当時の本件建物の時価について判断するに、当審における鑑定人Aの鑑定の結果（……）によりこれを金57万4,600円と認める。すなわちAは建物自体の価格を金57万4,600円、場所的環境利益金200万円と評価し、両者の合算額を以て本件建物の時価であるとする。建物の時価を算定するに場所的環境利益を参酌すること自体は正当である。しかし土地賃借権の不存在を前提とする買取請求の場合、場所的環境利益は賃借権の価格を基準として評価することはできず（Aの右評価はこの点において採用しない）、場所的環境利益を参酌するとは、建物の建築費、その新旧、汚損の程度により決せられる建物の抽象的価格をその現に存する場所的環境的利害得失に起因すべき重要の大小により修正して、具体的な建物の時価を決定することを意味するに他ならない。右の意味における場所的環境利益の参酌は、Aが本件建物自体の価格を評価するに当り既に行つているものであることは、鑑定理由により明かであるから、当裁判所はAの言う建物自体の価格を以て場所的環境利益を参酌して決せられた建物の時価として採用すべきものと考える。」

【22】は、土地賃借権の不存在を前提に建

物の買取請求する場合，場所的環境の利益を賃借権の価格を基準として評価することはできない，それと建物価格に含まれた場所的環境利益は異なるという。

【23】 東京地判昭40・1・22下民集16・1・59

（実質的には前述単独性質の3の判例である）

［事実］　原告Xは，昭和35年4月1日，被告Yから，Y所有の建物を，期間10年，賃料月1万円，敷金20万円，権利金30万円の約定で賃借した。Xは，右権利金などを支払い，賃借建物で時計商を営んできたが，昭和37年3月ごろ，道路拡張のため他の場所へ移転する必要を生じ，同年11月10日，XとYは右賃貸借を合意解約し，Xは，右賃貸借建物を明渡し，Yに対して，残存期間7年4か月20日に相当する権利金21万1,660円（日割り計算）の支払いを請求した。

［判旨］「いわゆる権利金には各種の形態があり，営業権の対価またはのれん代にあたるもの，宅地，建物の使用そのものの対価として地代家賃の一部の前払にあたるもの，借地権，借家権そのものの対価として譲渡性を承認するもの，その他各種の混合形態を認めることができるが，一般的には建物の場所的利益に対する対価と見るべきである。本件の場合のように当初から賃貸借期間が10年間と明確に定められている場合には，その期間についての対価と目すべきであり，特別の事情のない限り，期間の途中で賃貸借契約が終了したときは，権利金を按分し，残存期間に相当する金額を返還すべきものと解するのが相当である。しかるに，……特別措置による補償金は……オリンピック道路について短期間に工事を竣工する必要から該地域に居住する住民等を短時日に移転させるため，事業促進上特別に認められた補償金であり，移転家屋の賃貸借の当事者間に権利金の授受があったか否か等は考慮することなく，移転家屋の現実の使用者に該家屋と同程度の家屋を他に賃借させるために支払われ，仮に，Yが本件建物に住んでいたとすれば，同額の補償を得たであろうことが認められる。右事実によれば，Xは本件賃借権により本件建物を使用していたために右補償を得，YはXに賃貸していたため，右補償を得られなかったのであるから，右補償は本件賃借権に対する補償であり，Xの本件賃借権喪失によるX主張の損害は補償されているし，Yは本件賃貸借の解除により本件権利金の内X主張の金額を利得していないものと解せざるを得ない。」

もっとも，【23】では，賃借人による賃貸人に対する権利金の返還請求に対し，権利金を場所的利益に対する対価，それも，期間の定めある場合に期間相当の対価であると解しながら，結論的には賃借人は権利金を授受したか否かにかかわらず，事業促進上賃借建物の居住につき補償金を得ているのであって，そのため賃貸人は賃貸借の解除によって賃借人が主張する金額を利得しているとはいえないと解し賃借人を敗訴させた。

【24】 東京地判昭44・5・21判時571・64（【61】=【81】と同じ）（実質的には単独性質の後述3の判例である）

［事実］　昭和41年2月7日，原告Xは被告Yから，店舗建物を期間5年，賃料4万円，権利金50万円の約定で賃借したが，しかし，その建物による営業成績は不良で，昭和41年8月20日右賃貸借を合意解除し，XはYに右建物を明渡した。そして，XはYに，残存期間相対分の権利金の返還を請求した。

［判旨］「右50万円は，法律的には，講学上

いわゆる「場所的利益に対する対価」であり，その経済的実質は，賃貸人が多額の賃料を定めることをさし控えたため，その不足額を一時に取立てるための方便であり，結局賃貸借の対価である。世上権利金といわれるものには，その趣旨，目的はいろいろあるが，右場所的利益の対価の趣旨で授受される金銭も，一般には権利金の名をもって呼ばれる（以下本件権利金と呼ぶ）。……契約にあたり，場所的利益の対価として権利金が支払われた建物の賃貸借が終了した場合に，賃貸人がこれを返還すべきものかどうかにに関しては，その法理は十分確立していない。ただ条理上いえることは，期間の定めのある賃貸借において期間満了によって終了した場合は，返還義務はない。期間の途中において，賃貸人の一方的都合ないし，その責めに帰すべき事由によって終了した場合は，支払われた権利金のうち残存期間に対応する部分は返還すべきであろう。

問題は，本件の場合のように，期間の途中において，賃借人の解約したい旨の希望が容れられて合意解除により契約が終了し，しかも，その合意解除において，権利金の返還についての点については，なんらの取決めがなされていない場合である。

この場合，いわゆる合意解除は，賃借人の解約申入に対し，賃貸人が承諾を与えたことにほかならないから，賃借人は借家権を放棄したのであり，したがって賃貸人にはなんらの返還義務がないとするのも一つの考え方である。

しかし，これによると，この種権利金の額は期間の長短によって定められるのを通常とするから（本件の場合も前認定の事実と弁論の全趣旨からそのように考えられる），賃貸人は予想外の利得をし，賃借人もこれに相応する損失をうけることとなり，公平を旨とする私法の精神にもとることとなる。そこで，原則的には，不当利得の法理に立脚しつつ，賃借人の一方的都合によって終了したという事実によって，これを適正に調整按配するという態度が正しいものと思う。」

【24】で注目されるのは，権利金は賃貸人が多額の賃料を定めることを控えたため取り立てるものであるとする点であり，また，権利金は実質的には賃料不足分の補充であるとし，賃借人が解約申入れをした合意解約の場合に不当利得を理由に返還を認め，返還金額の算定には賃借人の解約申入れという事情を考慮した点である。

【25】 東京地判昭45・2・27 判タ 248・261
（【46】＝【82】と同じ）（実質的には単独性質の後述3の判例である）

［事実］ 店舗賃借人被告Yが賃貸人原告Xに，敷金100万円と並び礼金100万円を支払っているが，名は礼金であって敷金とともに支払われていることから，それは，借家権譲渡の承認の対価，あるいは譲渡の対価ではなく，場所的利益の対価である，とされている。5年の賃貸借を1年5か月余りで合意解除し，契約が終了した時にYがXに対し礼金（権利金）の返還を請求した。

［判旨］「Yは菓子販売の営業を目的として本件店舗を賃借し，ここで菓子の小売販売を営んでいたこと，本件店舗の所在は，西武線練馬駅前約10米の繁華街にあり，人の流れも相当あつて小売りには一等地であることが認められ，右認定に反する証拠はない。

右の事実と本件賃貸借の締結にあたりYからXに礼金100万円の外に敷金100万円が別個に支払われたという当事者間に争いない事実によれば，本件賃貸借の礼金100万円は本件店舗が

第4章　権利金の性質と金額

繁華街において有する場所的利益の対価として支払われたものと解すべきである。Y主張のような右礼金が本件店舗の賃借権譲渡承認の対価として支払われたことおよび右礼金がYがAに賃借権を譲渡した対価として返還されたことを認めるに足りる証拠は全くない。

　証人Bの証言によれば，本件店舗付近の店舗の賃貸借において賃借人から賃貸人に礼金が支払われたときは，賃貸借が終了しても，賃貸人から賃借人にこれを返還する必要がないものと一般に取り扱われていることが認められるが，礼金という名目の金銭はすべて返還の義務なしと考えることは妥当でない。けだし，礼金が場所的利益の対価であるとしても，賃貸借期間に比して短期間で賃貸借が終了した場合，多額の礼金を総て賃貸人の取得すべきものとして返還義務を認めないことは，賃借人に著しく不利益を及ぼして公平に反する。返還義務の有無は，賃貸借期間の定めがあるかどうか，賃貸借終了までの期間，賃貸借終了の原因，礼金の額などから総合的に判断して公平の原則に照して決すべきものと考える。」「諸事情を考慮すれば，契約所定の賃貸借期間の残存期間に対応する部分の礼金は返還義務があり，経過期間に対応する部分の礼金は返還義務がないものと解するのが相当である。」

　【25】は，要するに，一方で敷金が支払われており，他方で礼金は場所的利益の対価であるとし，それは賃貸借譲渡承認の対価ではないからとして礼金100万円のうち残存期間相応分の返還を認めるとしている。

【26】　東京地判昭56・12・17判時1048・119

（【67】＝【83】と同じ）（実質的には単独性質の後述3の判例である）

[事実]　昭和52年10月12日，原告Xは，被告Y_1らの先代Aから，A所有の建物を，期間3年，賃料月8万円，敷金20万円の約定で賃借した。その際，XはAに，同月，敷金20万円と礼金（契約金）200万円とを支払い，本件店舗で大衆酒場を営んできた。しかし，そのAが，昭和53年3月31日死亡し，Y_1らが，右店舗所有権を共同相続し，賃貸人の地位を継承した。昭和54年8月26日，XはBに営業を委任するため，Y_1に対し，「営業支配委任揚銭契約書」を預けたが，Y_1は，XのBに対する契約は委任契約ではなく転貸契約であると解し，その転貸に賃貸人としての承諾を与えず，結局右店舗の賃貸借は，昭和54年8月28日または29日かに合意解除となった。そこで，XはY_1に，敷金（BがY_1から建物を賃借する際にXがY_1にかねて支払っていた敷金をBからのY_1に対する敷金とし，BはそのかわりにXに同額を支払う旨三者間で約束し16万円を支払っている）は別として，右礼金200万円の返還を請求した。

[判旨]　「右金員は「契約金として」又は「礼金」の名目で授受されたこと，本件店舗が飲食店の営業目的で賃貸され，その賃借権の譲渡，転貸の自由が禁止されていること及び賃貸借の解消時における右金員の返還請求の可否等その処置に関し特段の約束もなかったことが認められる。そして，本件のその余の事情もあわせ考えると，右金員は，主として本件店舗の場所的利益に対する対価，したがって実質的に言えば本件店舗の賃料の前払たる性格を有する権利金であるとみるのが妥当と解せられる。

　Y_1らは，右金員は単なる礼金にすぎないと主張するが，世上権利金を「礼金」と呼ぶことが

第1節　単独性質判例

しばしばあり，したがって「礼金」の名称で授受されたからと言って直ちに権利金ではないと解することはできないのみでなく，そもそも金200万円にものぼる多額の金員を賃貸借を契機として単にお礼若しくは感謝の印に賃貸人に贈与する趣旨で支払うなどとは到底考えられず，本件の場合は特にそのような趣旨のもとに右金員が授受されたことを認めるような事情も全く見当らない。

かくして，右金員が前述の性格を有する権利金であるとすれば，本件のように期間の定めのある賃貸借で，それが途中で合意解除により解消するに至った場合，残存する期間に相当する部分（すなわち，昭和54年9月1日から昭和55年10月11日までの13か月と11日間分の1か月金5万5,555円の割合による金員—なおXは，本訴で13か月分の金72万2,222円のみを請求している）は，賃貸人においてこれを返還すべきである。」

繰り返し述べてきたように礼金（権利金）というのは，場所的利益の対価であるのだがそれは実質的には賃料の前払いであるとする点に【26】の特色がある。

【27】　浦和地判昭57・4・15 判時1060・123

（【62】＝【84】と同じ）（実質的には単独性質の後述3の判例である）

[事実]　原告Xは，昭和55年4月9日，被告Yから，店舗建物を，賃料月17円，期間昭和55年4月15日から3年，敷金50万円，礼金200万円の約定で賃借し，XはYにそれら金員を支払った。ところが，同年6月15日，XとYとは右賃貸借を合意解除した。その理由は，Xが右賃借建物で風俗営業を営もうとしたが，近隣住民の承諾が2軒位からしか得られないため，営業許可が与えられず右賃借建物を所期の目的に利用できなかったからである。Xは，Yに対し右200万円の返還を請求した。

[判旨]　「礼金，より一般的には権利金といわれるものの性質には種々のものがあると考えられるところ，……本件店舗は国電西川口駅前の繁華な商店街（商業地域）にあり，Xの前の借主は本件店舗でキャバレー（ことにいわゆるピンクサロン）を営業し，Xも同様の形態の営業をする目的で本件店舗を賃借したものであることが認められ，右事実に鑑みると，本件礼金は本件店舗の場所的利益の対価としての性質をもつものであるということができる。

ところで，……，本件賃貸借契約は期間3年の定めであり，Xは賃借の目的とした本件店舗での営業を現実には全くなさないまま，賃貸借期間開始後わずか2か月を経過したに過ぎない時点で契約を合意解除し本件店舗をYに引渡したものである。

右のように，期間の定めのある賃貸借契約の締結時に場所的利益の対価としての性質を有する権利金が授受され，その後短期間で賃貸借契約が合意解除されるに至った場合には，特段の約定がなされない限り，賃借人は賃貸人に対し，その交付した権利金を按分して残存期間に相当する金額を不当利得として返還請求し得ると解するのが公平の見地から見て相当である。」

これも礼金を場所的利益の対価と解し未返還の残存期間相応分を賃借人の不当利得としている。

右の判例の中，【20】【23】【24】【25】【26】【27】は判文の上では権利金を，場所的利益の対価と呼んでいるが返還すべきは残存期間相当分と述べているのでそれらは実質的には場所的利益享受の対価を取り扱ったものといえよう。

3 場所的利益享受の対価

同じ，場所的利益の対価として権利金をみる場合でも，次の【28】【29】【30】は権利金を場所的利益享受の対価であると呼称するものである。場所的利益取得の対価は，場所的利益の交換価値の側面を扱い，場所的利益享受の対価は場所的利益の使用価値の側面を取り扱う。ところで次の【28】は，表現は「場所的利益ヲ享受スル……」というようになっているが，それは無形造作を問題にしており，したがって交換価値の側面を取り扱うものであって，**2**の分類に属するものと思われる。

【28】 東京地判大15・11・24新報106・22

（【50】と同じ）（傍論で扱うも実質的には前述単独性質の**2**の判例である）

[事実] 原告Xは，大正2年11月11日，被告Yから，Y所有の建物を賃料月25円，敷金50円で賃借し，水道設備，畳18畳半といった造作を80円で，Yから買い受けた。Xは大正11年2月1日まで同所に居住し，芸妓業を営んでいた。ところが，大正9年12月，Yは賃料月35円に値上げすべき旨の通知をしたが，Xがこれに応じなかったので，YはXに同年同月25日賃貸借契約を一方的に解除し，建物の明渡しを請求したが，その後大正11年3月31日XY間で本件賃貸借を合意解除し，Xはその建物を明け渡し造作を引き渡した。そして大正11年4月13日にXが，Yに対し場所的利益を享受する関係を造作に含ましめてその買取りを請求した。

[判旨] 「大正11年4月13日ニ原被告XY間ニ本件造作ノ売買契約カ成立シタルモノト解スヘク其ノ後震火災ニ因リ本件造作カ焼失シタルコトハXノ造作代金ノ支払ヲ求ムル本訴請求ニ何等ノ消長ヲ及ササルモノトス仍テ本件造作ノ売買代金ニ付按スルニ固ヨリ借家法第5条ニ所謂造作ハ有形ノ造作ニ限リ権利金ノ支払ヲ伴フ場所的利益ヲ享受スル価値アル事実関係ノ如キハ之ヲ包含セサルコト同条ニ畳建具其ノ他ノ造作トアリテ有形ノ造作ヲ例示セルコトニヨリ観ルモ明カナリ。而シテ其ノ有形的造作ノ価格ハ其ノ造作カ建物ニ附加セラレタル侭ノ状態ニ於テ有スル価格ニシテ其ノ建物ト引離シタル物トシテ算定スヘキモノニアラサルコトハ造作買取請求権ヲ認メタル一ノ理由カ造作ヲ建物ト分離スルコトカ物ノ経済上ノ価格ノ減少ヲ防キタルニ在ルヨリ考フルモ明カナリ」

【29】 東京地判昭42・5・29判時497・49

[事実] 原告（反訴被告）Xは，被告（反訴原告）Yに対し，昭和38年7月20日，X所有の住宅兼店舗建物を，賃料月2万円，権利金150万円，期間7年の約定で賃貸した。Xは，同日，Yから，権利金50万円を受領した。また，権利金100万円については，XY間において，Xが，訴外A会社に対して負担する債務中右金額に充つるまで，YがXに代って支払うことによって支払う旨を定めたが，YはA会社に32万6,920円しか支払わず，Xにおいてその余の67万3,080円を支払った。その結果，賃貸人Xが賃借人Yに，右の67万3,080円の支払いを請求した。ところで，高速道路公団の東京都都市計画街路放射26号線工事のため本件建物は収去されることとなり，YはXに本件建物を賃貸借の途中で明け渡した。その結果，賃貸借の残存期間54か月に相応する権利金は53万5,715円となるところ，YがXに82万6,920円（50万円と32万6,920円）を支払っているので，YはXに29万1,205円過払いしていることになる。もっとも，右の明渡補償は，Yが賃借人である事実によって補償され，公団は，Yが建物を賃

借し，現在と同程度の営業を行うに必要な費用を補塡するにすぎず，Xも，建物所有者としての補償をうけ自己所有の場合と賃貸している場合とでは区別されていないが，XはYに対して右権利金の残額の支払いを求め，反訴でYはXに過払分の返還を請求した。

[判旨] 権利金については，「借地借家関係における，いわゆる権利金の形態と内容とは，概していずれも多岐不明確なものであるが，営業用建物の賃貸借においては，一般的に建物の場所的利益を享受する対価と見るべきところ，これを本件についてみるに本件全証拠によってもY主張のように本件権利金が本件建物の借賃の前払と見ることはできず，却って，《証拠略》によれば，⑴本件建物は，都心に極めて近いところにある営業用建物であり，これに付属する営業用什器一式とともにYに賃貸され，期間満了の際は再契約をなすことも予想されていること，⑵その賃料1ケ月2万円は近隣の建物のそれに比較して，低くはないこと，⑶本件建物でXは，30年位「求我堂書店」を経営し，得意先も多かったこと，並びにYは本件建物賃借後「有限会社求我堂書店新社」というXの使用していた商号類似の商号で同種の営業をしていたこと等を認めることができ，これらの事実に弁論の全趣旨を併せ考えると，本件権利金は前説示したとおり営業用建物である本件建物の有する場所的利益享受の対価としての金員であるとみられるべきものである。そして，賃貸借契約期間が当初から7年と定められており，特段の事情の認められない本件の権利金については，通常これをその期間についての対価とし，期間の途中において，当事者の責に帰することができない事由により右契約が終了したときは，権利金を賃貸借期間を基礎として按分し，残存期間に相当する金額を返還する趣旨であったものと解するのが相当である。」

[29]は一方で，賃借人に対する補償は，賃借人が今と同じ営業を行うに必要な費用であって，本件権利金を支払うと否とに関係がないし他方で賃貸人に対する補償は自己使用の場合と他に賃貸している場合とでは区別されないとしている。要するに，賃貸人が補償を受理したとしてもそれは他に影響せず賃貸人は賃借人に建物を使用させる債務を負担していないので，賃借人に残存権利金の支払を求めえないとし，また，賃借人は賃貸人に支払過ぎ権利金の返還を不当利得として求めうるとしたものである。

[29]が[23]と異なる点は，賃貸人が所有者としての補償をうけていることである。

【30】 東京高判昭51・7・28 東高民時報27・7・民185，判タ344・196（[71]と同じ）

[事実] 控訴人（被告）Yは，被控訴人（原告）Xから，X所有の店舗建物を，期間5年，賃料月10万円，更新料賃料2か月分，賃借権の譲渡，転貸を禁止する，という約定で賃借した。そして，Yは，Xに権利金を230万円支払った。XがYに対し，無断転貸を理由に契約を解除し建物の明渡しを求めたので，Yは，引換えに右権利金の返還を請求した。

[判旨]「YがXに交付した権利金は，本件建物部分の立地条件，賃貸借の期間，賃料等からみて，本件建物部分の賃借権設定によってYが取得享有すべき特殊の場所的利益の対価として交付されたものと認めるのが相当である。かような権利金は，その賃貸借が有効に成立して賃借人において相当期間賃借物を使用収益し，その対価を回収し得たものと認められるような通常の場合には，賃貸借終了の際においてもこれを返還することを要しないものと解すべきであ

第4章　権利金の性質と金額

るが，前認定の経過から明らかなように，Yは，Xに対する権利金の交付により，有効に本件建物部分の賃借権を取得したものの，殆ど使用収益の機会のないうちに無断転貸を原因として賃貸借を解除されて賃借権が消滅するに至り，その賃借権設定によって享受すべき場所的利益を受けないままに賃借権を失いその対価を回収し得なかつたものであるから，このような場合にあつては，YはXに対しその支払つた権利金の返還を求め〔得〕るものと解するのが相当であつて，その返還請求権は，契約解除に伴う原状恢〔回〕復義務の一場合として特段の事情のない限り，賃借物返還義務と同時履行の関係にたつものと解するのを相当とするから，権利金230万円の返還と，建物明渡義務との同時履行を主張するYの抗弁は理由がある。」

【28】【29】【30】は何れも場所的利益の対価として権利金を解しているが，権利金の返還を否認する【28】は，「造作」の例は畳・建具としているので無形造作は「造作」に入らないとし，【30】は無断転貸をした賃借人に帰責事由がある場合であるが，賃貸借終了時に殆ど使用されていないため既払権利金全部の返還請求ができるとする。【30】が【29】とは異なり賃借人に帰責事由があるのに権利金の返還を認めるのは原状回復義務によるいわば公平の法理というものを優先させているからである。

4　賃借権の対価

ところで，借地の場合には，借り得分としての借地権そのものの対価があって，それを権利金と称する場合があるが，借家の場合には，借家権そのものの対価と権利金の額とは必ずしも一致するわけではない。借家権価格は権利金以外の他の要因によっても発生し変動するから，権利金の額およびその性質は，借家権価格を算定するうえでの斟酌すべき一要素にすぎないとされている（澤野順彦・借地借家法の経済的基礎416頁参照）。

【31】　東京地判大15・3・30新聞2558・11
（【7】＝【64】＝【86】と同じ）

［事実］　前掲【7】参照。
［判旨］「訴外A及Y間ニX主張ノ如キ家屋ノ賃貸借契約ノ成立シタル事実Y カ右Aヨリ賃貸借契約ノ締結対価トシテ権利金1,200円ノ交付ヲ受ケタル事実及右賃貸借契約ハ家屋ノ焼失ニヨリ既ニ終了シタル事実ハ当事者間争ナキトコロナリ而シテ成立ニ争ナキ甲第1号証ニヨレハ同号証ニハ賃借人ノ都合ニテ家屋ヲ明渡シタル場合ハ権利金ヲ返還セサル趣旨ノ記載アルヲ以テ其反面解釈上賃貸人ノ都合ニテ家屋ヲ明渡サシメタル場合ハ権利金ヲ返還スル旨ノ特約ヲ為シタルモノト認メ得サルニアラサルモ本件ノ如ク賃貸人ノ責ニ帰スヘカラサル事由ニ因リ賃貸借契約ノ終了シタル場合ニ於テモ尚権利金ヲ返還スヘキ旨特約ヲ為シタルモノトハ到底之ヲ認ムルコトヲ得ス其他X主張ノ右特約ヲ認ムルニ足ル何等ノ証拠ナシ従テ右特約ニ基ク権利金返還請求債権ノ譲渡ヲ受ケタルコトヲ原因トスルXノ本訴請求ハ爾余ノ判断ヲ俟ツマテモナク既ニ此ノ点ニ於テ失当ナリ」

【31】は，権利金を賃貸借契約締結の対価というも，次の【32】は借地権設定の対価という。

【32】 東京地判昭31・4・26下民集7・4・1045（【11】と同じ）

[事実] 前掲【11】参照。
[判旨]「原告Xが当初昭和24年9月1日本件土地を訴外会社に賃貸するにあたつて権利金30万円を受領したことは、当事者間に争がない。ところで、本件土地の借地権の価格が昭和26年12月29日現在において坪当り金8,000円合計約金35万円であることは、本件記録上当裁判所に顕著である。してみれば、昭和24年9月1日現在の借地権の価格がこれを相当下廻ることは、容易に推察されるところであつて、Xは金30万円の権利金を受領することによつて完全に本件土地の借地権の価格を回収したものということができる。」「自ら意識して借地権をその対価を得て設定した土地所有者は、残る地代収取の権能を留保したことに満足したものであつて、賃借人が借地権を他に譲渡するについて承諾を云々する権利を放棄したものというべきである。」

なお、【32】では、前述のように、一面、借地権の対価として権利金を考えると同時に、他面、その権利金は借地権譲渡の承諾料でもあるという。この場合の権利金の額は、土地所有権価格の5割ないし8割であつて、権利金の授受によって借地権が土地機能の大半を奪われることになるという。

【33】 東京地判昭38・1・19下民集14・1・37

[事実] 被告Yは、昭和21年頃、土地所有者Aから賃借していた土地30坪のうち20坪を、訴外Bに転貸した。しかしYは、昭和22年、地上のB所有建物を右Bから買い受けて同時に右土地の賃借権の返還をうけた。昭和22年12月、Yは、Y夫妻がかねてから恩義をうけていた訴外C夫妻の娘Dが結婚するため、右建物を買い受けたいというC夫妻らの申入れに応じ、Dの夫となる原告Xに右建物およびその敷地20坪の賃借権を17万円で売り渡した。その後、Xは、10坪の土地を借増ししたが、Dが死亡し、右10坪の土地についての賃借権の代償、すなわち、権利金の増額坪当り3,000円の支払を求められた。ところが、Xがその支払を拒絶したのでYの弁護士Eは、Xに対しその後、坪当り7,000円の権利金の支払を請求するのみならず、当事者間に借地権譲渡の予約があると構成した上その予約を解除し、その解除を理由にXに対して右10坪の土地の明渡しを請求してきたが、Y側は敗訴した。Xは逆にYの右訴訟行為は不法行為に当るとしてYに損害賠償を請求した。

[判旨]「Yは土地を転貸した場合にはその代償として当然権利金がとれるものと考えていたことY は大工で法律の知識に乏しいことが認められるところ、Yは前記認定のように10坪の土地の権利金をXに請求して拒絶されると弁護士にその解決方を委任しているのであるから、その後の権利金不払を理由とする賃借権譲渡の予約の解除という現行法上勝訴の見込のないYの主張は、専ら同人から法律上の解決を依頼されたE弁護士の法律構成によるもので、法律上の知識のないYの考えによるものではないとみるのが相当である。ところで土地の賃貸借契約において権利金の授受は原則として禁止されているとはいえ社会の取引の実情においては土地の賃貸借に際し権利金の授受の行われるのが通常であることから推して、Yが前認定のように本件10坪の土地についてXに対し権利金を請求する権利があると考えたことは法律上の知識の乏しいYとして必ずしもこれを咎めることはできないと考える。」

第4章　権利金の性質と金額

【33】は判旨において、「土地の賃貸借に際し権利金の授受の行われる」と述べているからこれはいわゆる権利金の性質を借地権の対価と解するものであろうか。

ちなみに、次の①決定は、借地法9条ノ2の3項によって、借地上の建物を、借地権とともに、土地賃貸人が自ら賃借人から譲り受けるという場合、譲受対価はどのように評価して支払うべきであろうかにこたえている（決定と判決の関係については更新料第3章参照）。

① 東京地決昭和45年（チ）第2077・2104号昭46・2・9判タ263・318

これは、土地所有者から土地を賃借し、借地上に建物を所有していた借地人が右建物と借地権とを第三者に譲渡しようとしたが、賃貸人から承諾をえられなかったという場合に、裁判所に対してその賃貸人自らが右建物と借地権とを譲渡してくれるよう借地人に申立てをした事件であると思われる。

[判旨]「右譲渡の対価につき、鑑定委員会は、賃貸人が借地権を譲り受ける場合の借地権の対価は第三者が譲渡を受ける場合の対価（借地権価格）の80％が相当であるとし、これに建物の価格を加えたものをもつて本件の譲渡対価であるとするが、賃貸人が借地上の建物及び借地権を譲り受ける場合の対価は建物の価格と借地権の第三者に対する譲渡価格との合算額から借地権譲渡の際賃貸人に支払うべき承諾料を差引いたものとするのが一般であるので、本件の譲渡対価も右一般の例に従うのが相当である。」

【34】 京都地判昭46・10・12判時657・76

[事実] 昭和44年7月27日、原告Xは、被告Yから、美容室店舗を、賃料月2万5,000円、礼金60万円、美容器具使用料10万円の約定で賃借した。Xは、Yに右礼金を支払ったが、開業してみると客はほとんどなく賃借店舗での経営実績が予想に反して悪いために、昭和44年8月末日頃、右賃貸借を合意解除して右店舗をYに明渡した。そして、Xは、Yに対して、締約後契約終了までの1か月間に相当する1万円を差引いた礼金（権利金）の返還を請求した。

[判旨]「土地または家屋の賃貸借契約締結に際して授受せられる権利金の通常の場合の法律的性質については、諸説があるけれども、当裁判所は、要するに賃借権の対価の一部であって、例えば、居住用家屋の場合には賃借人が一旦そこに定住し、店舗用家屋の場合には賃借人が開業準備を終えて営業を常態に継続するなど、賃借人が賃借の目的をいちおう達し得たと客観的に認められる期間を経過する以前に当該賃貸借契約が賃借人の責めに帰すべきでない事由で終了するときはその返還を請求することができるが、そうでないときは返還を請求することができないという趣旨で授受せられる金員であると解するのが、信義則に照らして通常の場合の契約当事者の合理的意思に合致すると考える。」

【35】 東京地判昭10・10・23新聞3917・13

[事実] 原告Xの父Aが訴外BCと宅地（307坪2合3勺）を共有していたが、被告Y₁の父Dがその土地の東南隅60坪に建物を所有しその土地部分を占有していた。そして、その後XがAの地位を、またY₁がDの地位をそれぞれ家督相続した。昭和2年4月28日、右XY₁間に、右占有土地につき、地代月51円、月末払い、使用

目的建物所有，期間の定めなし，という約定で地上権設定契約が締結され，Y₁がXに，地上権の対価1万1,000円を支払った。その後，地代が月39円に減額されたが，Y₁がXにその地代を支払わないので，Xは右地上権設定契約を民法541条で解除した。そしてY₁に右建物収去，土地明渡しを求めた。かつ，同建物の賃借人Y₂Y₃Y₄に建物からの退去を求めた。

［判旨］「右借地契約ハ其ノ締結セラルルニ至リタル前記認定ノ動機目的証人E，同Fノ各証言ニ依リ認メ得ヘキ前記権利金ノ額カ土地ノ売買代金ト大差ナク通常ノ賃貸借契約締結ノ際ニ支払ハルヘキ権利金ニ比シテ一坪ニ付四，五十円以上モ高価ナリシ事実乙第1号ニ依リ認定シ得ヘキ右権利金カ地譲〔上〕権譲渡金トシテ受授〔授受〕〔傍点—筆者〕セラレタルモノナル事実等ヲ綜各〔合〕スレハ民法ニ所謂地上権ノ設定契約ニシテ賃貸借契約ニ非ラサルモノト認ムルヲ相当トスヘク昭和6年7月1日以降右借地料カ合意上1ケ月金39円ニ減額セラレタル事実ハ当事者間ニ争ナシ果シテ然ラハ右借地契約カ賃貸借契約ナルコトノ前提トシテDノ継承人タルY₁ニ対シ賃料ノ支払，民法第541条ニ依ル解除ヲ理由トスル土地明渡ヲ求ムル本訴請求部分ハ理由ナキコト明カニシテ……」

【35】は，地上権設定の代金を，売買価格と同じように地上権譲渡の代金と解している。

【31】は，借家当事者間で授受される契約締結の対価というのは，借家権の対価のことで，不可抗力で借家契約が終了するときはそうした権利金の返還は求められない合意があるとし，【34】は，権利金は賃借権対価の一部で賃借物の使用状態に入る前なら，契約終了時に，その返還を求めることができるも，それも，賃借人に帰責事由がないときは格別あるときは返還請求ができないとする。【32】は，しかるべき価格で，借地権を認めると，土地所有権は地代徴収権化し，借地権の譲渡に承諾を与えたことになるとし，【33】は，賃借人が借地を転貸する場合に借地権の対価が転借人から当然とれることにして，その不払いを理由に借地権譲渡予約を解除し，建物収去土地明渡を求め提訴する行為は，賃借人自身に責任のある行為ではなく賃借人の代理人弁護士が責任をもつ行為であるとする。ちなみに，【35】は，借地権の対価でなく地上権譲渡金としての権利金の不払いを理由に，民法541条で契約を解除するのは，地上権設定契約を誤って借地契約として処理したものであるとする。

5　賃料の前払い

いうまでもなく権利金を賃料の前払いとして理解すれば，更新料もそのように解される場合があり，両者には相関関係があるということになる。

【36】　旭川地判昭40・3・23下民集16・3・469（【94】と同じ）

［事実］原告Xは，昭和23年9月11日，被告Yに対し，X所有の本件土地を建物所有の目的のため，賃料月4,252円50銭，月末翌月分支払いの約定で賃貸し，Yは，その直後，本件土地上に276坪の建物を建築し所有した。したがって，本件土地は地代家賃統制令の適用がない土地であるところ，昭和34年5月ごろまでにYはXに権利金75万円を支払った。XはYに対して，昭和28年1月1日，昭和30年7月1日に賃料を増額した。さらに，XはYに対してそ

第4章　権利金の性質と金額

の後昭和33年10月中旬に同年11月1日から，また昭和36年2月7日に同年3月1日からとして書面により賃料を相当額に増額する旨の意思表示をした。賃料増額にさいし権利金授受の事実が斟酌されるかが争われた。

［判旨］「YがXに対し支払つた権利金75万円が増額されるべき賃料額の決定にどのように影響するであろうか。Yは，権利金100万円は本件土地に対する投資であるから，地価がXの努力によらず自然に値上りすれば，XはYに対し賃料減額の形でその利益を分配する義務がある，と主張する。Y本人の供述には，右主張にそつた供述部分があるが，本件における権利金を右のような意味における投資と認めることはできない。しかし，前記認定のとおり，本件賃貸借契約当初の賃料額が権利金を支払うことを考慮して安くする趣旨で定められたことから考えると，本件における権利金には，賃料の一部前払いとしての性格があるものということができる。」

【36】は，賃料の前払いとしての権利金を支払えば賃料は低廉になるとする。他に権利金を場所的利益享受の対価，家賃の一時払い，いずれに解しても，その支払いは賃料の決定に影響ありとするものに横浜地川崎支判昭37・8・10（【4】＝【93】）がある）。

6　プレミアム

【37】はプレミアムとしての権利金を取扱っているが，【38】【39】は傍論においてプレミアムとしての権利金に言及するにすぎない。

【37】　東京地判昭8・5・8新聞3560・17（【51】と同じ）

［事実］昭和2年4月11日，原告Xが被告Yから，Y所有の建物を賃料月80円で賃借した。その際，Xは，Yに敷金240円を交付し，Yから借家に付加された造作を1,500円で買い受けた。1,500円の中には権利金が入っているという特約がある。昭和7年3月19日，右賃貸借が合意解除され，Xは，Yに右1,500円の支払いを請求し，それに滞納賃料を控除した敷金残額151円29銭などの返還を請求した。「造作」の中に権利金が含まれるかが争われた。

［判旨］「XカYニ対シ造作代金トシテ支払ヒタル前示金1,500円中ニハ所謂権利金（其場所ニ対スル需要多キ経済上ノ事情アル場合ニ於テ他ノ競争者ヲ排斥シテ独占的ニ其場所ヲ使用シ得ル権利ニ対スル対価）ヲモ包含シ居リタルコトヲ認メ得ヘク又同証拠ニ依レハ右売買ノ際原被告XY間ニX主張ノ如キ特約ヲ為シタルコトヲ認ムルニ足リ……該特約ハX本人訊問ノ結果ニ徴スレハ所謂権利ニ付テモ前掲物件ト共ニYニ於テ之ヲ買取ルヘキ旨ヲ特約シタルモト認ムルヲ相当トス」「Xハ斯ル無形ノ権利モ亦同法条ニ所謂造作中ニ包含セラルルモノナリト主張スレトモ其ノ然ラサルコトハ同法条ニ『畳建具其ノ他ノ』トアルニ依リ明ナルヲ以テ仮ニXカYニ対シ右無形ノ権利ニ付同条ニ依リ買取請求ヲ為シタリトスルモ固ヨリ同法条所定ノ効力ヲ生スルコトナシ」

【38】　福岡高判昭25・10・19高刑集3・3・498（傍論）（【17】と同じ）

［事実］前掲【17】参照。

［判旨］「土地家屋（特に店舗向きの家屋）の賃貸借に際し，地代家賃の外に賃借人から賃貸

人に対し支払われる金銭を慣行上広く権利金と呼んでいるが……権利金と云つてもこの中には、「ノレン代」の性質を有するものと、「賃借権設定の対価」と云わるる範疇に属するものがあるのであつて、前者は賃借家屋が店舗向きとして有する特殊の場所的利益や永年老舗として世間に著名で信用があつたというような営業上の要素に対する対価として支払われ、」「後者即ち「賃借権設定の対価」に属する権利金と呼ばれるものの中にも二種のものがあるのであつて、その一は権利金を支払へば其後賃借人は賃貸人の承諾を得ずして賃借権を第三者に売渡すことができるという趣旨のものと、他は単に目的物の賃借を欲するためにのみ支払わるる趣旨のものであるが、何れにせよ、前者は譲渡性のある賃借権を取得するために支払われるものであつて、賃迭〔借〕権取得の対価、結局は賃借権の対価というのと同意義であるから、賃料と同じ性質を有するもの従つてそれは賃料の一部ということができるし、後者は賃貸目的物の需給関係に基く賃料のプレミアムに外ならないのであるから、それが賃料の性質を有するものであることは多言を要しないであろう。」

【39】 東京高判昭26・2・15（最判昭29・3・11の原審）民集8・3・683（傍論）参照

［事実］ 大正13年10月1日、控訴人（原告）X会社は、訴外AからA所有の店舗建物を、期間の定めなく、賃料月250円、借家権および造作代金名義で1万4,000円、敷金で2,000円、という約定で賃借した。X会社は、造作権利増金名義でAに対し、昭和2年12月5日、同3年2月19日にそれぞれ、1,250円、合計2,500円を交付した。その後、昭和12年6月、被控訴人（被告）Yは右Aから右店舗建物の所有権を譲り受けた。そして、Yは、X会社が無断転貸をしたとし、右借家契約を解除し、X会社に建物の明渡しを請求したので、X会社は、Yに対し寄託した右造作代金などの返還を請求した。1審は、YにX会社に対して4,200円などを支払うよう命じ、2審も、Yの控訴を棄却した。

［判旨］「本件建物は東京都台東区浅草の繁華街に位しこの区域における建物の賃貸借については所謂プレミアムとしての権利金の授受が一般に行われていた事実が認められ、また造作売買の名義を以て所謂権利金の授受が行われる慣行のあることも顕著な事実であるから、彼此併せ考えると、前記各金員はX主張の如き趣旨で交付せられたものではなく、本件賃貸借における賃借権の設定に際し、これによつて賃借人の享受すべき建物の場所営業設備等有形無形の利益に対して支払われる対価の性質を有するものと推定するのが妥当である。従つてXが一旦本件建物を賃借使用した以上は、格段なる特約が認められない限り、賃貸借が終了しても、右金員の返還を受け得べきものではない。」

【39】は、賃借物を一旦使用すればというのに対し、その上告審【54】は10年間も使用すればという。

前述したように、稲本教授はプレミアムには、局所的に生ずるものと、構造的に生ずるものがあるとされるが（第2章第2節2参照）、【37】は、局所的なプレミアムを取り上げ、賃借建物の需要が多い場合に、他の競争者を排斥して独占的に賃借建物を使用する対価であるとし、傍論において、【38】は、ノレン代と賃借権設定の対価との2種の権利金のうち、プレミアムは後者に属するとし、【39】はプレミアムは、一般に東京浅草のような繁華街の店舗賃貸借において授受されているという。

ちなみに，次の【40】で取り扱う改良費は権利金とは呼称されていない。しかし，一説では，我妻博士によれば賃借人に改良費の償還請求権を認めることは権利金の返還を造作買取請求権で基礎づける根拠の一つになりうるとされている，という（吾妻「前掲論文」法時3巻1号24頁）。

【40】 大判明45・1・20民録18・1（【58】と同じ）

［事実］　土地の賃貸借において，契約終了時に，賃借人が，賃貸人に土地を返還するにあたり，土地賃借中に投資した結果の返還を求め，賃貸人がその結果の代償を支払わずに無償で受け取ることは不当利得にあたるとした。1審では，賃借人被上告人（控訴人・原告）Xが敗訴したが，2審ではXが勝訴し，賃貸人上告人（被控訴人・被告）Yが上告。上告棄却

［判旨］　終了時の土地価格の高騰は交通の便がよいなどの客観的要因に基づくとする上告論旨第1点につき，「原判決ニ掲ケタル事実ニ依レハYハ本件土地ノ価格ヲ賃貸借当時ニ比シ増加シタルコトヲ認メタルニ止マラスシテ被上告人Xノ施シタル開拓其他ノ改良カ価格増加ノ一原因タルコトヲモ認メタリ故ニ原院カ控訴人（被上告人）Xハ労力費用ヲ投シテ初メ荒蕪地ナリシヲ畑地ト為シ土堤ナリシヲ宅地ト為ス為ニ若干価格ノ増加アリタルコトハ被控訴人（上告人）Yノ争ハサル所ナリト判示シタルハ正当」，また，地価の増加は賃借人による投資の結果土地収益が増大した場合，賃貸人が賃料の値上げができないため，賃貸借契約上その収益を自らに帰属せしめても不当利得にならない，とする上告論旨第2点につき，「然レトモ賃借人ハ賃借物ヲ改良シタルトキト雖モ賃貸借カ終了シ賃借物ヲ賃貸人ニ返還スルニ方リテハ改良シタル侭ノ現状ニ於テ返還セサル可カラス其結果改良ニ因リ賃借物ニ生シタル価格ノ増加ハ当然賃貸人ノ利益ニ帰シ賃貸人ノ此利益ヲ享受スルハ之ヲ法律上ノ原因ナキモノト謂フヲ得サレトモ賃借人カ改良ニ要セシ費用ヲ弁償セスシテ改良ニ因ル利益ヲ収ムルハ他人ヲ損シテ自ラ利スルモノニシテ条理上正当ナリト謂フ可カラス此意味ニ於テ賃貸人ハ不当ニ改良費ヲ利得シタルモノナルヲ以テ改良ノ利益ヲ受ケタル限度即チ増加額ノ限度ニ於テ賃借人ニ改良費ヲ償還スルノ義務アルモノトス原判決ニハ増加額ヲ不当ノ利得ナリトシ投資額ノ範囲ニ於テ増加額ヲ償還スルノ義務アルモノト為セトモ立言ノ同シカラサルニ止マリテ其実質ニ於テハ彼此異ナル所ナシ之ヲ要スルニ原院カ賃貸人タルYヲ以テ法律上ノ原因ナクシテ利得シタルモノト為シタルハ穏当ナラサルモ不当ニ利得シタルモノト謂ヒ得ヘキヲ以テ其利得ノ償還ヲ命シタルハ相当ナリトス」。

【40】では，賃貸人が改良利益を取得するは，法律上の原因がないとはいえないが不当利得である，とする。ちなみに，老舗などの権利といえないものでも財産的利益を取得しうることを受益といっている（新版注釈民法(18) 423頁〔田中整爾〕）。

7　造作代

この種の金員について判例は様々な取扱いをしている。造作代そのものを権利金とみるものがないわけではない。薬師寺説（薬師寺「前掲論文」日本法学3巻4号4頁）は，この造作代も4種の権利金の中の一種であると理解される。

第1節　単独性質判例

【41】　東京区判昭5・2・15 新聞3100・9（【8】＝【59】＝【102】と同じ）

［事実］　前掲【8】参照。
［判旨］「当時震災ノ厄ニ逢ヒタル借家人カ甚シキ窮迫ナル事情ノ下ニアリタル事実ハ当裁判所ニ顕著ニシテ証人Aノ証言ニヨレハY（別訴X′）及ヒ其家旋〔族〕カ借家人ニシテ窮迫シ居タル事実ヲ認メ得ヘク且該家屋ノ造作ハ硝子三枚及ヒ流シニ過キサリシコトハX（別訴Y′）自身ノ主張スル処ニシテ尚ホ前示証人Bノ証言ニヨレハ当時各家主ハ一般ニ僅少ナル造作ニ対シ権利金名義ニテ平時ヨリ遥ニ多額ノ金員ヲ借家人ヨリ支払ヲ受ケタリトノ事実ヲ認ムルニ足ル」

【41】は，造作に無形造作を含むと解している。

【42】　東京地判昭7・8・5 新聞3459・9（【19】＝【56】と同じ）

［事実］　前掲【19】参照。
［判旨］「借家法第5条ニ所謂造作ノ時価ニ付按スルニ前記甲第7号証ト鑑定人Aノ鑑定ノ結果ニ依レハ東京市内ニ於ケル営業用店舗ノ造作売買ニ於テ其代金額ノ算定ニ付テハ所謂場所的権利ヲ包含セシムルヲ通常トシ右場所的権利ノ価格カ建物所在ノ土地並ニ右建物ニ於ケル営業ノ種類態様ニ応シテ自ラ定マルトコロアリ而モ右造作売買ニ於テ該権利カ有形的造作ト区別セラルルコトナクシテ造作代金ノ定メラルルヲ通常トスルヲ常態トスル事実ヲ認メ得ヘシ」，とし，その上で，「所謂場所的権利ハ該建物ニ於ケル営業ノ態様種類ニ応シ各個ノ有形造作ニ分属シテ其各時価ノ変動ヲ支配スルニ過キサルモノ換言スレハ各個ノ有形造作ノ時価ノ内容ニ分属スル

モノト認ムルヲ相当トスヘキカ故ニ特ニ場所的権利ヲ除外シテ為サルル造作売買ナリト認ムヘキ反証アラサル限リ本件建物ノ造作ノ時価ハ場所的権利ヲ離レテ之ヲ算定スルヲ得サルモノト解スヘク……」

【42】は，無形造作は有形造作に分属せしめうるとして，「造作」の中に含むと解した。「分属」という以上，有形造作と無形造作とはこれを物の機能面からみて同一視しているのであろうか。

その他，権利金としての造作代に関するものには，それぞれ表現に多少のちがいがあるが，有形造作と無形造作とを一括して取り扱うものに【8】造作代金及権利金，【9】造作権利増金があり，また，賃貸借当事者間で営業権譲渡の対価と工事費の分担金とをこみにして権利金とするものに，【5】がある。

8　賃借権の譲渡承諾料

【43】は，権利金を譲渡承諾料とする。

【43】　大阪地判昭44・3・28 ジュリスト442・判例カード7

［判旨］「賃借権の譲渡，転貸の承諾料としての権利金は，賃貸人に対し，その返還を求めることができないものであり，賃借人としては，賃借権を他に譲渡し，又は転貸することにより，譲受人又は転借人から，その代価として，その出捐を回収すべきものであると解される。ところで，賃借人が権利金を回収しない間に，賃貸借契約が終了した場合においても，賃貸人が権利金を返還すべきかどうかは，結局，その授受の際における当事者の意思によつて，決定されるべきものであつて，特別の合意ないし事情が

認められない以上，賃借人は，当然には，その返還を請求できるものではないと解される。」

【43】は，右承諾料としての権利金は返還を求めえないものだが，特別の合意ないし事情があるという場合には，賃貸人から賃借人へその権利金の返還はあるとする。

なお，他に土地の所有者が当該土地の借地権価格に相当する対価を得て，借地権を設定した場合，その後借地権を他に譲渡するについてあらかじめ承諾を与えられたものとする【11】がある。また特定の場所的利益の対価としての権利金が支払われるとそれによって賃借権の譲渡性が承認されるとするものに【88】がある。

しかし，以下の【44】【45】【46】【47】は問題の権利金は譲渡承諾料ではないとか，その意味を持たないとかとしている。

【44】　東京高判昭31・9・26 東高民時報7・9・民207

【44】は，控訴人（被告）Y₁は，被控訴人（原告）Xから，本件建物を賃借するときと，その後の敷地上に木造瓦葺2階建居宅を建築するときとの2回にわたり，金12万円を支払ったが，Y₁は右借家権を無断譲渡したのでXが契約解除の上Y₁らに家屋の明渡しを請求したものと思われる。

［判旨］「仮にこの金円がY₁ら主張のとおり本件賃借権についての権利金であり，この権利金の支払あるがため，右賃借権は現在Y₁にとって相当高価な財産権であるとしても（右権利金授受の是非はしばらくこれを措く，）特別の契約その他特種の事情のない本件において，これがため右賃借権を譲渡するにつき，Xの承諾を要しないものと解することはできない。」

【45】　東京地判昭32・5・11 判時117・3（【12】と同じ）

［事実］　前掲【12】参照。
［判旨］「世間往々賃貸借契約をするとき賃借人YがX賃貸人Xに対し，後日返還を請求しない趣旨で，権利金もしくは礼金，契約金という名の下に現金を交付している事実があるが，そして右10万円が右と同じ趣旨の下に受渡されたとしても，それだから当然Xが，譲渡につき包括的に承諾を与えたものとみることはできない。本件にあつては，そのほか合意によりXが包括的に承諾を与えた事実も認められない。」

【46】　東京地判昭45・2・27 判タ248・261（【25】＝【82】と同じ）

［事実］　前掲【25】参照。
［判旨］「本件賃貸借の礼金100万円は，本件店舗が繁華街において有する場所的利益の対価として支払われたものと解すべきである。被告Y主張のような右礼金が本件店舗の賃借権譲渡承認の対価として支払われたことおよび右礼金がYがAに賃借権を譲渡した対価として返還されたことを認めるに足りる証拠は全くない。」

【47】　東京地判昭47・11・30 判タ286・267（【6】＝【91】と同じ）

［事実］　前掲【6】参照。
［判旨］「被告Yは，本件権利金は本件店舗の賃借権譲渡に対する承諾料としての趣旨で交付を受けたものである旨主張し，右主張に添う〈証拠〉もある。しかし，〈証拠〉によれば，本

件賃貸借契約においては本件店舗の賃借権を第三者に譲渡する場合は，改めてＹの承諾を要するとともにいわゆる名義書替料として譲渡価格の15パーセントを原告ＸよりＹに支払わなければならない旨定められている（……）ことが認められるので，本件権利金に譲渡承諾料的性質が含まれていると解することは困難であり，Ｙの右主張はにわかに採用できない。」

【44】は，相当高価な財産権としての賃借権の代価が支払われていても契約などがない限り賃借権の譲渡に承諾が必要，【45】は，当事者間で礼金と契約金10万円が授受されているということだけでは不足，【46】は繁華街における店舗賃貸借で礼金100万円が授受されていてもそれは，店舗の期間相応の場所的利益の対価であって譲渡承諾の対価でもなければ賃貸借譲渡の対価でもない，【47】は，賃借権の譲渡が認められるには，契約上賃貸人の承諾が必要であり，名義書換料授受が必要であることが定められているが，それがない，と述べている。なお，権利金を譲渡承諾料と認める【43】は判断事由については述べていない。その金員は，譲受人，転借人から回収すべきだが，未回収の間に賃貸借が終了した場合でも特別事情，特別合意なき限り賃貸人から返還を求めることはできない，という。他に，【17】のように，権利金の一種に賃借権設定の対価を支払えば承諾なく賃借権が譲渡できるものがある，と述べるものがある。

9　集　　約

借地判例で多いのは権利金を賃借権の対価と解するものである。他に場所的利益取得の対価，賃料の前払，プレミアム，その他譲渡承諾料，礼金といったものもある。学説には，これらの多様な単独性質の権利金を要約して3種のものに圧縮する説が多い。たとえばその説は，場所的利益としての権利金と借地権そのものの対価としての権利金を地代の一部前払としての権利金に集約し，その他は，借地権に譲渡性を与える対価，それに営業ないし営業上の利益の対価，したがって，あわせて3種のものを権利金としている（鈴木（禄）・前掲書927〜928頁など）。私は多くの学説の内容として権利金は三つの種類のものに要約されていると述べたことがある（新版注釈民法(15)［増補版］337頁〔石外〕）。もっとも，この説に対しては，権利金が地代の前払いである場合には地価の値上り収益はすべて地主が取得するが，しかし，権利金が借地権の対価である場合は値上り益を借地権割合に応じて分配する必要ということがあるから地代の前払いと借地権の対価の権利金はこれを区別すべきであるとしてそれに批判を加える説がないわけではない（瀬川・前掲書166頁，注(44)）。

借地の権利金には，一般的に賃料の一部前払の性格をもち，商業地の場合には営業上の利益，借地権取引が慣行化しているところでは譲渡性の対価，立退料支払いが義務化しているところでは土地の価値の一部譲渡の対価の性質をもち，しかも営業上の利益以下のものは，いずれも賃料の一部前払いの性質をもつとされ，そして，借地権・借家権そのものの対価，場所的利益の対価は，営業上の利益，一部前払い，土地の価値の一部譲渡の対価のいずれかに還元される，ともいわれている

(瀬川・前掲書184～185頁)

その他，学説上，借地の場合，地代の前払いとしての権利金がもっとも多く，特殊なものには権利金の利息による賃料の補充としての権利金がある，とされている。

他方，借家判例では，場所的利益享受の対価，つづけて，営業上の利益の対価，賃料の前払いとしての権利金が多い。私は，造作代（有形）は権利金とは認めないが，第1類型に場所的利益の対価（営業権の対価を含む），第2類型に賃料の前払い（賃借権の対価，プレミアムを含む），第3類型に譲渡承諾料を考え，とくに，第1類型の場所的利益については，これを交換価値の側面からとらえるものと使用価値の側面からとらえるものとがあると考えている（石外「敷金と権利金」契約法大系Ⅲ138頁）。

学説上，借家の場合の権利金は，営業ないし営業上の利益の対価（造作・のれん・得意先）であるとする学説がある（星野・借地・借家法270頁）。

ちなみに，判例上，複合性質の権利金を取扱うものは，後述するように，場所的利益の対価，賃料の前払い，敷金の3性質を併有するとしている。学説上は，複合性質の権利金を取扱うものは，「第1の種類のもの［営業ないし営業上の利益対価―筆者注］が，いうまでもなく商業地において借地にも存在することは，疑いのない事実のようである。そして，この種類のものは，他の種類のものといちおう別個の性格のものであるが，実際は他のものと結合して存在することが多いようである」，とし，また「第5のもの［借地権に譲渡性を賦与した対価―筆者注］は理論的には十分考えられ，実際も存在するであろうが，ほとんど報告されていない。実務家でこれに触れるものはないようである（……）。問題はむしろ，この種類権利金が独立して存在することが否かでなく，他の種類の権利金に，この性格をあわせ持つものがあるのではないかということである」などとされる（星野・前掲書270頁）。

第2節　複合性質判例

判例上は，前述のように，権利金を単独性質のものと解するものが圧倒的に多い。しかしながら，次の【48】のごとく，権利金にも三つの性質が複合されているとする判例もある。

【48】 東京高判昭48・7・31判時716・42（【74】と同じ）

［事実］控訴人（原告）Xは，被控訴人（被告）Yから，建物を賃借して，その際，300万円を支払った。Yは，Xが昭和43年4月分以降の家賃を再三の催告にもかかわらず支払わないので，Xの債務不履行を理由に右借家契約を解除した。そこで，逆に，XがYに対し，契約終了時に，前述の300万円は，敷金であるとして，その返還を請求した。裁判所は，Xの未払賃料と契約解除後の損害金は右300万円の未経過期間に相当する部分を超えることは明らかであるとしてXの右返還請求は理由がないとした。1審X敗訴。Xが控訴したが2審でも控訴棄却。

［判旨］「《証拠略》には右金員は敷金である旨右主張にそう部分があるがたやすく措信しが

たく，かえって《証拠略》をあわせれば本件300万円は，後記のとおりの趣旨のものであって，やはりいわゆる権利金の一種として支払われたものであることが認められ，他に右認定をくつがえすに足りる証拠はない。

しかして，《証拠略》によれば，右権利金の支払によってXの取得したのは，本件賃貸借契約を締結しえて爾後約旨の賃料を支払うことによって賃貸借期間たる10年間本件店舗で営業できるという地位であることが認められ，これと本件においては他にいわゆる敷金の差入れのなかったこと（弁論の全趣旨から明らかである）をあわせ考えれば，本件300万円は，本件店舗の場所的利益の対価と賃料の前払的性格にあわせて賃料の未払その他の損害に対する保証の趣旨を兼ね備えたものであると解するのが相当である。そうだとすれば，右金員は賃貸借の途中終了の場合は賃借人はその未経過期間に対応する部分についてはその返還を求めうべきものであると同時に，そのさいもし未払賃料および契約終了後の損害金その他の損害の未払があれば賃貸人としては当然これを差引きうべきものと解すべきであるところ，原審におけるY本人尋問の結果によれば，Xは昭和43年3月以降本件賃料を支払っていないことが認められる上，本件全証拠によってもXが当時Yに本件建物を明渡した事実を認めることができないので，結局昭和43年3月から昭和44年5月15日までの1ヵ月金9万円の割合による未払賃料および昭和44年5月16日以降今日までの同一割合による賃料相当損害金を合計すれば優に右300万円の前記未経過期間に対応する部分を超える金額となることが明らかであるから，Xに返還すべき分は存しないこととなり，いずれにしてもXの請求は理由がない。」

右の【48】では，当事者に敷金が授受されていないこともあって，複数の性質を権利金に複合させ各性質のもつ機能を各場合応じて，相互補完的に発揮できるように解している。他に傍論において権利金に複合性質（混合形態）のものがあることに言及する【23】がある。

第3節　金　　額

ある学説では，「権利金の額が比較的高い場合には，賃貸借終了時に賃貸人はそれ（場合によって全額）を返還する趣旨であったとみることができよう。他方，権利金の額が比較的低い場合には，賃貸人はそれを返還しなくてもよい趣旨であったとみることができよう。」（野村豊弘「最判昭43・6・27の判批」法協86巻8号112頁），といわれ，金額の高低によって法律上の取扱いが異なることが指摘されている。

権利金の金額については，他の学説も，「土地の所有権の価格に対する借地権の価格は，場合により7割ないし9割ぐらいに評価されるが，そのような土地を新たに賃貸するとすれば売買価格の7割〜9割の金額が権利金として授受されることになる。」（中田眞之助・新版ビル賃貸借の法律　250頁）とされ，また，「3.3平方メートル10万円の土地の借地権価格が7割の7万円であるとしよう。借地人は7万円支払って物権的借地権を設定する。ここでは所有者対借地人の当該土地に対する価値支配率は3対7である。将来地価の騰貴に伴い借地権割合が変更することもあり得る。しかし投下資本の収益率が投下した対

第4章　権利金の性質と金額

判決年月日	出典	借地・借家の区別	権利金の金額	賃料額
① 東京地判 昭和3年4月27日	評論 17巻12号民法872頁	転借地	700円	月35円
② 東京区判 昭和5年2月15日 【8】＝【41】＝【59】＝【102】	新聞 3100号9頁	借家	180円	月22円80銭
③ 東京地判 昭和7年8月5日 【19】＝【42】＝【56】	新聞 3459号9頁	借家（営業用自動車車庫）	2,157円10銭	月280円
④ 東京地判 昭和9年12月6日 【87】	評論 24巻上・民法242頁	借家 （店舗）	1万3,500円	月110円
⑤ 大阪地判 昭和27年6月11日	下民集 3巻6号796頁	借家 （店舗）	4万5,000円	月1,500円
⑥ 東京地判 昭和27年8月7日	下民集 3巻8号1097頁	借家	7,000円	月180円
⑦ 東京高判 昭和28年6月8日	東高民時報 4巻2号民47頁	借地	2万5,000円 （木材で支払い）	月坪2円50銭 （100坪）
⑧ 東京地判 昭和28年6月20日 【60】	下民集 4巻6号901頁	借家	4万5,000円	月1,000円
⑨ 最判 昭和29年3月11日 【9】＝【54】＝【70】	民集 8巻3号672頁	借家 （店舗）	借家権および造作代名義　1万4,000円 造作権利増名義　2回　2,500円	月210円
⑩ 大阪地判 昭和29年4月6日 【10】＝【72】	判時 27号10頁	借家 （アパート）	1万5,000円	月263円25銭

第3節　金　額

権利金の賃料に対する倍率	権利金の性質	他の一時金の授受	問　題　点
20倍		敷金300円	土地の転貸人と転借人との間の権利金協定の額は，土地の賃貸人と賃借人との間の賃料額の当否を判断する標準にならない。
約8倍	造作代 （一部手付金・一部権利金）	敷金72円	権利金部分は，賃貸人が賃借人の窮迫に乗じ支払わせたことなどからする不当利得。
約8倍	有形造作に無形造作を分属せしめた造作代金		賃借人は，自らに帰責事由があって契約が終了する場合にも造作買取請求権を行使できる。
約123倍	賃借権取得の対価	敷金500円	権利金が賃料の前払い，寄託金でないためその返還は求められない。
30倍			賃貸借が短期間で合意解除された場合に賃貸人による権利金の受領は不法原因受益とし返還容認。
約39倍		敷金2,000円	賃貸人による権利金の受領は，不法原因受益であるとし，権利金返還請求権と延滞賃料債権などとの相殺容認（反訴）。
100倍	借地権を設定する反対給付		権利金授受契約は，地代家賃統制令に違反し無効でも，宅地建物価格統制令の統制額の範囲内で建物売買契約は有効，建物敷地の借地権設定契約も有効。
45倍	敷金でなく実質賃料		権利金の支払いにつき，民法708条本文を適用せず，権利金は不当利得返還請求権で返還容認。
約79倍	賃借人の所有すべき建物の場所営業設備等有形無形の利益に対する対価	敷金2,000円	借家使用が10数年間も続いた以上，特約なきかぎり終了後に権利金は返還しない。
約57倍	贈与金でなく土産名義の金員		不法原因給付で権利金の返還否認。

第4章　権利金の性質と金額

判決年月日	出典	借地・借家の区別	権利金の金額	賃料額
⑪ 東京地判 昭和30年2月2日	下民集 6巻2号159頁	借家 （住宅兼医院）	5万円	月8,000円
⑫ 東京地判 昭和31年2月10日 【14】＝【20】	下民集 7巻2号303号	借家	30万円	月4万円
⑬ 東京地判 昭和31年4月26日 【11】＝【32】	下民集 7巻4号1045頁	借地	30万円	月約308円
⑭ 大阪地判 昭和31年8月22日 【2】	下民集 7巻8号2254頁	借家 （パン製造所）	2万円	月5,000円
⑮ 東京地判 昭和32年5月11日 【12】＝【45】	判時 117号3頁	借地	28万円 （うち10万円は現金，残りは約束手形で支払い）	月455円60銭
⑯ 最判 昭和32年11月15日 【3】＝【75】	民集 11巻12号1962頁	借家 （アパート）	1万5,000円	月263円25銭
⑰ 最判 昭和32年12月27日 【97】	民集 11巻14号2535頁	借家 （校舎） 借地	権利金40万円に代る株式4,000株	月2,625円
⑱ 東京地判 昭和33年6月26日 【21】＝【55】＝【65】＝【77】	下民集 9巻6号1196頁	借家 （店舗）	10万円	月3,000円
⑲ 東京高判 昭和33年10月31日	判時 173号20頁	借地	1万円	月500円
⑳ 大阪高決 昭和35年2月2日	下民集 11巻2号274頁	借家	5万円	月4,000円

第3節 金　額

権利金の賃料に対する倍率	権利金の性質	他の一時金の授受	問　題　点
6.25倍	実質賃料		権利金は，支払能力のある賃借人のみが交付するため，その交付は地代家賃統制令に違反して不法原因給付となり返還否認。
7.5倍	場所的利益の対価		賃借権譲受人が直接賃貸人に権利金を支払う場合，期間の定めある賃貸借が途中で終了すれば残存期間相当の権利金の返還請求を認めうる。
約974倍	借地権の対価		賃貸人が借地権設定当時，借地権価格としての権利金を受取っているため借地権譲渡に承諾を与えたことになる。
4倍	実質賃料		権利金の授受は，地代家賃統制令12条の2違反，不法原因給付で権利金の返還否認。
約615倍			別途賃貸して新たに権利金を取得することを目的とする土地明渡請求は権利濫用となる。権利金の支払いは，賃借権譲渡に承諾を与えたことにならない。
約57倍	実質賃料 土産名義		特段の事由のない限り，民法705条により権利金の返還を請求できない。
約152倍	場所的利益享受の対価		権利金を授受していても，借家契約の更新を拒絶する正当事由が認められない。
約33倍	賃借人が享有する無形の場所的利益の対価	敷金10万円	「造作」には無形の場所的利益を含まず，特約なきかぎり，権利金の返還を求めえない。
20倍			昭和21年当時1万円の権利金を支払ったからといって借地契約が一時賃貸借でないとはいえない。
12.5倍			競売期日の公告に賃貸借の内容として記載された敷金が権利金であった場合でも，その公告は適法で有効。

第4章　権利金の性質と金額

判決年月日	出典	借地・借家の区別	権利金の金額	賃料額
㉑横浜地川崎支判 昭和37年8月10日 【4】=【93】	下民集 13巻8号1651頁	借家 （店舗・住宅）	10万円（建物㈠につき賃借人Y₁，建物㈡につき賃借人Y₂同金額）	月3,000円 （Y₁Y₂同じ）
㉒福岡地小倉支判 昭和38年4月8日 【5】=【18】=【79】=【99】	下民集 14巻4号687頁	借家 （店舗）	100万円 （少なくとも，営業権の代償は96万円）	月4万円
㉓東京地判 昭和40年1月22日 【23】	下民集 16巻1号59頁	借家 （店舗・住宅）	30万円	月1万円
㉔旭川地判 昭和40年3月23日 【36】=【94】	下民集 16巻3号469頁	借地	100万円　後に調停で25万円を減額	月4,252円50銭
㉕東京地判 昭和40年8月31日 【66】=【80】	判時 430号39頁	借家 （店舗）	30万円	月1万5,000円
㉖東京地判 昭和42年5月29日 【29】	判時 497号49頁	借家 （店舗）	150万円	月2万円
㉗最判 昭和43年6月27日 【85】	民集 22巻6号1427頁	借家 （市場内の店舗）	15万円	月7,000円
㉘東京地判 昭和44年5月21日 【24】=【61】=【81】	判時 571号64頁	借家 （店舗）	50万円	月4万円

権利金の賃料に対する倍率	権利金の性質	他の一時金の授受	問　題　点
約33倍	場所的利益享受の対価＝（のれん代）か，あるいは家賃の一時払い	Y_1には敷金5万円 Y_2には敷金なし	期間の定めのない借家契約で権利金の授受が授受されていても，相当期間経過後は賃料増額を妨げない。
24倍（96万円との対比）	営業権の譲受の対価および工事費の分担金（正確には割合不明）	敷金70万円	期間の定めのある営業用建物の賃貸借契約において，期間満了前に契約が合意解除された場合，賃貸人は残存期間に相当する権利金（営業権の代償）を返還する義務がある。
30倍	場所的利益に対する対価（期間についての対価）（傍論で，営業権対価，賃料の前払い，賃貸借の対価，あるいはそれらの混合形態があるとする）	敷金20万円	都市計画事業実施のため期間の途中で家屋賃貸借契約が終了し賃借人が移転補償を受けた場合，当該賃貸借の際支払った権利金は賃貸人の不当利得にならない。
減額前約235倍	賃料一部前払い		賃料一部前払いとしての権利金の支払いを斟酌して相当な増額賃料を算定する。
20倍	店舗における造作および営業権の対価	敷金10万円	約2か月半賃借建物を使用したのち賃貸借が中途解約された場合，権利金返還の約定は残存期間に相当する金額の返還を約したものである。
75倍	場所的利益を享受する対価（期間の対価），借賃の前払いでない		営業用建物の賃貸借が期間満了前当事者に帰責事由なしに終了した場合，賃貸人は賃借人に権利金の残存期間に相当する金額を返還すべきである。
約21倍	特殊の場所的利益の対価（期間に相当しない），賃料の一時払いでない		期間の定めのない賃貸借で賃貸借成立後2年9か月で合意解除されたとしても賃借人は賃貸人に権利金の返還を請求できない。
12.5倍	法律的には場所的利益に対する対価，経済的実質は賃料の不足額を一時にとるための方便，賃貸借の対価	敷金50万円	期間の途中合意解除で契約が終了した場合（賃借人の解約申入れが先），権利金のうち残存期間に相当する部分の金額から一定額を控除した金額を賃貸人は返還すべきである。

第4章　権利金の性質と金額

判決年月日	出典	借地・借家の区別	権利金の金額	賃料額
㉙ 東京地判 昭和45年2月27日 【25】＝【46】＝【82】	判タ 248号261頁	借家 （店舗）	礼金 100万円	月2万5,000円
㉚ 京都地判 昭和46年10月12日 【34】	判時 657号76頁	借家 （店舗）	礼金 60万円 美容器具使用料10万円	月2万5,000円 (60万円との対比)
㉛ 東京高判 昭和46年11月26日 【95】	金判 304号10頁	借家 （店舗）	132万5,000円	月7万円
㉜ 東京地判 昭和47年11月30日 【6】＝【47】＝【91】	判タ 286号267頁	借家 （店舗）	280万円	月3万3,000円
㉝ 東京高判 昭和48年7月31日 【48】＝【74】	判時 716号42頁	借家 （店舗）	300万円	月9万円
㉞ 東京高判 昭和51年7月28日 【30】＝【71】	東高民時報 27巻7号民185頁 判タ 344号196頁	借家 （店舗）	230万円	月10万円
㉟ 東京地判 昭和56年12月17日 【26】＝【67】＝【83】	判時 1048号119頁	借家 （店舗）	礼金200万円	月8万円
㊱ 浦和地判 昭和57年4月15日 【27】＝【62】＝【84】	判時 1060号123頁	借家 （店舗）	礼金200万円	月17万円

（表に取り上げた判例は，権利金と賃料の金額が判文上明らかになっていて倍率が算定できるものに限った）

権利金の賃料に対する倍率	権利金の性質	他の一時金の授受	問　題　点
40倍	店舗の場所的利益の対価であって賃借権譲渡の承諾料などでない	敷金100万円	期間の定めがある賃貸借で短期間で契約終了し、礼金が多額敷金が同額かつ賃料が低額である場合、賃貸人は賃借人に礼金の中の残存期間相当分を返還する義務がある。
24倍	賃借権の対価の一部（謝礼でない）		賃借の目的を達しえない短期間に賃貸借が賃借人に帰責事由なく終了するときは、権利金の返還を求めうるもそうでないときは返還請求できない。
約19倍	賃料の一部前払いではない		相当賃料算定にあたり、権利金授受の事実を斟酌することはできない。
約85倍	賃料の補充（場所的利益の対価を含む）		瑕疵を理由とする借家契約解除の場合、支払済権利金から賃借期間中の権利金とその利息を控除した残額や逸失利益などを損害と認めるべきである。
約33倍	場所的利益の対価 賃料の前払い 賃料の未払いその他の損害に対する保証の趣旨を兼ね備える。		賃借人は権利金の未経過部分に相当する部分の返還を求めうるが、賃貸人はその権利金から未払賃料および契約終了後の損害金の未払部分を差引きうる。
23倍	賃借人が取得享有すべき特殊の場所的利益の対価	敷金30万円（更新料は賃料2か月分）	使用収益の機会のないうちに無断転貸を原因として賃貸借を解除された場合、賃貸人は原状回復義務の一場合として権利金返還義務を負うとともにその返還義務は建物明渡義務と同時履行の関係にたつ。
25倍	場所的利益の対価 実質的には賃料の前払い	敷金20万円	期間の定めある建物賃貸借が期間の途中で合意解除された場合に、残存期間相当分の権利金の返還請求を認める。
約12倍	場所的利益の対価	敷金50万円	期間の定めある賃貸借が短期間で合意解除された場合、特段の約定なき限り賃借人は賃貸人に残存期間相当分の権利金を不当利得として返還請求できる。

第4章　権利金の性質と金額

象によって異なるのは当然である。いずれにせよわたしは、第3類型［借地権そのものの対価としての権利金—筆者注］の支払いによって、借地人は当該土地の価値の一部を割合的に支配することになると解する。借地権の設定により所有権が実質的に地代徴収権に変更する対価として権利金が支払われるということからは、地主から借地権者へ所有権マイナス地代徴収権を権利金の対価として売却したことを意味する。」「借地期間の経過に伴って、借地権価格が低下し所有権価格が上昇すると解することは、理論的には異論があろうが、現実の経済現象には反する考え方であろう。そうであるとすれば、権利金を借地期間満了によって当然に消滅すべきではない当該土地に対する部分的価値支配の対価とみて、当該支配価値を地主に返還する場合には原則として地主がその対価を支払うことが正当であるように思われるのである。」とされる（石川明「借地権利金の性質」不動産法大系Ⅲ235頁）。

たとえば、判例は、昭和52年当時に、借家の場合に、礼金名目で授受された金員の金額が200万円（賃料の25倍）という高額なので、その金員は謝礼とか贈与金というものでなく賃料の前払いであるとしている。

権利金の金額などについては、先の一覧表にまとめてみた（50〜57頁）。

権利金の金額には、借地判例では、賃料の約974倍（東京地判昭31・4・26【11】＝【32】別表⑬）、賃料の約615倍（東京地判昭32・5・11【12】＝【45】別表⑮）、といった高倍率のものがある。しかし、借家判例では、賃料の約152倍（最判昭32・12・27【97】借地＋借家　別表⑰）、賃料の約123倍（東京地判昭9・12・6【87】別表④）、といったものもあるが、多くは賃料の100倍以下、それも賃料の約85倍（東京地判昭47・11・30【6】＝【47】＝【91】別表㉜）、賃料の約79倍（最判昭29・3・11【9】＝【54】＝【70】別表⑨）、賃料の75倍（東京地判昭42・5・29【29】別表㉖）、賃料の約57倍（最判昭32・11・15【3】＝【75】別表⑯）、賃料約33倍（東京地判昭33・6・26【21】＝【55】＝【65】＝【77】別表⑱）、横浜地川崎支判昭37・8・10【4】＝【93】別表㉑、（東京高判昭48・7・31【48】＝【74】別表㉝）、そして、賃料の30倍（東京地判昭40・1・22【23】別表㉓）などとなっている。

一見して、借地の場合の権利金と借家の場合の権利金との間には、金額の上で大きな開きが認められる。借地の場合、権利金は地代の何百倍となり高額になるが、しかし、借家の場合の権利金は、せいぜい家賃の何十倍にとどまり低額であることが多い。このような違いは、借地の場合は、権利金は賃貸される土地所有一部の売買の代価であり、借家の場合は、権利金は賃貸物件の使用料であると解するからであろうか。それとも、借地の場合にはいわゆる借り得分なるものが認められ、借家の場合にはそれが認められないからであろうか。はたまた、判例をみても分かるように賃貸借の期間が、借地の場合は著しく長く、借家の場合は、2,3年というように極めて短いことが反映している結果なのであろうか。ちなみに、税法上は、同じ借地の場合でも、権利金が土地価格の2分の1以上であれば権利金は譲渡所得（地代の20倍以上）、2分の1以下であれば不動産所得と解して課税しているが、そのことと何らかの関連があるのであろうか。借地の場合の約974倍のものの権利

金は借地権の対価，借家の場合の約85倍のものの権利金は賃料の補充（場所的利益の対価を含む）である。契約自由の建前からすれば，権利金がいかに高額でも，その契約は有効であるが（東京地判昭9・1・20新報360・21），しかし，その契約が強行法規に反し，公序良俗に反し，相手方の困窮・軽率な点に乗じたという場合は無効であるというまでもない。

第5章　権利金の返還を請求する方法

判例によれば，不動産賃貸借の賃借人が賃貸人に対して権利金の返還を請求する方法は，権利金の性質によって異なっている。時代の推移によっても異なっている。返還方法としては，①造作買取請求権による場合，②不当利得返還請求権による場合，③不法行為に基づく損害賠償請求権による場合，④合意に基づく返還請求権による場合，⑤慣習に基づく返還請求権による場合がある。そして，その中，比較的古い時期に判例で取り上げられていたのは，①であった。近来，それらの中，多く採用されているのは，②の不当利得の返還請求による方法である。返還方法にはいろいろなものがあるが，権利金の返還方法のうち，合意によるよりは，権利金の性質による場合のほうが人の力関係には影響されるということがなく問題の処理ができるのである。それが不当利得返還請求権という方法なのである。

第1節　造作買取請求権による場合

　場所的利益の対価としての権利金，いわゆる無形造作を，借家法5条にいう「造作」の中に包含できると解し，賃借人は賃貸人に対し造作買取請求権（改正前は借家法第5条という強行法規によって形成権と解されていた）によって，権利金の返還を請求することができるか。判例は，その点，消極説と積極説とに分かれている。消極説には，【49】【50】【51】【52】【53】【54】【55】があり，比較的その数も多い。しかし，積極説には，【42】（【19】＝【56】と同じ）のようなわずかなものしかなく，しかも，昭和33年以降はこの造作買取請求権を行使して権利金を返還請求するというものはなくなった。しかし，学説は別である。

1　消極説判例

　権利金の種類のところでは，たしかに有形造作と無形造作とは分離して取り扱われていた。しかし有形造作と無形造作とを一体化して取扱うものがあるのは，畢竟，前にも述べたように両者が物そのものという面で捉えられず，むしろ物の機能という面で捉えられているのではなかろうかと考える。

【49】　大判大15・1・29民集5・1・38

［事実］　被上告人（控訴人・原告）Xの先代

第5章　権利金の返還を請求する方法

Aは，大正9年3月，上告人（被控訴人・被告）Y所有の家屋を賃借し，付属の造作，畳20畳半を代金120円を出して買取った。その後，大正10年7月，YXは右賃貸借を合意解除し，Xは右家屋をYに返還するとともに，Yに対し右造作の買取りを請求した。しかし，Yはその請求に応ぜず造作の時価を争った。2審では，X勝訴。2審は「借家法第5条ニ所謂時価トハ造作カ賃借家屋ニ付加セル状態ニ於ケル其ノ物ノ時価ノ義ト解セサルヘカラス而シテ家屋力其ノ所在地ノ状況其ノ構造ノ如何ニ因リ需要者多ケレハ之ニ附加セル造作モ亦其ノ家屋ニ附加セルノ故ヲ以テ特別ナル価格アリト謂フコトヲ得可ク……」と判示。そこでYが上告。（破棄差戻）。

［判旨］「借家法第5条ノ畳建具其ノ他ノ造作ノ時価ハ建物ニ附加シタル侭ノ状態ニ於テ造作自体ノ本来有スル価格ヲ謂フモノニシテ之ヲ建物ヨリ取外シタル状態ニ於ケル価格ヲ謂フニ非サルハ勿論建物所在地ノ状況其ノ構造ノ如何等ニ依リ生スル特殊ノ価格ヲ包含セサルモノト解スルヲ相当トス蓋同条カ賃借人ノ為ニ賃貸人ニ対スル造作買取請求権ヲ認ムル所以ハ賃貸終了ノ場合ニ於テ賃借人ヲシテ自己ノ附加シタル造作ヲ取外シテ建物ノ明渡ヲ為サシムルトキハ著シク造作ノ価格ヲ減スルノ虞アリ賃借人ノ不利益タルヲ免レサルト同時ニ賃貸人ヲシテ之ヲ買取ラシムルハ賃貸人カ同一ノ物ヲ新調シ之ヲ補足スルノ不便ヲ避クルコトヲ得ヘク双方ノ利益ヲ保護センカ為ニ外ナラス故ニ右造作ノ時価ヲ定ムルニ当リテハ如上ノ趣旨ニ準拠シ之ヲ建物ヨリ取外シタル状態ニ於ケル価格ヲ以テスルヲ得サルハ論ヲ俟タサル所ニシテ建物ニ附加シタル侭ノ状態ニ於テ造作自体ノ本来有スル価格即現ニ同一ノ物ヲ他ヨリ買受ケ建物ニ附加シタル侭ノ其ノモノノ価格ヲ以テ時価ヲ定ムヘク其ノ他ニ建物所在地ノ状況其ノ構造ノ如何等ニ依リ建物ニ生スル特別ノ価格ヲ包有セシムヘキモノニ非ス」

【50】　東京地判大15・11・24新報106・22（【28】と同じ）

［事実］　前掲【28】参照。
［判旨］　前掲【28】参照。

【51】　東京地判昭8・5・8新聞3560・17（【37】と同じ）

［事実］　前掲【37】参照。
［判旨］　前掲【37】参照。

【52】　東京地判昭13・7・30評論27下・諸法717

［事実］　控訴人（1審原告反訴被告）Xが，被控訴人（1審被告反訴原告）Yから2階建建物を賃料月75円，月末払い，期間の定めなし，という約定で，賃借した。その際，造作を700円で買い受けた。しかし，昭和9年4月23日，右借家契約は合意解除され，Xは，Yに右家屋を明渡すとともに，借家法5条により造作および場所的利益の買取りを求めた。造作代金としては，Yに300円ないし350円の支払いを請求したが，Yはそれに応ぜず代金は150円であると主張した。

［判旨］「Yハ本件造作ヲ当時金150円ニテ買受クル意思アリシコトヲ認メ得ルモ右ハ当時Xカ本件造作ヲ金300円乃至350円ニテ買取リヲ請求シタルニ対シYハ金150円ナラハ買取リニ応スヘキ旨ヲ申出テタルモノナルコト右各供述ニヨリ明ナルヲ以テ右金額ハ合意上売買スヘキ場合ノ値段ヲ申シ出タルモノト認ムルヲ相当トスルヲ以テ該事実ニ依リテハ当時ノ時価カ金150円ナリトハ認メ難シ而シテ借家法第5条ニ

第1節　造作買取請求権による場合

ヨリ買取リノ請求ヲ為シ得ヘキ造作ハ畳建具其ノ他之ニ類似スル有形的造作ヲ謂フモノニシテ場所的利益ノ如キ所謂権利金ヲ包含セサルモノト解スヘキヲ以テXハ場所的利益ニ付キテハ買取請求権ヲ有セサルモノニシテ前記買取リノ請求ニ依リYハ(1)乃至(6)及(10)ノ物件ノ時価金80円ヲ支払フヘキ義務ヲ負フモノトス」

【53】　大判昭15・11・27 全集8・3・81（【90】と同じ）

[事実]　賃貸人被上告人Xはその所有建物の一部を賃借人上告人Yに賃貸した。Xは，昭和12年11月8日右賃貸借の解約の申入れをし，その上で，建物の明渡しを請求。Yは，Xに老舗料の支払いを請求した。そして，控訴審で敗訴したYは，上告理由第3点において，「大阪市内ノ如キ商業殷賑ナル都市ニ於テハ無形造作（場所的権利所謂老舗）ノ売買ハ常時行ハレツツアルノミナラス寧ロ有形造作ヨリ尊重セラレ時トシテ場所ニ依リ数千万円或ハ数十万円ノ高価ニテ取引サルル老舗頻々タルナリ」，といい，「借家法第5条所定ノ買取請求ノ目的ニハ有形造作ノミナラス無形造作老舗ヲモ包含スルモノト解スルヲ相当トスヘク……」，と述べた。

[判旨]　「然レトモ借家法第5条ニ所謂造作トハ畳建具ノ如キ有形造作ヲ謂ヘルモノニシテ場所的権利ノ如キ所論ニ所謂無形造作タル老舗ノ如キハ之ヲ包含セサルモノト解スルヲ相当トス」

この点につき，学説は，論点は，「この造作という中には権利金とも呼ばれている信用造作，営業造作など無形の造作がふくまれるかどうかという問題である。」衆議院委員会では，「この問題が一番熱心に，かつ，しつように討議された。けだし，資本に基礎をおく借家人の立場において，この問題こそ，資本利益の実現のためにきわめて重要な問題と考えられていたからである。買取請求の造作の中に権利金をふくませるべきであるとする意見の論拠は，次のとおりであった。すなわち営業によっていわゆる老舗が生じた場合には，とにかくここに一種の財産的な権利が発生する，とくに賃借権の譲渡や転貸の場合，賃借権の譲り受け人は，有形の造作を買わなければならないだけでなく，老舗料場所代として莫大な金を払わなければならない，そういう金を払って転貸を受けた賃借人が，賃貸人から立退きを命ぜられる場合，それについての補償をしてもらえないのでは非常な権利の損失となる。したがって，場所代という形の，金銭に見積ることのできる財産権が現に存在している以上，これにたいして相当の措置をとるのがのぞましい。もし，賃借人がそのために金を費やしたところの場所代の買収がみとめられないのなら，同じく賃借人がそのために金を費やしたところの有形造作代の買収もみとめられないはずというのである。」（渡辺洋三・民法と特別法Ⅰ　土地・建物の法律制度（上）333～334頁），とされている。さらに，また，同説は，立法当事者の政府の解釈が「造作」の中に無形造作を含ましめない理由に無形造作を賃貸人が買い取ってもそれを利用することができないということをあげるが，その点については同じようなことは有形造作についてもいえるではないか，と反論されている。（渡辺・前掲書336頁）。

第5章　権利金の返還を請求する方法

【54】 最判昭29・3・11民集8・3・672（【9】＝【70】と同じ）

［事実］　大正13年10月1日，上告人（控訴人・原告）Xは，訴外Aから，A所有の2階建物を，期間の定めなく，敷金2,000円，造作代（入口大硝子戸代）1万4,000円，造作権利増金2,500円，という約定で賃借した。昭和12年6月，被上告人（被控訴人・被告）YがAから本件家屋を譲り受け，賃料を月210円と定め，賃貸人Aの地位を承継した。しかし，昭和16年7月18日，Yは，Xの無断転貸を理由にして，賃貸借契約を解約したが，その際，Xは，Yに対し，前述の造作代を寄託金であるとしてその返還を請求した。2審（東京高判昭26・2・15）は，「右に所謂造作代金若くは造作増金なるものが単純なる造作そのものの売買代金なりと明認すべき資料にも乏しい。……本件建物は東京都台東区浅草の繁華街に位置しこの区域における建物の賃貸借については所謂プレミアムとしての権利金の授受が一般に行われていた事実が認められ，また造作売買の名義を以て所謂権利金の授受が行われる慣行のあることも顕著な事実であるから彼此併せ考えると，前記各金員はX主張の如き趣旨で交付せられたものではなく，本件賃貸借における賃借権の設定に際し，これによって賃借人の享受すべき建物の場所営業設備等有形無形の利益に対して支払われる対価の性質を有するものと推定するのが妥当である。従ってXが一旦本件建物を賃借使用した以上は，格段な特約が認められない限り，賃貸借が終了しても，右金員の返還を受け得べきものではない」，と判示した。そこで，賃借人であるXが上告し，特別事情のない限り，賃貸借が終了した場合に，XはYに対し場所的利益，営業設備などの有形無形の造作の買取請求権を有すると述べた。

［判旨］　XはYに右金員を支払ったが，「Xがその後昭和16年7月18日まで10数年間本件建物を賃借使用したことは，原判決が適法に確定したところである。従って，右金員が原判決の認定したように，本件賃貸借の設定によって賃借人の享有すべき建物の場所，営業設備等有形無形の利益に対して支払われる対価の性質を有するものである限り，Xが前述のように既に10数年間も本件建物を賃借使用した以上は，格段な特約が認められない本件では，賃貸借が終了しても右金員の返還を受け得べきものでないというまでもないものといわなければならない。」「借家法5条にいわゆる造作とは，建物に附加せられた物件で，賃借人の所有に属し，かつ建物の使用に客観的便益を与えるものを云い，賃借人がその建物を特殊の目的に使用するため，特に附加した設備の如きを含まないと解すべきであつて，これと同趣旨に出でた原判示は正当であり，論旨は異る見解の下に原判決の事実認定を非難するものであつて，採用することはできない。」

【55】 東京地判昭33・6・26下民集9・6・1196（【21】＝【65】＝【77】と同じ）

［事実］　前掲【21】参照。
［判旨］　「右権利金は一般に謂われているように原告Xが本件店舗所在地を利用することによつて享有する無形的な場所的利益の対価たる性質を有すると認めるのが相当であるところ，Xは第一次的に借家法第5条所定の造作買取請求権に基き，無形的な造作として権利金（即ち場所的利益）の時価買取りを求め，その代金として金10万円を請求するのであるが，右借家法に謂う造作とは専ら有形的なものに限り，無形的な権利金の如きは含まれないと解すべきであるから，右のXの第一次的請求は失当である。」

【49】【50】【51】は，いずれも借家契約が

第1節　造作買取請求権による場合

合意解除で終了する場合に，無形造作を「造作買取請求権」で買い取ることを求め，その請求が拒られているが，その無形造作を，【49】は「建物所在地ノ状況其ノ構造ノ如何等ニ依リ生スル特殊ノ価格」，【50】は「場所的利益ヲ享受スル価値アル事実関係」，【51】は「其ノ場所ニ対スル需要多キ経済上ノ事情アル場合ニ他ノ競争者ヲ排斥シテ独占的ニ某場所ヲ使用シ得ル権利」，とし，【53】は賃貸人が解約を申入れる場合，【55】は賃借人が解約を申入れる場合だが，【53】は老舗，【55】は「店舗所在地を利用することによつて享受する無形的な場所的利益」，とする。【54】は，特殊目的に使用する設備は「造作」に含まないとする。しかし，ここでは「造作」のもつ意義だけが問題となるのではない。むしろ，造作買取請求権を認める借家法5条の立法趣旨が無形造作を取り扱う場合にもあてはまるかが問題である。賃貸借が終了したのに有形造作を賃借人の手許においたままにすると，賃貸人は新しく設備する必要がでてくるし，賃借人が使用しなければ無駄になること，取付け取りはずしの労をはぶくことが先の立法趣旨であった。同じことが終了時における無形造作の取扱いの場合についてもいえるであろうか。

2　積極説判例

この場合に当るものには，【56】があり，その関連判例に【57】がある。

【56】　東京地判昭7・8・5 新聞3459・9（【19】＝【42】と同じ）

［事実］　前掲【19】参照。
［判旨］「借家法第5条ニ所謂造作ノ時価ニ付按スルニ……東京市内ニ於ケル営業用店舗ノ造作売買ニ於テ其代金額ノ算定ニ付テハ所謂場所的権利ヲ包含セシムルヲ通常トシ右場所的権利ノ価格カ建物所在ノ土地並ニ右建物ニ於ケル営業ノ種類態様ニ応シテ自ラ定マルトコロアリ而モ右造作売買ニ於テ該権利カ有形的造作ト区別セラルルコトナクシテ造作代金ノ定メラルルヲ通常トスルヲ常態トスル事実ヲ認メ得ヘシ。而シテ本件賃貸借カ当初ヨリ自動車々庫営業ノ店舗トシテ建築セラレタル建物ニ付右店舗トシテ使用スル目的ヲ以テ締結セラレタルコト前記ノ如クナルニ照シテ考覈スレハ本件建物ニ於ケル造作ノ売買ニ当リ反証ナキ限リ之カ代金ニ包含セラルルモノト認ムヘキ所謂場所的権利ノ自ラ定マルモノアリ且有形的造作ト区別セラルルコトナクシテ所謂造作代金ノ定メラルルヲ通常トスルモノト謂フヘキヲ以テ右ニ所謂場所的権利ハ該建物ニ於ケル営業態様種類ニ応シ各個ノ有形造作ニ分属シテ其各時価ノ変動ヲ支配スルニ過キサルモノ換言スレハ各個ノ有形造作ノ時価ノ内容ニ分属スルモノト認ムルヲ相当トスヘキカ故ニ特ニ場所的権利ヲ除外シテ為サルル造作売買ナリト認ムヘキ反証アラサル限リ本件建物ノ造作ノ時価ハ場所的権利ヲ離レテ之ヲ算定スルヲ得サルモノト解スヘク而モ右場所的権利ハ所謂造作代金中有形的価格ト区分シテ認メ得サルヲ常態トスルニ過キスシテ自ラ其営業ノ種類態様ニ応シテ客観的ノ評価ヲ妨ケサルコト前記ノ如クナルヲ以テ之ガ為賃貸人ニ不測ノ損害ヲ及ホスノ謂レナキモノト謂フヘシ」

【56】は，営業の種類態様に応じ客観的に

第5章　権利金の返還を請求する方法

評価し，造作の時価は場所的権利と分離して算定することができない，とするわけだが，ちなみに【57】のように借家法5条が施行される以前に事実たる慣習による意思が当事者にあり造作権利の買取りを認めた判例がなかったわけではない。なお，【5】のように「営業権の譲渡の対価および右工事費の分担金の両者をこみにして」取り扱う以上，分属といったことも考えうるのではないか。

【57】　東京区判大 8・12・12 新聞 1794・9

［事実］　原告Xは，大正3年9月1日，被告Yに対し，家屋を，賃料月24円，毎月末払い，期間の定なく賃貸した。そして，XはYに大正7年9月9日解約の申入れをした。しかし，Yは3か月を経過し契約が終了した後も右家屋を明け渡さず，大正7年12月10日以降月24円の割合による損害をXに与えたとし，XがYに対し家屋の明渡し，また右損害金の支払いを求めて提訴した。

［判旨］　「賃貸人は賃借希望者の資力信用の如何によりては賃貸借契約を締結せざるべからず而て家屋の賃借希望者と賃貸人との間に右権利の売買が行はる、場合は賃貸人が家屋を新築したる場合なるか或は賃貸人が一先前賃借人より所謂造作又は権利を買受け置きたる場合なるを家屋の賃貸借当事者が賃貸借期間を定めざりし場合に於て賃貸人が解約の申入を為すには右の所謂造作又は権利を相当価格にて買収すべきことを条件とし且民法第617条第2号所定の3ヶ月の予告期間とは関係なく当該賃借人の営業の大小に依り一二〔1～2〕当該営業者が営業上より見て移転に必要なる予告期間を存することを要し右買収価格は解約の申入を為すと同時に一定することを必要とするも金銭の授受の時期は当事者の合意によりて之を定め協議調はざる場合には移転着手後荷物搬出終了前に支払ふべきことの慣習存すること右慣習は賃借人の債務不履行を原因として家屋の明渡を求むる場合には適用無き事等の事実を認むるに足る鑑定人Bの鑑定は毫も右認定を妨ぐる所なし然れども鑑定人Aの鑑定によりては右慣習は事実たる慣習たることを認め得るに止り未だ以て商慣習法とは認め難きを以て右慣習が商慣習法なりとするYの抗弁は理由なし依て進んで本訴当事者は右慣習に依るの意思を有したるものなりや否やを按ずるに鑑定人Aの鑑定に依れば右の慣習は一般に東京市全市に行はる、ものなるも殊に所謂大通りの場所に於て顕著にして本件家屋の所在地は右の所謂大通りに該当するものなることを認め得るを以て反証なき限り本件当事者も右慣習に依るの意思を有したるものと認むるを相当とす」。

第2節　不当利得返還請求権による場合

【58】は，【61】【62】にいうがごとき無償取得の不当利得という点では先駆的な役割をはたすところの判例である。

【58】　大判明 45・1・20 民録 18・1（【40】と同じ）

［事実］　土地賃借人被上告人（控訴人・原告）Xによって借地に増加された価値があることを認めた上，その価値は，Xが努力して産み出したものあるとした。にもかかわらず，その価値は，賃貸借終了時に，賃貸人上告人（被控訴人・被告）Yに無償で引き渡されたが，それをそのままYに帰属せしめることは不当利得に当るため，XはYに対し民法703条によってXにその

価値を返還するようにと請求した。裁判所は，1審でXの請求否認，2審で控訴したXの請求容認，3審でも容認されている。

上告理由第1点　「原判決ニ於テハ「賃借中Xハ労力費用ヲ投シテ初メテ荒蕪地ナリシヲ畑地トナシ土堤ナリシヲ宅地ト為シ為メニ若干価格ノ増加アリタルコトハYノ争ハサル所ナルカ故ニYハXノ労力投資ニヨリ若干ノ利益ヲ受ケタルモノト云フ可ク云云」トノ理由ヲ付シタリト雖モ原判決事実摘示ノ部分ヲ按スルニ「Yノ抗弁要旨ハ本件土地カ賃貸借契約当時ニ比シ幾分価額ノ増加アリタルコトハ之ヲ認ムルモ云云」トアルニ過キスシテ価額増加ノ原因カ原判決認定ノ如ク控訴人即チ被上告人ノ労力投資ニ在リトノコトヲ認メタリト言フ可カラス凡ソ土地ノ価額ハ賃借人ノ始メテ賃借契約ヲナシタル当時ト後日賃貸人ニ之ヲ返還スル時期トヲ比較シテ増加スルコトアル可シト雖モ斯ノ如キハ直ニ賃借人ノ労力投資ノ結果トノミ見ルベキモノニ非スシテ土地ニ於ケル各種ノ関係例ヘハ交通機関ノ設備其他人口ノ増加等種種ノ原因アルコトハ顕著ナル事実ニ係ルモノナレハYニ於テ賃貸借契約当時ニ比シ幾分価額ノ増加アリタルコトハ之ヲ認ムト述ヘタレハトテ直チニXノ労力投資ニ因リテ増加アリタルモノト認メタルモノト為シ得サル筋合ナリ然ルニ原判決カ恰モYカ原判決理由示ノ如ク労力投資ニ因リ土地価額ノ増加ヲ認メタリト為シタルハ不法ナリト思料スト云フニ在リ」

上告理由第2点，「仮ニ原判決説示ノ如ク賃借人ノ労力投資ニ因リ土地価額ノ増加アリタリトスルモ斯ノ如キハ土地ノ賃貸借タル法律関係ヨリ当然賃貸人ニ於テ享受スヘキ利益ニ係リ決シテ法律上ノ原因ナクシテ不当ニ利得スルモノト見ル可キモノニ非ス蓋シ土地賃貸借ノ場合ニ於テハ契約ノ要旨ニ従ヒ賃借人ハ賃借物ノ用途ヲ重ンシ契約ニ相当スル労力投資ヲ為ス可キハ

第2節　不当利得返還請求権による場合

論ヲ俟〔俟〕タサル所ナリ而シテ此労力投資ノ結果賃借人カ賃貸人ノ土地ヨリ収益ヲ得ルモノニシテ土地価額ノ増加スルニ準シテ収益モ亦増加スルコトハ自然ノ道理ナリ賃貸借契約ハ此原則ニ基キ賃料等ノ協定ヲ為シ賃貸人ハ契約期間内ニ於テハ単ニ約定ノ賃料ヲ得ルニ止マルモノニシテ期間中ハ直チニ契約上ノ賃料ヲ支払ハシムルコト能ハサルモノナレハ土地ニ対シテハ頗ル拘束ヲ受ケ居ル次第ナリ斯ノ如ク賃借人カ契約上当然土地ノ用法ニ従ヒ労力及ヒ投資ヲ為スハ普通ノ事理ニシテ而シテ其結果賃借地ノ価額カ増加スルコトアルモ素ヨリ法律ノ関係ニ於テ当然賃貸主ノ享受ス可キ利益タルニ止マリ決シテ不当利得ト言フヘキモノニ非ス然ルニ原判決カ不当利得ナリト認定シタルハ不法ナリト思料スト云フニ在リ」

［判旨］　上告理由第1点につき，「然レトモ原判決ニ掲ケタル事実ニ依レハYハ本件土地ノ価格カ賃貸借当時ニ比シ増加シタルコトヲ認メタルニ止マラスシテXノ施シタル開拓其他ノ改良カ価格増加ノ一原因タルコトヲモ認メタリ故ニ原院カXハ労力費用ヲ投シテ初メ荒蕪地ナリシヲ畑地ト為シ土堤ナリシヲ宅地ト為シ為メニ若干価格ノ増加アリタルコトハYノ争ハサル所ナリト判示シタルハ正当ニシテ所論ノ如キ不法ナキモノトス」。

上告理由第2点につき，「然レトモ賃借人ハ賃借物ヲ改良シタルトキト雖モ賃貸借カ終了シ賃借物ヲ賃貸人ニ返還スルニ方リテハ改良シタル侭ノ現状ニ於テ返還セサル可カラス其結果改良ニ因リ賃借物ニ生シタル価格増加ハ当然賃貸人ノ利益ニ帰シ賃貸人カ此利益ヲ享受スルハ之ヲ法律上ノ原因ナキモノト謂フヲ得サレトモ賃借人カ改良ニ要セシ費用ヲ弁償セスシテ改良ニ因ル利益ヲ収ムルハ他人ヲ損シテ自ラ利スルモノニシテ条理上正当ナリト謂フ可カラズ此意味ニ於テ賃貸人ハ不当ニ改良費ヲ利得シタルモノ

第5章　権利金の返還を請求する方法

ナルヲ以テ改良ノ利益ヲ受ケタル限度即チ増額ノ限度ニ於テ賃借人ニ改良費ヲ償還スルノ義務アルモノトス原判決ニハ増加額ヲ不当ノ利得ナリトシ投資額ノ範囲ニ於テ増加額ヲ償還スルノ義務アルモノト為セトモ立言ノ同シカラサルニ止マリテ其実質ニ於テハ彼此異ナル所ナシ之ヲ要スルニ原院カ賃貸人タルYヲ以テ法律上ノ原因ナクシテ利得シタルモノ為シタルハ穏当ナラサルモ不当ニ利得シタルモノト謂ヒ得ヘキヲ以テ其利得ノ償還ヲ命シタルハ相当ナリトス」。

　学説には，【58】の上告理由第2点のいうように賃借人の努力の成果を契約終了時に賃貸人が取得するのは，当然のことで，不当利得にならない理由として，賃借地の使用価値が賃借人の努力によって増加しても，その利益は賃借人が賃借中享受できているし，それに比べ使用価値が増加したのに賃料を値上げできないからとする説（「支払賃料が低水準に固定化する現象……」。日本不動産鑑定協会・借地権・借家権及び継続賃料の鑑定評価2頁）がないわけでない。しかし右【58】は，土地価値の増加分が，賃貸人に終了時帰属するのは原状回復の結果として当然のことであって，したがって法律上の原因ありということになるが，にもかかわらず，右価値が賃貸人によって無償取得されているという点に着目し，その意味で右価値は不当利得になるとする。

　【59】は，権利金授受契約は公序良俗に反し無効なので交付権利金の保持は不当利得になるとし返還すべき権利金の額は，借家利用期間や借家返還時の状況を考慮して定めてい

【59】　東京区判昭5・2・15新聞3100・9（【8】=【41】=【102】と同じ）

　[事実]　前掲【8】参照。
　[判旨]　「借家人Y（別訴X′）ガ窮迫シ居タル事実造作ノ価値低キニ権利金甚シク高価ナル事実及ヒ家主X（別訴Y′）カ平時ヨリ多額ノ金員ヲ借家人Yヨリ交付セシメ居タル事実ヲ綜合スレハ右金180円ノ権利金中ニハXカYヨリ震災後ニ於ケル不可抗力ニ基ク窮迫ノ下ニ呻吟セルニ乗シ其者ノ損害ニ於テ自ラ不当ニ利得シタル部分ノ存スルモノアルコトヲ認ムルニ十分ナリトス
而シテXカ不当ニ利得シタル部分ト然ラサル部分ヲ確然ト分離シテ判断スヘキ規矩縄準〔準縄〕ニ乏シト雖モ当事者間ニ争ナキYカ該家屋ニ4ケ年5月強居住シタル事実及造作ヲ家主Xニ対シテハ勿論他人ニ譲渡セスシテ家屋ヲ明渡シタル事実並ニ住居ノ変更ヲ生スルヲ多トスル不景気巡〔循〕環期ニ明渡ヲ為シタル事実等X及ヒYノ受ケタル各利益不利益ヲ比較考量スレハXカ本訴ニ於テ求ムル滞賃料ニ相当スル金額ヲ以テ同人カ不当ニ利得シタルモノト謂フコトヲ得ヘク且ツYハ本訴ニ於テ相殺ノ意思ヲ表示シタルカ故ニXノ請求ハ失当タルヲ免レス，他面Yノ右金額ヲ超過スル部分ノ請求ハ失当ナリトス」

　次の【60】は，地代家賃統制令（強行法規）が適用される建物賃貸借契約の契約当事者間において違法に権利金が授受された場合に，権利金は無効な契約に基づき授受されているため，建物賃借人から建物賃貸人に対する権利金の返還請求，それは不当利得の返還請求に当るとして容認した。この場合に民法708条本文はこれを適用していない。

【60】 東京地判昭 28・6・20 下民集 4・6・901

[事実] 昭和 25 年 5 月 10 日，原告 X は，被告 Y に，平屋建建物を，賃料月 1,000 円，月末払い，期間の定めなし，といった約定で賃貸し，その際，Y は X に 4 万 5,000 円を支払った。昭和 28 年 3 月 15 日，X Y 間で右借家契約が合意解除され，X は，Y が昭和 26 年 1 月 1 日から昭和 28 年 2 月 15 日まで右賃料月 1,000 円を支払わなかったため延滞賃料 2 万 6,500 円の支払いを請求したが，逆に，Y が X に右 4 万 5,000 円の返還請求権と右延滞賃料請求権とを相殺する，と主張した。

[判旨]「被告 Y は右金 4 万 5,000 円は敷金として支払つたもので，これが返還債権を有すると主張するが，前記 A 証人の証言によれば，これはむしろ借家権利金として支払われたものと認定するのが相当である。ところで本件家屋は地代家賃統制令第 23 条所定の除外事由のいかなるものにも当らないこと，弁論の全趣旨に徴し明らかであるので，右家屋に関する賃貸借については，同令第 12 条の 2 により借家権利金の受領は禁止されている。従つて前に認定した通り Y から X に対し右家屋賃貸借の借家権利金としてした金 4 万 5,000 円の支払は，法律上の原因なくしてされたということになり，X は Y に対し，不当利得として，これが返還をなすべき義務あるものといわねばならぬ。（右返還請求権については民法第 708 条本文の適用もないものと解せられる。）Y は敷金としてその返還請求権があるというが，これはもとより法律的知識のない Y 本人が，敷金と権利金との区別も弁えずに，要するに本件賃貸借契約締結のとき支払つた金員の返還請求権を主張するものであつて，もしその金員の性質が権利金と認定せられるならば，予備的に不当利得に基くその返還請求権をも主張する趣旨に解するを相当とする。」

第 2 節 不当利得返還請求権による場合

【60】は，賃借人が借家権利金の返還請求権を敷金返還請求権であるとして，賃料債権と相殺をする旨の抗弁をしたが，それが認められない場合，その相殺の抗弁を，予備的に権利金の不当利得返還請求権に基づく相殺の抗弁であるとしたものである。

【61】 東京地判昭 44・5・21 判時 571・64（【24】＝【81】と同じ）

[事実] 前掲【24】参照。

[判旨]「(2)さて，契約にあたり，場所的利益の対価として権利金が支払われた建物の賃貸借が終了した場合に，賃貸人がこれを返還すべきものかどうかに関しては，その法理は十分確立していない。ただ条理上いえることは，期間の定めのある賃貸借において期間満了によって終了した場合は，返還義務はない。期間の途中において，賃貸人の一方的都合ないし，その責めに帰すべき事由によって終了した場合は，支払われた権利金のうち残存期間に対応する部分は返還すべきであろう。

問題は，本件の場合のように，期間の途中において，賃借人の解約したい旨の希望が容れられて合意解除により契約が終了し，しかも，その合意解除において，権利金の返還についての点については，なんらの取決めがなされていない場合である。

この場合，いわゆる合意解除は，賃借人の解約申入に対し，賃貸人が承諾を与えたことにほかならないから，賃借人は借家権を放棄したのであり，したがって賃貸人にはなんらの返還義務がないとするのも 1 つの考え方である。

しかし，これによると，この種権利金の額は期間の長短によって定められるのを通常とするから（本件の場合も前認定の事実と弁論の全趣旨からそのように考えられる），賃貸人は予想外

第5章　権利金の返還を請求する方法

の利得をし，賃借人もこれに相応する損失をうけることとなり，公平を旨とする私法の精神にもとることとなる。そこで，原則的には，不当利得の法理に立脚しつつ，賃借人の一方的都合によって終了したという事実によって，これを適正に調整按配するという態度が正しいものと思う。

そして，その調整按配の仕方については，各事案について一律でないことは当然であって，それは今後の判例の積み重ねによって，その適正化と法の安定性を期待するほかはない。

当裁判所としては，この種，権利金は期間の長短がその額に影響するものであり，一応約定の全期間に対する対価であるものと考えられるので，期間の途中賃借人の一方的都合によって，契約が終了した場合には，特段の事情のないかぎり，支払われた権利金のうち，残存期間に対応する部分の金額（くわしくいえば，権利金の額に，残存期間の約定全期間に対する比率を乗じた金額）から一定額を控除した額につき返還義務があるものとし，その一定額については，民法618条617条1項2号の規定の趣旨を参酌して，左記の合計額によるのが双方に公平な考え方であると思う。

（イ）賃料の3ヶ月に相当する額

（ロ）3ヶ月の約定期間に対する比率を権利金の額に乗じた額（権利金の3ヶ月分相当額）

（3）そこで，これを本件にあてはめると，約定期間は5年間，賃料月額は4万円，権利金は50万円，賃貸借成立日から終了日までは計算上195日であるから権利金の残存期間に対応する額は原告X主張のとおり，44万6,575円となる。また，控除項目については，賃料3ケ月分は12万円権利金の3ケ月分相当額は計算上2万5,000円であるので，控除額は14万5,000円となる。差引計算すると，30万1,575円となる。

したがって，本件においては，特段の事情のないかぎり被告YはXに右30万1,575円を返還する義務がある。」

【62】　浦和地判昭57・4・15 判時1060・123

（【27】＝【84】と同じ）

［事実］　前掲【27】参照。
［判旨］「本件賃貸借契約は期間3年の定めであり，Xは賃借の目的とした本件店舗での営業を現実には全くなさないまま，賃貸借期間開始後わずか2か月を経過したに過ぎない時点で契約を合意解除し本件店舗をYに引渡したものである。

右のように，期間の定めのある賃貸借契約の締結時に場所的利益の対価としての性質を有する権利金が授受され，その後短期間で賃貸借契約が合意解除されるに至った場合には，特段の約定がなされない限り，賃借人は賃貸人に対し，その交付した権利金を按分して残存期間に相当する金額を不当利得として返還請求し得ると解するのが公平の見地からみて相当である。」

【58】は賃借人が自ら改良したものを賃貸人が無償に取得される点で不当利得となり，【59】【60】は無効契約に基づき給付されたものを賃貸人が受け取り，法律上の原因なき不当利得とするが，しかし，【61】【62】は賃借人が賃貸人から譲り受けたものを使い切らないうちに返却し，賃貸人が無償の取得の不当利得をしたとする。

なお，【61】【62】とも，権利金授受契約自体は有効であって賃貸借終了時に残存期間相当分の権利金が残っている場合に，その相当分を不当利得とするが，【61】は相当分を算定するにあたり，合意解除の実情すなわち，賃借人がまず解約申入れをしてという順序で

賃借人の主導に基づきなされたという事情を反映させている点が注目される。

第3節　不法行為に基づく損害賠償請求権による場合

次の【63】の事案は，借家人の有する老舗を賃貸借終了時に賃貸人が賃借人から買い取らずに無償で譲り受けたとした後に，再度同じ建物を賃貸する際に，新賃借人に対して右老舗を売却しているケースである。その点につき，学説は，そのような場合，借家権が消滅し，建物が家主に返還されたことになり，老舗は自動的に家主に移動し，その点に関する限り借家人は，もはや侵害さるべき権利を有しないというべきであるが，しかし，賃借人の得べかりし利益が横奪されているため大審院が賃借人に賃貸人に対する不法行為による損害賠償請求権を認めたのは不当利得返還請求を認めたものとされる（鈴木(禄)・前掲書945〜946頁）。

【63】　大判大 14・11・28 民集 4・12・670（【16】と同じ）

［事実］　前掲【16】参照。
［判旨］「吾人ノ法律観念ニ照シテ大局ノ上ヨリ考察スルノ用意ヲ忘レ求メテ自ラ不法行為ノ救済ヲ局限スルカ如キハ思ハサルモ亦甚シト云フヘキナリ本件ヲ案スルニ上告人X先代Aカ大学湯ノ老舗ヲ有セシコトハ原判決ノ確定スルトコロナリ老舗カ売買贈与其ノ他ノ取引ノ対象ト為ルハ言ヲ俟タサルトコロナルカ故ニ若被上告人Y₁等ニシテ法規違反ノ行為ヲ敢シ以テAカ之ヲ他ニ売却スルコトヲ不能ナラシメ其ノ得ヘカリシ利益ヲ喪失セシメタルノ事実アラムカ是猶或人カ其ノ所有物ヲ売却セムトスルニ当リ第三者ノ詐術ニ因リ売却ハ不能ニ帰シ為ニ所有者ハ其ノ得ヘカリシ利益ヲ喪失シタル場合ト何ノ択フトコロアル此等ノ場合侵害ノ対象ハ売買ノ目的物タル所有物若ハ老舗ソノモノニ非ス得ヘカリシ利益即是ナリ」。

いうまでもなく，この【63】では，不法行為に関する民法709条の権利侵害という要件を緩和し違法性におきかえている。

第4節　合意に基づく返還請求権による場合

【64】　東京地判大 15・3・30 新聞 2558・11（【7】＝【31】＝【86】と同じ）（傍論）

［事実］　前掲【7】参照。
［判旨］「賃借人ノ都合ニテ家屋ヲ明渡シタル場合ハ権利金ヲ返還セサル趣旨ノ記載アルヲ以テ其反面解釈上賃貸人ノ都合ニテ家屋ヲ明渡サシメタル場合ハ権利金ヲ返還スル旨ノ特約ヲ為シタルモノト認メ得サルニアラサルモ本件ノ如ク賃貸人ノ責ニ帰スヘカサル事由ニ因リ賃貸借契約ノ終了シタル場合ニ於テモ尚権利金ヲ返還スヘキ旨特約ヲ為シタルモノトハ到底之ヲ認ムルコトヲ得ス」。

第5章　権利金の返還を請求する方法

【65】　東京地判昭33・6・26 下民集9・6・1196
（【21】＝【55】＝【77】と同じ）

［事実］　前掲【21】参照。
［判旨］　「権利金は賃貸借終了の際賃貸人からそれを返還すべき否かは，結局その授受の際における当事者の意思によつて決定さるべきものであつて特別の合意ないし事情が認められない限り賃借人において当然にはその返還を請求しうるものでないと解するを相当とすべきところ，本件においては右権利金の授受に際しその当事者間に賃貸借終了に際し賃貸人から之を返還すべき旨の特別の合意ないし右に準ずべき特段の事情があつたことは原告Xの全立証を以てするも認めることは出来ない。」

【64】では，賃借人に帰責事由ある場合には権利金が返還されない旨の合意があるが，その合意は賃貸人の帰責事由に基づく賃貸借終了の場合には権利金を返還する旨の合意として読みかえることができる。しかし，賃貸人に帰責事由なきときは権利金を返還する旨の合意として読みかえることはできないとし，【65】は，権利金を授受した時に賃貸借終了の場合に権利金の返還をなすべき旨の合意は存しないとする。結果はいずれも権利金の返還を否認している。

【66】　東京地判昭40・8・31 判時430・39（【80】と同じ）

［事実］　原告Xは，昭和37年9月8日，被告Yから，Y所有の店舗を，期間4年，賃料月1万5,000円，月末翌月分前払い，敷金10万円，権利金30万円の約定で賃借し，そこで喫茶バーを経営したところ，同月中頃，警察官から風俗営業の許可を受けるように注意された。Xは許可を受けるのに必要な書類として，まず区役所建築課から経営に支障のない意見書をもらう必要があったが，右店舗の一部が不法に道路上に突出しているため，区役所からXにその意見書が与えられなかった。結局，同年11月22日夜，XY間の右賃貸借は突出部分除去の費用の分担が定まらないため合意解除され，その際敷金，権利金が返還される旨合意されたが，その金額は定められなかった。このような状況下でXがYに右敷金，権利金の返還を請求した。

［判旨］　「YはXに対し敷金および権利金の返還を約したが，その額については別段合意がなかったことは前認定のとおりである。よってその額の点について検討する。」「本件権利金は，Xとして本件店舗を造作および営業権付の侭，喫茶バーとして4年間使用させるために授受されたものであることが推認できる。しかして右事実と，本件合意解除並びに権利金返還の約定がなされるに至った経緯その他さきに認定した一切の事情を勘案するときは，本件のようにXが賃借後，既に約2カ月半現実に右店舗を利用したのちになされた前記権利金返還の約定は，他に別段の事情の認められない限り，当事者の合理的意思としては，右権利金を賃借期間たる4年間を基礎として按分し，残存期間に対応する金額の返還を約した趣旨であったと解するのが，条理上相当であると認める。」

【67】　東京地判昭56・12・17 判時1048・119
（【26】＝【83】と同じ）

［事実］　前掲【26】参照。
［判旨］　「原告Xは，本件店舗を賃借した時に金200万円をAに支払っている。ところで，《証拠略》によれば，右金員は，「契約金として」又は「礼金」の名目で授受されたこと，本件店舗

が飲食店の営業目的で賃貸され，その賃借権の譲渡，転貸の自由が禁止されていること及び賃貸借の解消時における右金員の返還請求の可否等その処置に関し特段の約束もなかったことが認められる。そして，本件のその余の事情もあわせ考えると，右金員は，主として本件店舗の場所的利益に対する対価，したがって実質的にいえば本件店舗の賃料の前払たる性格を有する権利金であるとみるのが妥当と解せられる。」，「かくして，右金員が前述の性格を有する権利金であるとすれば，本件のように期間の定めのある賃貸借で，それが途中で合意解除により解消するに至った場合，残存する期間に相当する部分（すなわち，昭和54年9月1日から昭和55年10月11日までの13か月と11日間分の1か月金5万5,555円の割合による金員―なお，Xは，本訴で13か月分の金72万2,222円のみを請求している）は，賃貸人においてこれを返還すべきである。」

【66】は，権利金の返還の合意はあるがその金額の定めがない場合に当事者の合理的意志を解釈した上で，あるいは，【67】は，権利金返還の合意がなく賃貸借が合意解除された場合に，その権利金の性質から判断した上で，両場合とも賃借期間の定めある場合に賃借人は賃貸人に対し残存期間相当分の返還請求ができるとしている。

第5節 慣習に基づく返還請求権による場合

前述したように【57】は，店舗賃貸借の場合，その終了時に，造作とともに権利の買取

第5節 慣習に基づく返還請求権による場合

りを認める商慣習はないが事実たる慣習があるとする。しかし，【68】【69】は，いずれも，賃貸借終了時に賃借人が権利金の返還を賃貸人に対し求めうる単なる慣習は存しない，という。

【68】 東京地判大8・4・21 評論8上・民法1161（【15】＝【89】と同じ）

[事実] 前掲【15】参照。
[判旨] 「被控訴人Yハ本件家屋所在地ノ如キ東京市内本通リニ於テ商店トナス為メ家屋ノ賃貸借契約ヲ締結スル場合ニ於テハ賃貸借期間ハ少クトモ10年ヲ下ラス且ツ賃貸人ニ於テ賃貸借契約ヲ解約シ家屋ノ明渡ヲ請求スルニハ予メ賃借人カ営業上取得シタル信用其他一切ノ利益ヲ買収スルコトヲ要シ之カ買収ヲ為シタル後ニアラサレハ明渡ヲ請求シ得サル慣習存在スルニ拘ラス控訴人XハYカ雑貨営業ニヨリ取得シタル信用其他ノ利益ヲ買収セサルカ故ニ未タ本件家屋ノ明渡請求ヲ為シ得ヘキニアラスト抗争スレトモYノ如キ主張慣習ノ存在セサルコトハ当裁判所ニ於テ顕著ナル事実ナルヲ以テYノ抗弁ハ理由ナシ」。

【69】 東京控判大9・7・15 新聞1835・17（【76】と同じ）

[事実] 控訴人（被告）Yは，訴外Aから，A所有の建物を，賃料月117円で賃借した。大正7年2月25日，被控訴人（原告）Xが右Aから右建物を買い受け，建物所有権移転登記をし建物の賃貸人の地位を承継した。しかし，Yは，賃借権登記をしていないため，Xに賃借権をもって対抗できない，という状況にあった。Xが右建物の居住者Yに立退きを求めてきたが，Yは，その場合XはYに対し立退きにつき相当

第5章　権利金の返還を請求する方法

の猶予期間を与え，かつ，相当の損害賠償をし，移転料を支払うべき慣習があると主張した。しかし，その主張は否認された。

[判旨]　「Yハ本件家屋ニ於テ営業ヲ為スニ依リ1万円以上ノ工作ヲ施シタルガ為メ該家屋ノ所有者ハ附合ニヨリ之ニ相当スル利益ヲ受ケ且本件家屋其物ノ価格ニ於テモ金1万円ヲ増加シタリ従テYハXニ対シ合計金3万円ノ弁償ヲ受クベキ債権ヲ有スルヲ以テ該債権ノ弁償ヲ受クル迄本件家屋ヲ留置スル権利ヲ有スト抗弁スレドモYノ本件家屋ニ於テ営業ヲ為スコトノ権利ガ一般取引上一種ノ財産権トシテ取扱ハレ且其権利ガ家屋ノ所有者ニ対スル権利トシテ存在スルコトノ慣習ナキコトハ当院ニ顕著ナル事実ナリ」

学説は，右に述べたような大正判例を前提にして，その後に，東京地判昭2・2・5評論16上・民法642が，賃借人のため借家の場所的利益の買取請求権を認める慣習の存在を否認したため，「慣習法又は事実たる慣習の結果として場所的権利の買取請求権を認むる道は概ね閉ざされたる状態にある，」とされた（吾妻「前掲論文」法時3巻1号25頁）。もっとも，他の学説は，権利金を受領した賃貸人はそれを返還しなければならないかについて，「先ず，当事者間の合意或は慣習によって決定せられ，それらが存在しないときは，当該権利金の性格，賃貸借の終了の原因（賃貸借の終了が期間満了か，当事者間の合意解約か，当事者の債務不履行による解約か，或は，該賃借物が不可抗力によって滅失したかなどいかなる事由に基くか）その他の事情にかんがみ，私法上の一般理論にしたがって解釈すべきであろう……。」（岡垣「前掲論文」判タ59号6頁）とされている。

第6章　終了事由と権利金の返還認否

権利金の返還と賃貸借終了の原因の関係について，学説には，「賃貸借の終了が賃借人側の原因（無断転貸，賃料不払，解約申入等）に基づく場合には，権利金の返還請求を否定し易く，不可抗力（建物の滅失等），賃貸人側の原因（解約申入等）に基づく場合には，その返還請求を認め易いのではないだろうか。ただ，問題となるのは合意解除の場合である。賃借人の賃料不払が原因となつて契約が合意解除される場合（……）もあり，結局，どのような理由で合意解除されるに至ったのかを考慮して判断すべきであろう。また，合意解除の場合には権利金の返還についても，何らかのとりきめをなすべきで，そのような合意のない場合には，原則として賃借人はその返還を請求できないと解すべきではないだろうか（ただし，従来の判決は契約が合意解除された場合に，その返還請求を認めている）」。（野村豊弘「最判昭43・6・27の判批」法協86巻8号112頁），と説くものがある。では，判例は権利金返還認否の問題を契約終了事由との関係でどう理解しているか。終了事由には，賃借人側の事由による場合，合意解除による場合，不可抗力による場合，賃貸人側の事由による場合，がある。【34】などは，権利金返還認否はこの終了事由にかかわること，また，【94】などは，その認否は権利金の性質にかかわることを判示している。

第1節　賃借人側の事由による場合

1　無断転貸の場合

【70】は，賃貸借の終了原因とあわせ権利金の性質に重きをおいて権利金の返還の認否を判断することを示すものである。

【70】　最判昭29・3・11民集8・3・672（【9】＝【54】と同じ）

［事実］　前掲【54】参照。
［判旨］　「右金員が原判決の認定したように，本件賃貸借の設定によつて賃借人の享有すべき建物の場所，営業設備等有形無形の利益に対して支払われる対価の性質を有するものである限り，上告人Xが前述のように既に十数年間も本件建物を賃借使用した以上は，格段な特約が認められない本件では，賃貸借が終了しても右金員の返還を受け得べきものでないというまでもないものといわなければならない。」

第6章　終了事由と権利金の返還認否

【71】 東京高判昭51・7・28 東高民時報27・7・民185, 判タ344・196（【30】と同じ）

[事実]　前掲【30】参照。
[判旨]　前掲【30】参照。

【70】は, その原判決では, 権利金はその対象である場所的利益を賃借人が一度でも使用すると, 契約終了時には返還請求することができなくなるとするので, そのことと対比させると原判決を否定する最判の立場というのは, 賃借人が10数年間でなくて短期間しか賃借物件を使用していない場合は権利金の返還を求めることができることになる。したがってこの説はいわゆる返還容認説といえる。

【71】は, そのような【70】の取扱いよりもより直截に権利金の性質を場所的利益享受の対価と解した上, 残存期間相当の権利金の返還請求を認めている。

2　賃料不払の場合

【72】 大阪地判昭29・4・6 判時27・10（【10】と同じ）

[事実]　前掲【10】参照。
[判旨]　「原告Xが被告Y₁に本件貸室を賃貸するに際りYから金1万5,000円の交付を受けたことは, 自認するところであるが, その性質について争うので, この点につき, 考察するに, ……XがY₁に本件アパートの貸室を賃貸するに際り, 受領した右金員はX主張のように単なる贈与金ではなくして, 家屋の賃貸借に際し賃貸人と賃借人との間に授受せられる所謂権利金であると認めるのが相当である。……而して本件の如きアパートの居室の賃貸借において賃貸人Xが賃借人Y₁より権利金を受領することは地代家賃統制令の禁止するところであり, 従って権利金の交付は不法原因給付と目すべきである。ところで賃借人が賃貸借終了の際賃貸人に交付して置いた権利金については, 不法の原因が賃貸人にのみ存するものとして, 賃借人はこれが返還を請求し得ると解する説あるも, 賃貸人が要求した場合は兎も角, 前示証拠によれば, 本件の場合においては, 賃借人たるY₁自ら進んで土産名義にXに交付したものであることが認められるのであつて, 権利金の交付につき不法の原因が賃貸人たるXのみにあるものとは解することができないから, Y₁はXに対しこれが返還を請求し得ないものというべく, 従って当裁判所はこの点に関する被告の抗弁を採用しない。」

民法708条但書は, 文字どおり受益者にのみ不法性ある場合の規定であってこの【72】のような場合にはそれが適用にならないとするが, 学説には, 同条但書は給付者と受益者双方の不法性を比較して受益者側の不法性が強い場合にも適用される規定と解釈する説（谷口知平「最判昭35・5・6の判批」民商43巻6号102頁）がある。

【73】 東京高判昭29・12・6 東高民時報5・13・民298（【1】と同じ）

[事実]　前掲【1】参照。
[判旨]　「本件賃貸借については地代家賃統制令の適用がないから, 本件賃貸借にあたり当事者が本件建物が有する特殊の場所的利益の対価として, または単に賃借権設定の対価として権利金の授受を約するは自由であり, また本件権利金の額が不当に多額であり, その授受が被控訴人Xが控訴人Yを強要してなさしめたことを認めるに足る証拠もないから, YはXに対し,

右権利金6万円の返還を請求する権利がないものというべく，これを以てするYの相殺の意思表示はその効力を生ずるに由ないものというべく，ただ契約解除後敷金返還請求権を以てする相殺の意思表示は，解除の効力には影響を及ぼさないが，その限りにおいて効力を生じ，Yの延滞賃料支払債務はその限度において消滅したものとみるべきである。」

【73】は，権利金授受を契約で約するは自由であるとし，ここでも，その上で賃料不払いで契約が終了するも，権利金はそうした終了事由によって返還されないというのではなく，権利金の場所的利益の対価，賃借権設定の対価という性質によって返還されない，とするものである。

【74】 東京高判昭48・7・31判時716・42（【48】と同じ）

［事実］ 前掲【48】参照。
［判旨］「右権利金の支払によって控訴人Xの取得したのは，本件賃貸借契約を締結しえて爾後約旨の賃料を支払うことによって賃貸借期間たる10年間本件店舗で営業できるという地位であることが認められ，これと本件においては他にいわゆる敷金の差入れのなかったこと（弁論の全趣旨から明らかである）をあわせ考えれば，本件300万円は，本件店舗の場所的利益の対価と賃料の前払い的性格にあわせて賃料の未払その他の損害に対する保証の趣旨を兼ね備えたものであると解するのが相当である。そうだとすれば，右金員は賃貸借の途中終了の場合は賃借人はその未経過期間に対応する部分についてはその返還を求めうべきものであると同時に，そのさいもし未払賃料および契約終了後の損害金その他の損害の未払があれば賃貸人としては当然これを差引きうべきものと解すべきであるところ，……Xは昭和43年3月以降本件賃料を支払っていないことが認められる上，本件全証拠によってもXが当時被控訴人Yに本件建物を明渡した事実を認めることができないので，結局昭和43年3月から昭和44年5月15日までの1カ月金9万円の割合による未払賃料および昭和44年5月16日以降今日までの同一割合による賃料相当損害金を合計すれば優に右300万円の前記未経過期間に対応する部分を超える金額となることが明らかであるから，Xに返還すべき分は存しないこととなり，いずれにしてもXの請求は理由がない。」

【74】は権利金を場所的利益の対価，賃料前払い，敷金の混合したものとして，一応残存期間相当分の返還を容認しているが，結局，その権利からは未払賃料と契約終了後の建物の不法占有による損害金を差し引けば返還すべきものはなくなるので，権利金の返還が否認されている。

【75】 最判昭32・11・15民集11・12・1962（【3】と同じ）

［事実］ 前掲【3】参照。
［判旨］ 前掲【3】参照。

【75】，この判決は，権利金授受契約の根拠が明示の契約にあるというところで先に引用。しかし，この判決でも賃借人の賃料不払いにより賃貸借が解除されているにもかかわらず，権利金の返還の認否は非済弁済の法理により否認している。

【72】～【75】はいずれも賃料不払いという解除理由は，権利金の返還を否認する上で何

らかの影響を与えたとはいっていない。もっとも，賃借人の債務不履行を原因として賃貸借を解除し家屋の明渡しを求める場合に，賃貸人がその造作および権利の買取価格を，移転着手後荷物搬出前に支払うような商慣習法は適用にならない，ともしている（東京区判大 8・12・12【57】）。

3　賃借権に対抗力がない場合

【76】　東京控判大 9・7・15 新聞 1835・17（【69】と同じ）

[事実]　前掲【69】参照。
[判旨]　「控訴人Yハ其ノ賃貸借ニ付登記ヲ経ザリシガ為メ其ノ賃借権ヲ被控訴人Xニ対抗シ得ザルモノナルヲ以テXトYトノ間ニハ解約期間ノ問題ヲ生ゼズ従テ右抗弁モ亦之ヲ援用セズ，次ニYハ本件家屋ニ於テ営業ヲ為スニ依リ 1 万円以上ノ工作ヲ施シタルガ為メ該家屋ノ所有者ハ附合ニヨリ之ニ相当スル利益ヲ受ケ且本件家屋其物ノ価格ニ於テモ金 1 万円ヲ増加シタリ従テYハXニ対シ合計金 3 万円ノ弁償ヲ受クベキ債権ヲ有スルヲ以テ該債権ノ弁償ヲ受クル迄本件家屋ヲ留置スル権利ヲ有スト抗弁スレドモYノ本件家屋ニ於テ営業ヲ為スコトノ権利ガ一般取引上一種ノ財産権トシテ取扱ハレ且其権利家屋ノ所有者ニ対スル権利トシテ存在スルコトノ慣習ナキコトハ当院ニ顕著ナル事実ナリ又Yガ本件家屋ニ付 1 万円以上ノ工作ヲ施シタルコトハ之ヲ認メ得ベキ証憑ナキヲ以テ右各事実ニ基ク Y 主張ノ債権ハ之ヲ認容シ難ク従テ該債権ノ存在ヲ前提トスル留置権ノ抗弁モ亦理由ナキモノトス」。

4　賃借人が解約申入れをする場合

【77】　東京地判昭 33・6・26 下民集 9・6・1196（【21】＝【55】＝【65】と同じ）

[事実]　前掲【21】参照。
[判旨]　「昭和 30 年 9 月末頃原告X代表者Aが当時前記甲市場を管理していた訴外B方に赴き，同人に対しXは以後本件店舗を使用しない旨を申入れた事実が認められ，他に右認定を左右するに足る証拠はない。右事実はこれを以て直ちにXと被告Yとの間にX主張の如き本件店舗の賃貸借の解除契約が成立したものとは認めることが出来ないけれども少くとも借家人たるXがYに対して本件店舗の賃貸借の解約の申入をなしたものと認めるのが相当である。……更に権利金は賃貸借終了の際賃貸人からそれを返還すべきか否かは，結局その授受の際における当事者の意思によって決定さるべきものであつて特別の合意ないし事情が認められない限り賃借人において当然にはその返還を請求しうるものでないと解するを相当とすべきところ，本件においては右権利金の授受に際しその当事者間に賃貸借終了に際し賃貸人から之を返還すべき旨の特別の合意ないし右に準ずべき特段の事情があつたことはXの全立証を以てするも認めることは出来ない。

従ってXの権利金に関する金 10 万円の請求はその余の判断をまつまでもなく，失当と謂わねばならない。

最後に不法行為に因る損害賠償請求について判断する。YがXの前記合計 20 万円の請求に対して否認抗争して履行をなさなかったことは記録上明らかである。そしてXは右の事実を以てXの債権合計金 20 万円を侵害する不当応訴であると主張するのであるが，前叙認定したとおりXの請求合計金 20 万円のうち権利金に関する金

10万円の請求は何ら法律上の理由なき不当なものであるから結局Xの右金20万円の請求はYの実際に負担する債務額に比して過大に失すると謂わねばならない。ところでYは訴外Aから本件A市場の建物を買受けた際Xが右訴外人Aに支払つた前認定の金員について何等の説明引継がなかつたことはY本人の供述により認められるのであるから従つてYとしてはかるXの請求に対しては直ちに応諾しえないことはいうまでもなく，YがXの右請求を理由のない不当な請求であると信じこれに応訴抗争したことはYとしてまことに已むを得ない措置であつて，これを不法行為と断ずべきでないことは明白である。従つてXの右不法行為を原因とする損害賠償の請求はその余の判断をまつまでもなく失当として排斥を免れない。」

 【77】は期間の定めのない賃貸借において賃借人が解約の申入れをした場合に関するもので，【70】〜【75】のように賃借人に帰責事由があることを理由にして，契約を解除した場合に関するものではない。【77】は，そのように，賃借人に制裁を加えるに価する落度がないという場合になお権利金の返還を否認している。そしてその理由に，賃貸借当事者間に権利金返還に関する特別の合意特段の事情がないということを取り上げている。

第2節　合意解除による場合

　学説は，当事者が合意解除で賃貸借を終了させる場合には，当事者間に権利金の返還認否について何らかの合意があるのが本来であり，合意がない場合返還請求は否認されるとしている（野村（豊）「前掲判批」111頁）。しかし，返還の合意がないのに返還を認める場合の判例には，【78】【80】【82】【83】【84】がある。しかし，【85】はそのような場合に権利金の性質からみて返還を否認するとする。

【78】　大阪地判昭27・6・11 下民集 3・6・796

[事実]　原告Xは，被告Yから，Y所有の市場店舗を賃料月1,500円で賃借し，昭和25年12月，Xは権利金4万5,000円をYに支払った。XYは，昭和26年8月4日，賃貸借を合意解除し，XはYに対し権利金の返還を請求した。

[判旨]　「Xは右A市場の右店舗で約6カ月間程昆布商を営んでいたが，右市場自体が不振であり，従つてXの右営業も不振の為，廃業し，Yに右店舗を明渡し，権利金の返還を求めたところ，Yは之を返還するが一寸待つて呉れと云つて返還しなかつた事実を認めることができる。Yはその主張のような返還についての特約があつたと主張するが，かかる特約の存在を認めるに足る証拠はない。元来本件の如き権利金を貸主が借主から受領することは，地代家賃統制令第12条の2の規定に依り禁止されているのであつて，該規定は強行法規であることは論なきところであるから，かかる権利金の授受は，無効であることは勿論であり，Yは法律上の原因なく利得したこととなるのである。しかし他方強行法規に反すのであるから右は不法原因給付となると一応認むべきである。しかし，X本人尋問の結果に依ると，XがYに権利金を渡すことが適法かどうかを知らなかつたが，権利金を出さなければ，本件店舗を借受けることができなかつたので已むを得ず，本件権利金をYに交付したことを認めることができる。そうすると，XがX本件権利金をYに交付したことについては

第6章　終了事由と権利金の返還認否

已むを得ざるに出でたものであり，その行為に責むべきものがないと認むべきである。他方Yをしてかかる利得を，不法原因給付の名の下に，前記の如き短期間で賃貸借が合意解除されたのに保有せしめると共に賃貸した店舗の明渡をも受け得させることは公平の観念からしても，極めて不当であつて，前記のごとき X 側の事情の下に交付された本件権利金の授受は不法原因給付とはなるが，不法の原因が貸主である Y の一方にのみ在るものと解し，その受けた利得を返還せしめるを相当と解する。」

【78】は，賃貸人の不法原因受益で，権利金の返還を認めているが，それには，合意解除をして賃借人に短期間しか賃貸借させないのに，したがって短期間で，賃貸建物の返還はこれを認めるも授受した権利金の返還を認めないことは不公平と判断したという事情がある。この点，合意解除の場合には，権利金は返還についての何らかの取決めをなすべきであり，その合意がなければ返還させることができないとする前述野村(豊)説とは相違している。実際問題として，合意解除の場合に賃貸人から権利金の返還の合意を得ることは賃借人にとって困難であるのではなかろうか。

【79】　福岡地小倉支判昭 38・4・8 下民集 14・4・687（【5】＝【18】＝【99】と同じ）

[事実]　前掲【5】参照。
[判旨]　「賃借期間の途中で何らかの理由で賃貸借が終了したとき，とくに賃借人の責に帰すべきでないような事由により賃貸借が終了したときは権利金全額を賃貸人にそのまま保持させておくということは，賃貸人に実質上不当に利益を与えて契約当時の当事者の真意に合致しな

いものと解すべきである」

【79】は，とくに，賃借人に帰責事由がなく賃貸借が終了するという場合に営業権の代償としての権利金を残存期間相当分返還することは当事者間の真意にもあうという。

【80】は合意解除の場合に，権利金返還の合意あるケースである。

【80】　東京地判昭 40・8・31 判時 430・39（【66】と同じ）

[事実]　前掲【66】参照。
[判旨]　前掲【66】参照。

次の【81】は，終了原因は合意解除であるとはいっても賃借人に解約申入れの主動性がある場合であるので実質的にその点を考慮して返還権利金の額が調整されている。ただし，この判決では，返還の根拠は権利金の性質によっている。

【81】　東京地判昭 44・5・21 判時 571・64（【24】＝【61】と同じ）

[事実]　前掲【24】参照。
[判旨]　前掲【24】参照。

【82】　東京地判昭 45・2・27 判タ 248・261（【25】＝【46】と同じ）

[事実]　前掲【25】参照。
[判旨]　前掲【25】参照。

【82】も，合意解除のケースだが賃貸借期間に比して短期間に賃貸借が終了した場合，多額の礼金（店舗の場所的利益の対価）を返

還しないのは，期間などから総合的に判断して公平に反するという。

【83】 東京地判昭 56・12・17 判時 1048・119
（【26】＝【67】と同じ）

［事実］ 前掲【26】参照。
［判旨］ 前掲【26】参照。

前述の【79】は，性質上場所的利益の対価としての権利金と不動産利用の対価としての賃料の前払いとしての権利金とを区別している。しかし，次の【84】は利用という物の機能面からみて両者を区別していない。

【84】 浦和地判昭 57・4・15 判時 1060・123
（【27】＝【62】と同じ）

［事実］ 前掲【27】参照。
［判旨］ 前掲【27】参照。

【84】は権利金返還に関する典型的な法理を判示している。すなわち，期間の定めのある賃貸借において賃貸借終了時に場所的利益の対価としての権利金を返還しない旨の特約がある場合は別としてそれがなく，かつ，短期間で借家契約が合意解除される場合には，その権利金は残存期間相応分を賃貸人の不当利得として賃借人に返還するのが公平であるとみているのである。

なお，【85】は合意解除の場合だが，期間の定めのない場合に権利金を場所的利益の対価とみながら，その権利金の返還を否認する判例である。

【85】 最判昭 43・6・27 民集 22・6・1427

［事実］ 昭和28年6月23日ごろ，上告人（控訴人・原告）Xと被上告人（被控訴人・被告）Y（市場）間に店舗建物の賃貸借がなされ，期間の定めなし，賃料月7,000円，月末払いとする旨約された。その際，XはYに権利金15万円を支払い，のちに1万円の返済をうけた。そして，XYは，昭和31年3月末，右賃貸借を合意解除し，XはYに右建物を明け渡し，権利金14万円の返還を求めた。

［判旨］「本件の権利金名義の金員は，Xが賃借した建物部分の公衆市場内における店舗として有する特殊の場所的利益の対価として支払われたものであるが，賃料の一時払としての性質を包含するものでなく，かつ，本件賃貸借契約には期間の定めがなかったというのであり，賃貸借契約の締結またはその終了にさいし右金員の返還についての特段の合意がされた事実は原審で主張も認定もされていないところであるから，このような場合には，X主張のように賃貸借契約がその成立後約2年9ヶ月で合意解除され，賃借建物部分がYに返還されたとしても，Xは，それだけの理由で，Yに対し右金員の全部または一部の返還を請求することができるものではないと解すべきである。」

合意解除で契約が終了する場合に地代家賃統制令が適用になるのは【78】である。しかも【78】は賃貸人による権利金の受領を不法原因受益であるとして権利金の返還を容認した。右の場合に権利金の返還認否を権利金の性質により判断しているのは，【81】【82】【83】【84】【85】である。そのうちの【83】【84】はいずれも賃貸借期間の定めのある場合に権利金の性質を場所的利益享受の対価と

解し，残存期間相当分の権利金の返還を認めている。しかしながら，【85】は，期間の定めのない賃貸借において権利金の性質を市場店舗の特殊な場所的利益取得の対価であると解し，賃料の一時払いでないとして権利金の返還を否認した。その他，【80】は，権利金の返還の合意があるがその金額が定められていない場合にその性質から判断した結果を当事者の合理的意思であると解し残存期間相当分の権利金の返還を容認している。

第3節　不可抗力による場合

【86】は，隣家からの失火で賃借建物が焼失した場合に，賃借人の都合によって契約が終了すれば権利金は返還しないという合意があるとしても，その合意を解釈上，不可抗力により賃貸借が終了すれば権利金を返還する合意であると読みかえることはできないとする。

【86】　東京地判大 15・3・30 新聞 2558・11
（【7】＝【31】＝【64】と同じ）

［事実］　前掲【7】参照。

［判旨］　「賃借人ノ都合ニテ家屋ヲ明渡シタル場合ハ権利金ヲ返還セサル趣旨ノ記載アルヲ以テ其反面解釈上賃貸人ノ都合ニテ家屋ヲ明渡サシメタル場合ハ権利金ヲ返還スル旨ノ特約ヲ為シタルモノト認メ得サルニアラサルモ本件ノ如ク賃貸人ノ責ニ帰スヘカラサル事由ニ因リ賃貸借契約ノ終了シタル場合ニ於テモ尚権利金ヲ返還スヘキ旨特約ヲ為シタルモノハ到底之ヲ認ムルコトヲ得ス」

次の【87】は類焼により賃借建物が焼失した場合だが，【86】のように権利金返還に関する特約の解釈が問題となっているのでなく，賃借権取得の対価としての権利金の性質そのものは，賃料の前払い，寄託金でなくて場所的利益の対価であるとして返還義務なしとする。

【87】　東京地判昭 9・12・6 評論 24 上・民法 242

［事実］　大正14年2月24日，原告Xは，被告Yから，Y所有の建物を使用目的店舗，賃料月110円，月末払い，敷金500円という約定にて賃借し，権利金1万3,500円をYに支払った。しかし借家は隣の百貨店からの火災で焼失し，右賃貸借が終了したのでXはYに権利金の返還を請求した。

［判旨］　「権利金ハ当事者ノ特約ニ因リ或ハ賃料ノ前払タル性質ヲ有スルコトアルヘク或ハ造作代金（所謂無形造作ヲ含ム）タルコトアルヘク其他ノ特殊ノ性質ヲ有スルコトアルヘシト雖本件ニ於テXガ権利金ヲ支払ヒタルハ本件家屋カ営業上頗ル有利ノ場所ニ存シ之ヲ賃借セントスル需要多キ家屋ナリシ為自己ニ賃借権ヲ取得センカ為ナリシコト弁論ノ全趣旨ニ徴シ明ナレハXハ即チ本件家屋ニ対スル賃借権取得ノ対価トシテ本件権利金ヲYニ支払ヒタルモノト謂ハサルヘカラス而シテ賃借権取得ノ対価トシテ権利金ヲ支払ヒタル場合ハ特約ナキ限之ヲ賃料ノ前払或ハ寄託金タル性質ヲ有スルモノト認ムヘカラサルコト勿論ニシテ従テ賃貸借終了シタル場合ニ於テモ特約ナキ限賃貸人ハ当然権利金ヲ返還スヘキ義務ヲ負フモノト論断スルヲ得サルモノトス」。

次の【88】は，不可抗力で賃貸借が終了する場合に，権利金の性質から判断して権利金の返還を容認する。

【88】 大阪地判昭37・2・13 ジュリスト264・判例カード6

［判旨］「賃貸借契約締結に際し賃貸人から賃貸人に対し特定の場所的利益享受の対価としていわゆる権利金が支払われた場合には，右金員の授受によつて賃借権の譲渡性が承認されると共に，右権利金は，賃借人の賃借物の使用収益の対価（賃料以外の）たる意味を持つものと認めるのが相当である。そして，火災により賃貸借契約が終了した場合，右権利金の処置について明確な合意のない場合には，右権利金の性質からいつて類似の場合である合意解除の場合と同額の金員を，賃貸人は賃借人に返還するのが相当である。」

【87】【88】は，不可抗力によって賃貸借が終了する場合に，賃貸人が賃借人に権利金を，返還すべきか否かを判断するには返還の合意があるかないかにより，その合意がない場合には権利金の性質を基準にして判断するとする。そして【87】は，権利金を賃料前払いでなく賃借権取得の対価であるとして権利金の返還を否認し，【88】は，権利金を特定の場所的利益享受の対価として残存期間相当分の返還を認めるようである。もっとも，この【88】は，返還すべき権利金の金額を合意解除の場合のそれと同額としているので，不可抗力の場合や合意解除の場合を当事者に帰責事由ある場合とは区別して取り扱うようである。

第4節 賃貸人側の事由による場合

1 賃貸人による解約申入れの場合

【89】 東京地判大8・4・21 評論8上・民法1161（【15】=【68】と同じ）

［事実］ 前掲【15】参照。
［判旨］ 前掲【15】参照。

【90】 大判昭15・11・27 全集8・3・81（【53】と同じ）

［事実］ 前掲【53】参照。
［判旨］「借家法第5条ニ所謂造作トハ畳建具ノ如キ有形造作ヲ謂ヘルモノニシテ場所的権利ノ如キ所論ニ所謂無形造作タル老舗ノ如キハ之ヲ包含セサルモノト解スルヲ相当トス右ト異ル見解ヲ基礎トスル論旨ハ竟ニ採用スルヲ得ス」「被上告人Xカ解約ノ申入ヲ為シタルハ昭和12年11月8日ニシテ所論物価停止令発布前ナレハXカ他ニ高価ニテ賃貸スル目的ニテ解約ノ申入ヲ為シタリトスルモ該解約ノ申入ハ賃貸人カ随意何時ニテモ為シ得ヘキ権能ニ属スルニ鑑ミ未ダ以テ公序良俗ニ反スルモノトシテ権利濫用ヲ以テ目スヘキニアラス」。

【89】【90】は，期間の定めのない借家契約において，民法617条により，賃貸人が賃借人に解約を申し入れた場合であるから，格別，賃貸人側に制裁を加えるべき落度がないという場合である。ただ，【89】は，賃借人が賃借中に取得した営業上の信用一切の利益を終了時に賃貸人が買収すべき慣習がないとした。

第6章　終了事由と権利金の返還認否

また，【90】は，賃借人が造作買取請求権によって賃貸人に権利金の返還を請求しているが，いわゆる「造作」の中に無形造作を含ましめず，権利金の返還を否認した。なお，【90】は，賃貸借解約の目的が解約後に予定している新賃貸借の新賃借人から高額の賃料をとることにあるが，そのための解約を権利の濫用であるとは認めていない。

2　賃貸人に帰責事由（瑕疵担保責任）ある場合

【91】　東京地判昭47・11・30判タ286・267
　　　（【6】＝【47】と同じ）

［事実］　前掲【6】参照。
［判旨］　「本件権利金が賃料の補充的性格を有するものとすれば，本件においては賃貸借契約成立の日から契約解除による賃貸借終了の日までに対応する部分の支払済権利金は本件賃貸借解約に遡及効のない以上，原告Xにおいて支払うべきものであつて，これをXの被つた損害としてYに賠償せしめるのは相当ではなく，支払済権利金全額から右部分を控除した残額を損害と認めるべきである。」「XがYに支払ずみの96万6,140円から賃借期間中の権利金元本として支払うべき36万5,547円とその利息1万2,671円とを控除した残額58万7,922円は，右瑕疵に伴う損害というべくYにおいてこれを賠償すべきである。」

【91】は，賃貸人に瑕疵担保責任のあることが認められる場合に，権利金の性質を賃料の前払いと解し賃借人による賃貸借終了後の未経過期間の権利金の返還を損害賠償によって容認した。

以上を要約すると，権利金の返還義務の有無は終了時までの期間，終了の原因，権利金の額などを総合的に考慮して判断するとする【82】がないわけではない。しかし，判例にはそうした終了原因とのかかわりよりも，権利金の返還認否を権利金の性質で判断するとするものがかなりある。賃借人に帰責事由があって権利金の返還を認めないものに，賃料不払いの場合の【72】【73】【74】があるが，しかし，他方で無断転貸の場合に返還を認める【71】，同じく賃料不払いの場合に，返還を認める【48】，それに無形造作の対価を造作買取請求権で認める【56】がある。

合意解除で契約が終了する場合には，借家法5条の「造作」に，有形造作は含むとするも，無形造作を含まないとするものが多い。【50】【51】がそうである。

不可抗力で契約が終了する場合には，【87】は，権利金の性質を賃借権取得の対価と解して権利金の返還を否認し，【88】は，権利金の性質を賃借物の使用収益の対価と解することにより，合意解除の場合と同額の権利金の返還を認めている。賃貸人側の事由により契約が終了する場合には，賃貸人が解約申入れをする場合の【89】【90】がある。それらは，権利金の返還を認めていないが，残額につき賃貸人が民法570条で瑕疵担保責任を負う場合の【91】は権利金が賃料の補充であるとして，損害賠償の形で権利金の返還を認めている。

いうまでもなく，この章では，賃借人に帰責事由があって契約が終了するという権利金の返還がもっとも認められにくい場合から，逆に賃貸人に帰責事由があって権利金の返還

第4節　賃貸人側の事由による場合

がもっとも認められやすい場合にいたるまで、順を追って判例をみてきた。

第7章　賃貸借と権利金の授受

　同一賃貸借の当事者間において権利金が授受されるとそのことが賃料の多寡を算定する場合に影響を与えるであろうか。権利金と賃料が同性質のものであれば両者間に相関関係を認めうるというまでもない。しかし，学説には両者の性質は異なりそのような相関関係がないとするものがあるが，その点，判例ではどうか。また，権利金の授受の認否は借地借家の需給関係によって決まるともいわれているが，権利金の授受と賃貸借の期間には相関関係がないであろうか（【99】参照）。新借地借家法の下で定期借地権が設定される場合に権利金は授受される必要があるか。あるとしてその場合の権利金は契約終了時において返還されるものであろうか。

第1節　賃料算定と権利金

　学説は一方で「借地関係における権利金は，借地慣行が成熟している地域において授受される一時金で，賃料の前払的性格をもつものまたは借地権の対価とみなされるものに相当し，賃貸借の終了とともに地主から借地人に返済されることがなく，実際支払賃料の額に影響を及ぼすのみならず，借地権の価格を形成する要素となるものである。借地関係における権利金は，本来的には借地権の用益の対価であり，賃料と密接な関係を有するものである。いいかえれば，新規賃貸借契約の権利金（設定権利金）は，支払賃料とともに借地権の用益の対価である。したがって，契約締結時において，設定権利金と支払賃料との間には相互関連が存する。すなわち設定権利金の支払効果は支払賃料を低下させるものである」（宮ヶ原光正「4 権利金，更新料，敷金，保証金その他の一時金」現代借地・借家の法律実務Ⅱ104～105頁）とされるが，他方で，次のごとく賃料と場所的利益の対価とを区別し，「いわゆる場所的利益にたいする対価という意味における権利金は，建物の使用収益に対する対価としての賃料とは区別することができる。建物自体の利用価値は，本来その所在の場所の好適なこと，すなわち，場所的利益とは関係がなく，賃料として建築費にたいする比率，地代，保険料などから合理的に割り出されるものであるが，このような賃料とは別に，建物所在の場所が商店街であるため，営業に適し収益があるときは，建物それ自体の利用価値とは別に，場所的利益があるものと考え，建物自体の利用にたいする対価とし

ての賃料のほかに，場所的利益に対する対価としての権利金が支払われるわけである。」（薄根・借地・借家（借家編）27頁）とされる。とすれば，後説の立場では，権利金と賃料との間に相関関係はないということになろう。

判例上，賃料と権利金の関係に言及するものは，【92】＝借家，【93】＝借家，【94】＝借地，【95】＝借家である。

【92】 大判昭6・6・17 新聞3286・4

［事実］ 土地賃貸借において，借地人上告人（控訴人・被告）Yが地主被上告人（被控訴人・原告）Xに対し，権利金1万円を支払った。その後右借地契約は解除せられた。Yは，2審で，XがYに権利金を返還しない以上自分も建物を収去せず土地を明渡さないと抗弁した。2審では，右借地契約が解除せられたとしても，解除の効果は将来にむかってのみ生ずるから，したがって，右権利金の返還を求めることはできない，すなわち，Yの抗弁は容れられないと判示した。Y上告（破棄差戻）。

［判旨］ 「案ずるに賃貸借契約の解除は将来に向てのみ其の効力を生ずることは民法620条の規定する所なりと雖之あるが為に賃貸人が受取りたる金銭は総て賃貸借契約解除の後に於て返還することを要せざるものと謂ふを得ず例へば賃料の前払金の如き将来に関係を有するもの又は敷金の如きは賃貸借契約解除の効力が既往に遡らざるの一事に因り常に返還を要せざるものと謂ふを得ざるや明なる所なり然れば本件の権利金は賃貸借契約解除の後返還を要するや否は其の性質如何を究明したる後に非ざれば之を決することを能はざるや勿論にして従て原審が前記抗弁の当否を判断せんが為には鑑定人の訊問其の他の証拠調を為し権利金の性質を明にすることを要するものとす」。

【92】の3審判決は原判決を破棄し差戻しているが，Yは本件の上告理由第2点において賃料と権利金の関係につき「蓋権利金の観念に付ては当事者の意思を推測し種々の主張を為す者ありと雖其の一般的の性質に付未だ裁判所に顕著なる慣習又は観念の存せず而して権利金は只賃借物を定めたる賃借期間内使用収益する対価（即反対給付）として普通の賃料以外に契約の際賃借人が交付する金員なることのみは争なきも(1)其の金員は賃貸借が消滅したる場合には返還すべきものにして単に其の金員の使用収益を賃貸人に許したるに過ぎざるものなるや(2)将又賃借期間が完全に終了したる場合には之を返還することを要せず恰も全期間の特別なる賃料の一括したる前払の如きものにして賃貸借が定まれる期間の中途にて消滅したるときは其の残存期間の部分に相当する割合の金額を返還すべきものなるや(3)其の他其の返還方法を如何に定むるやに付ては当事者の意思により種々の場合を想像し得べく（……），従て単に権利金なる漠然たる観念のみに基ては契約解除の際法律上之を返還することを要せずと断定すること能はざるなり」，と述べていた。右(2)のように，権利金が賃料前払いのような性格を有するものとすれば，権利金と賃料との間に相関関係があることになるのも当然である。

【93】 横浜地川崎支判昭37・8・10 下民集13・8・1651（【4】と同じ）

［事実］ 前掲【4】参照。
［判旨］ 「権利金と相関的に賃料が定められた期間の定めのある賃貸借契約の当事者の意思は，

第1節　賃料算定と権利金

多くの場合その期間内，賃料値上をしないことを（従つて期間後の値上は差支えない）約するにあるものと推測しうるであろう。しかしながら，期間の定めのない場合においては，権利金の約定をした当事者の意思を賃貸借の継続するかぎり賃料値上をしない特約をしたものとまで推測〔測〕することは無理があろう。むしろこの場合は，賃貸借契約成立後相当期間を経過した後，経済事情の変動があつたときには絶対賃料の増額をなし得ないとすることが必ずしも公平の原則に添うものとはいえない場合のあることも予想されるので権利金の授受という賃料額決定に影響すべき特殊事情も，公平の見地から契約成立後相当期間とみられる時日を経過したときは，将来の賃料額決定に影響する程度は次第に減少するものと解すべきである。」

【93】，権利金の授受ある期間の定めのない賃貸借でも経済事情に変動ある場合には賃料の増額を認めうるとするのが当事者の意思であるとする。権利金がのれん代の場合でも一時前払いの場合でも，その支払いは賃料額の決定に影響するとするのは，のれんの利用，建物の利用という物の機能面に共通したものがあるとみるからであろう。

【94】　旭川地判昭40・3・23下民集16・3・469
（【36】と同じ）

［事実］　前掲【36】参照。
［判旨］「被告Yは，権利金100万円は本件土地に対する投資であるから，地価が原告Xの努力によらず自然に値上りすれば，XはYに対し，賃料減額の形でその利益を分配する義務がある，と主張する。Y本人の供述には，右主張にそつた供述部分があるが，本件における権利金を右のような意味における投資と認めることはでき

ない。しかし，前記認定のとおり，本件賃貸借契約当初の賃料額が権利金を支払うことを考慮して安くする趣旨で定められたことから考えると，本件における権利金には，賃料の一部前払いとしての性格があるものということができる。そして，……本件賃貸借契約において賃貸期間は20年と定められたことが認められるから，本件権利金75万円は20カ年の賃料分の一部前払いとみることができる。したがつて，右権利金75万円を1カ月分に割ると金3,125円となるが，これと本件賃貸借契約時の賃料4,252円50銭との割合は前者が4割，後者が6割となる。すなわち，Yは，権利金75万円を支払うことによつて，賃貸期間20カ年を通じ4割相当の賃料を前払いしたとみることができ，残り6割が賃料として将来支払われる関係にあるというべきである。

そうすると，前記のとおり，昭和30年7月1日以降の事情の変更によつて本件賃料金1万9,000円に増額される増加分金7,030円のうち6割，すなわち金4,218円が賃料として支払われるべき増加額であ」る。

【95】　東京高判昭46・11・26金判304・10

［事実］　昭和22年12月28日，訴外Aから訴外BはM建物の敷地上にもともとあった木造家屋を造作および権利の売買代金名義で42万円を支払って賃借した。その後，右木造家屋は取り壊され本件M建物がその跡に建築された。AはC会社を，またBは被控訴人（被告）Y会社を設立し，各会社の代表取締役となった。昭和29年3月20日，Y会社は，訴外C会社から，C会社所有のM建物の一部である店舗を借受けた。約定内容は，賃料月7万円，支払25日限り当月分払い，権利金132万5,000円であった。M建物の所有権はC会社からBを経て控訴人（原告）

第7章　賃貸借と権利金の授受

X会社へ移転し，X会社はY会社に対する賃貸人たる地位を取得した。その後，X会社によって昭和36年2月1日，賃料が9万5,800円に増額され，さらに，同年8月1日，月額15万円に増額する旨の意思表示がなされた。Y会社は月10万1,500円を供託した。X会社は，Y会社が賃料不払いという債務不履行をおかし信頼関係を破壊したとして，右借家契約を解除し，賃借人であるY会社に対し右借家の明渡しを請求した。

［判旨］「訴外Bが同Aに対し造作および権利の売買代金名義で支払った金員が賃料の一部の前払的性格を帯びたものであり，しかも本件賃貸借契約における権利金に加算されるべきものであることならびに，Y会社が権利金名義で支払った132万5,000円が右と同じく賃料の一部の前払的性格を有するものであることを認めるに足る的確な証拠はないのみならず，〈証拠〉によれば，「訴外株式会社CビルとY会社との間に作成された本件店舗等の賃貸借契約書には『賃貸借の期間を昭和29年3月20日から5年間とし，期間が満了した時は権利金を新らたに取ることなく契約を継続するものとする。』〔」〕旨明記されていること。』〔」〕が認められるから，前認定の，Y会社らが建物の賃貸人らに対し権利金等の名義で金員を支払ったとの事実を本件における相当賃料の決定にあたり斟酌することはできない。」

【93】は権利金の性質が賃料の一時払いであり，【94】は賃料の一部前払いであるところから，賃料の算定に影響を与えるとする。その中，【93】は，権利金の授受が賃料増額を抑制する力は，契約改定後3年経過すれば弱化するとし，【94】は賃借期間と権利金との対応関係からすると1か月の権利金額と賃料額とは4対6の割合になるとし，賃借人が負担する増額賃料を具体的に示している。しかし，【95】は，権利金は造作，権利の売買代金名義で支払われ同一当事者間における前賃貸借の権利金が賃料の前払いでないこと，また更新時に新たに徴収されるものでないので，賃料の前払いでないとして，権利金の授受は賃料の算定にあたり斟酌できない，とする。

第2節　一時賃貸借と権利金

権利金の授受が賃貸借の存続期間の取決めにどのように影響するであろうか。

【96】　東京控判昭9・1・12評論23上・民法59

［事実］　大正12年12月1日，被控訴人（原告）Xは，控訴人（被告）YからY所有地を月賃料56円22銭で賃借した。Xは，右借地は期間の定めなきため，右存続期間は満30年であると主張するも，Yは，大正12年12月1日から，大正17年（昭和3年）8月末までが存続期間で，その期間が満了したので右賃貸借は終了したと主張。また，右借地に隣接する土地を訴外AがYから賃借していたが，その土地をXがYの承諾をえてAから転借した。契約内容は賃料月18円80銭，賃料は毎月6日限りで支払う，存続期間大正15年3月3日から満20年であった。XのYに対する両地に関する借地権確認請求事件（Xのために借地権，転貸権が容認された）である。

［判旨］「Yハ本件賃貸借ニ付テハ権利金ノ授受ナカリシモノナルニヨリ此ノ事実ニ徴スルモ一時使用ヲ目的トスル短期ノ賃貸借ナルコトヲ推断スルニ余アリト主張スレトモ賃貸借契約ヲ

締結スルニ当リ権利金ヲ徴セサリシノ故ヲ以テ直ニ一時使用ヲ目的トスル短期間ノ賃貸借ナリト断定シ以テ前示認定ヲ翻スニ足ラサルハ多言ヲ要セサルトコロ……」。

【97】は，権利金授受の事実があるとしても，それとは無縁なかたちで5年目の期間更新の際に，契約の更新を拒絶することができるとする判例である。

【97】 最判昭32・12・27民集11・14・2535

[事実] 昭和22年4月9日，被上告人（被控訴人・原告）Xが，上告人（控訴人・被告）Yに対し，X所有の第2校舎建物および本件土地を賃料月2,625円，期間5年で賃貸した。その際，Yは，右Xに権利金に代えて株式4,000株（額面合計金40万円）を交付した。1審，2審とも，そのような場合でも賃貸人が契約終了期に更新を拒絶できるとして，XのYに対する建物明渡請求と建物収去土地明渡請求とを認めた。

2審の判決理由では，「右権利金の授受は—この授受が適法か否か，従つてまたその効力如何の点は今これを問題としない—終戦後家屋の絶対量の不足から来る賃貸家屋の極度の払底に伴い，その需要供給の関係から，店舗用等の家屋は固より，一般住家用家屋に至るまで，権利金なくしては殆んどこれを賃借することのできない世上一般の慣行に従い，本件契約においても，その授受がせられたものと認めるのが相当である。そして，右慣行による権利金の授受は，その授受，またその金額等が，賃貸借の解約または更新拒絶の正当事由の有無に関する判断等についての資料とせられる場合のあるのは格別，右授受により賃貸人が賃貸借契約の更新を拒絶し得ないまでの拘束を受けるものとは到底これを解することはできない……」ということであった。Yが上告。

[判旨]「賃貸借契約締結の際に授受されるいわゆる権利金の性質は必ずしも一概にこれを断定し難いけれども，賃借権に基く場所的利益享受の対価たる性質を有する場合のあることは所論のとおりである。しかしそれだからといつて権利金の授受により賃貸借の更新を拒絶しえなくなるということはできない。権利金の授受により更新拒絶権を失うかどうかは，結局当事者の意思解釈により決せらるべきものであつて，鑑定事項に属する問題ではない。」

ところで，判例は，借地法や借家法の適用の下で，更新拒絶ができる正当事由について，①賃貸人による賃貸物の自己使用の必要性を容易に認める，②賃貸物の使用の必要性が賃貸人，賃借人にどの程度あるか厳密に比較考量して判断する，③賃貸人による立退料の提供が賃貸人側の使用の必要性を補強するという，三つの解釈段階を推移してきた。【97】のように，右③の段階の解釈をとるべき時期の事件を取り扱うさいには，賃貸人による立退料の支払いといったこととの間にバランスがとれるようにするには賃借人側にはどのような対策があるのか。現在の新しい借地借家法の施行下でも，同法6条は借地契約につき28条は借家契約につき，それぞれ借地契約の更新拒絶事情の一つに賃貸人による財産給付を加えているが，ただそれらの条項にはいずれも「従前の経緯」という項目を設けているので，その中に更新拒絶の正当事由を排除する事由として更新料の授受ということを取り上げる解釈論もでてきている。

第7章　賃貸借と権利金の授受

【98】　東京高判昭33・10・31判時173・20

[事実]　昭和21年2月，控訴人（被告）Yは，被控訴人（原告）Xから所有土地を，権利金1万円，賃料500円という当時としては異常に高額な金員で賃借した。しかし，この賃貸借では，本件借地につき換地処分が行われたときに賃貸借が終了するという不確定な終期を定めたものであると認められなかったものだが，その賃貸借が一時賃貸借であるのか否かが争われている。

[判旨]　「本件賃貸借のように賃借人の再三再四の懇請によって実現した場合に，賃借人が賃貸人に通常の場合以上の経済的利益を提供することになるのは人情であると同時に経済原則に従うものであるから，このような場合になされた利益提供（権利金の提供はこの一種である。）の意味を正解するがためには利益提供の主観的事情を看過してはならない。」「控訴人阿部は本件賃貸借当時一般の人が血眼で探し求めていた飴，パン等の製造販売をしその商売はかなり繁昌しておりこれを本件換地前の土地のような長岡市有数の繁華街で行えば短期間に巨富を獲得することは必ずしも夢ではないと考えていたことが窺われる。そうすると，Yが本件のような経過で右土地をXから賃借するに至り1万円の権利金を支払つたからとて，その賃貸借を一時使用のためのものではなくて普通の賃貸借と認めなくてはならないという程のこともなく，また本件賃貸借における賃料の定めが高額であつたという点に至つては，賃料が高額であることは一応これを肯認しなければならないが，これは，かえつて賃貸借を一時的のためのものであることを物語るものともいえるであろう，けだし長期の賃貸借にあつては賃借人は高額の賃料ではその負担に堪えないから，賃料は適正なところに落ち付く傾向にあるものであるから，Yらの右主張は採用しない。いずれにしても，本件賃貸借を示す甲第1号証が法律の専門家である弁護士が関与して作成されたものであることから考えれば甲第1号証に記載された文言は厳格に解釈するのが相当であつて，叙上Yの主張事実は本件賃貸借は一時の使用を目的として締結された土地の賃貸借であるとした原審の認定を覆えすことはできない。」

権利金の性質が賃料の前払であって賃料と同一性質のものであるとすれば，賃借期間が短い場合には権利金もそのことに対応し少額ということになるが，しかし，【98】の判例では，賃貸借期間が短いにもかかわらず高額の権利金を支払うのは，それだけの賃借利益を賃借人があげうる主観的事情があるからだとする。しかし，次の【99】の判例の事案はそのような主観的特殊事情を取り扱ったものではない。

【99】　福岡地小倉支判昭38・4・8下民集14・4・687（【5】＝【18】＝【79】と同じ）

[事実]　前掲【5】参照。

[判旨]　「賃貸人としては右期間経過後においてふたたび権利金を徴収することもありうるのであるから，権利金の額をきめることにおいて賃借期間はとくに重要な関係を有し一定の範囲の期間については長期間では高く短期間では低く定めるという相関的関連を有すると考えられ，とくに1年ないし数年という短期の賃貸借においては右賃借期間は権利金の算定について重大なる関係を有すると判断される。」「このようなときには賃借期間に比例して計算して残りの期間に相当する分を賃借人にもどすのが公平的見地からみても相当である。一たん賃借物件を利用した以上賃貸借が終了しても，権利金を賃借人にもどす必要がないという考え方はあまりに

形式的に割り切りすぎることになり，当裁判所において採用することはできない。」

【99】，この判決はとくに短期の賃貸借では権利金の算定は期間に重要な意味を与え，賃貸借に残存期間があればそれ相当の権利金は返還されてしかるべきだという。

学説には，賃貸借当事者間において権利金の授受あることが，賃貸借を一時賃貸借と判断することの妨げになるかについて，「問題は当該権利金の授受の目的によるのである。譲渡性を認める対価としての権利金の場合は，期間の保護と関係がないこともちろんである。賃料補充の意味の場合は，ややめんどうである。一定の長期間借地権を存続することを予想し，この期間に見合う賃料の補充としての権利金であれば，その期間の借地権と判断する有力な資料となろう。しかしそれがはっきりしない限り，短期の借地権として権利金をとる場合もあるのだから，権利金の授受ということだけからは，どちらとも言えない。要は土地の需給関係と定期的給付としてどてていどまで請求できるかに関する一般の感覚から決定されることである。博覧会場，祭典場用地の借地でも，権利金授受のなされることは，十分あり得るのである。通常の土地でも需要の多い土地ならば，借地権の一時・長期を問わず権利金の授受はなされるであろう。」(星野(英)「最判昭36・7・6の判批」法協80巻3号125頁)，とするものがある。

前述のとおり，判例では，賃貸借の当事者間で権利金が授受されることがあっても賃貸借は期間満了時に更新を拒絶することができないということにはならないとし，また，借家利用によって高利益をあげることができる見通しがあれば権利金を支払ってでも一時賃貸借を合意するものである，とする。いいかえれば授受される権利金の多寡は必ずしも賃貸借期間の長短に比例しない，とするのである。

なお，一定期間のものとして存続期間が定められた借地借家法の下での定期借地権の場合には，借地権(所有権の一部)譲渡の対価としての権利金を授受することは認められるが，その返還は認められないという(藤井俊二「定期借地権の権利金・保証金をめぐる問題」法律のひろば48巻4号12頁)。ところが，他の学説では，わが国の借地権の権利金は，借地権設定の対価，借地権買取りの対価，地代の前払い，そしてこれらを包含したものと解されるが，定期借地権の場合は，期間満了等により必ず消滅するから，権利金には借地権設定の謝礼，地代の前払的要素が濃いとされ(澤野順彦「定期借地権の担保上・評価上の諸問題」自由と正義47巻6号39頁)，また，定期借地権の権利金，すなわち，「存続期間の確定した借地権設定の対価としての一時金は地代の前払であると考えてよい。」とされ，それゆえに「一時金について契約期間の未経過期間に対応する部分を返還することにより清算することになる」，とされており(菊地康夫「定期借地権は都市における土地利用を促進するのか」法学セミナー447号49頁)，前者の説とは異なった見解が示されていないわけではない。

第8章 権利金授受と不法原因給付

判例では，不動産賃貸借の当事者間で権利金が授受される場合地代家賃統制令が適用になるとして，いろいろ異なった法的取扱いがなされている。

その1，【38】は，授受当事者に適用される地代家賃統制令12条の2に基づき，同令18条1項2号によって権利金受領者を処断すべき場合であるのに，同令18条1項3号をもって処断し，処罰の根拠となる罰条法規の適用が誤っている場合でも，処罰の結果が同一でさえあれば，罰条適用の誤りは違法とはならない，とされている。

その2，大阪地判昭25・11・10下民集11・1・179は，借家権利金の授受契約は地代家賃統制令12条の2に違反して無効であるから賃貸人は賃借人にその権利金の支払いを請求することはできない。

その3，東京地判昭28・6・20下民集4・6・103は，敷金として賃借人が賃貸人に4万5,000円を支払ったが，それは権利金であって，その授受契約は地代家賃統制令12条の2に違反するとし，その授受は法律上の原因がなく不当利得にあたるからとしてその返還を認める。

その4，東京地判昭27・1・28下民集3・1・79は，建物の転借人が建物所有権を譲り受け家主となったのちに，転貸人であった借家人に対して自分自身が受けていた転貸を無断転貸であることを理由にして借家契約を解除し，貸家の明渡しをその転貸人に請求することは許されないとしており，転貸当時の転借人による転貸人に対する権利金交付は不法原因給付である，とされる。

その5は，東京地判昭30・2・2下民集6・2・159は，賃借人が賃貸人に権利金を交付することが不法原因給付に当るとし，契約終了時に権利金の返還が認められない（同旨【10】），とされる。

その6，【78】は，権利金を授受することが賃貸人には不法原因受益となり，したがって，賃貸人は契約終了時に賃借人に権利金を返還しなければならないとしており，そこでは賃借人が賃料以外に権利金を支払わないと借家することできないことも評価対象になることがあるとされている（東京地判昭26・7・12（古山宏・判例借地借家法66頁参照））。

周知のように，権利金の授受を強行法規違反で「不法」と評価する地代家賃統制令は昭和62年に廃止された。しかし，上記のような統制令違反の場合の権利金授受の取扱いは，今日なお無意義とはいえない。というのは，後述するように，右統制令が適用にならない

場合でも，権利金額が法外のものであり，その授受が公序良俗違反となり不法原因給付の法理の適用を必要とする場合があり，他にも，今日，なお利息制限法違反などのような強行法規に違反する金員授受が広範囲にわたって行われ，同様の不当利得認否の問題が生じ，そこでは非債弁済の法理によらずに不法原因給付の法理によることが妥当とされる場合があると思われるからである。

第9章　権利金と他の一時金の関係

第1節　権利金と更新料

権利金と更新料との間の相互関係を考える場合に賃料そのものを機軸にして考えるとすると，その関係は具体的には如何なる関係にあることがわかるか。【100】は賃貸借の当事者間で，敷金や権利金が授受されて賃料が低廉に定められることがないために，継続賃料の増額を算定するためにあたって更新料を加算すべきでないとする。とすると，敷金，権利金，更新料の間には代替性が認められるということになる。

【100】　江戸川簡判昭49・3・25判時753・81

［事実］　昭和45年10月26日，原告Xは，競落によって本件建物の所有権を取得し，その結果建物の前所有者Aと被告Yとの間に締結されていた建物賃貸借上の賃貸人の地位を承継した。右建物賃貸借の内容は，賃料月4万円，期間昭和43年3月6日から昭和46年4月30日であった。その後，Xは，Yに，昭和48年7月17日に，賃料を同年8月1日から月10万円に増額する旨伝えたが，Yはそれを不服とし，従前の賃料月4万円を弁済供託した。そこで，Xが，Yに対する増額賃料の確認を求めて提訴。

［判旨］　「思うに継続的賃料の決定に当っては，従前の賃料を基準として賃料決定の事情，その後の経済変動，地代，諸税その他負担の増減，比準賃料等を合理的に考量して定めるのを相当とする。」「本件建物の昭和48年8月1日当時の前記積算賃料月額は金51,341円であり，Yが賃借した昭和43年3月の賃料月額金4万円を前提としてその後昭和48年8月までの東京都区部の消費者物価の変動により修正した金額は総合で月額5万8,000円地代建物〔賃料〕の場合月額金5万6,250円であり，前記比準賃料月額は金5万6,250円であること等を考量して，本件建物の昭和48年8月1日以降の継続支払賃料は1か月金5万5,000円が相当であると認定し，さらにX・Y間には昭和46年4月30日期間満了時に更新料の授受がなかったから，比隣の建物賃貸借において慣行的に授受あるという更新料を，前記経済的耐用年数である5年間に償却することとして算出した月額金1万8,000円を，右評定額に加算した金7万3,000円とするのが妥当であるとしているが，右更新料名義の金員の授受は当事者間に合意がある場合は兎も角，賃貸人の権利として法律上当然に請求し得る筋合いのものではないと解するのみならず，本件建物の賃料が多額の敷金の差入れ，または権利金の授受があって特に低廉に定められている等の事情については認めるに足る証拠のない本件にお

いては，右更新料名義の金額を加算することは相当でない（昭和48年8月当時の本件建物の利廻り方式による積算賃料，スライド方式による賃料，比隣賃料が前記のとおりであることからも，右更新料の加算は適正でない）」

【101】 最判昭59・4・20 民集38・6・610（【109】＝【145】＝【179】と同じ）

[事実] 被上告人（控訴人・原告）Xは，昭和9年12月14日，本件土地を上告人（被控訴人・被告）Y₁らに対して賃貸した。契約内容は，期間20年，賃料年150円，目的普通建物所有であって増改築禁止，無断譲渡，転貸禁止の特約つきであった。昭和29年2月14日，20年の期間が満了し，契約が更新された。その後Y₁は，昭和38年ごろ，建物(1)を長男名義で無断増改築し，またその敷地をY₂（Y₁の妻）に無断転貸し，その頃，賃料の支払いも遅れた。2回目の期間満了日の昭和49年12月12日前に，XはY₁に更新料の支払いを請求した。しかし，Y₁はそれに応じなかったので，Xは，Y₁を相手に，昭和50年10月30日，調停を申し立てた。調停は，賃貸借契約違反の解決料と更新料との一時金として昭和51年12月末限り50万円，昭和52年3月末限り50万円をあわせて100万円支払うということで成立。しかし，Y₁らは，昭和50年12月7日借地の範囲が不明確なままXの所有地の隣接に接近したところに建物(2)を建築した。XはY₁らに右建築主，建築時期を尋ねたが，Y₁らはその問いに対し，書面によって回答するということをしなかった。Y₁はXに対し，右更新料のうちはじめの50万円は支払うも，次の50万円を支払わなかったため，Xは，昭和52年4月4日付でY₁に対し，残りの50万円の支払いを催告した上で，計3回に及ぶ契約解除の意思表示をした。一方，Y₁はその金員を弁済供託した。

[判旨] XとY₁との「本件賃貸借契約は，昭和9年に締結されて以降2回の更新がされているが，右契約締結当時権利金・敷金等の差入れがなく，かつ，その間地価をはじめ物価が著しく値上りしているため，Xが更新の際に借地権価格の一割に相当する更新料の支払を請求し，これについて当事者双方が協議したうえその支払の合意がされたことの経緯から見ると，本件更新料は，本件土地利用の対価として支払うこととされたものであつて，将来の賃料たる性質を有するものと認められる。」

【100】は，借家に関する賃料増額のケースで，増額前も増額後も借家使用料のあり方を賃料プラス一時金とし，一時金である権利金と更新料とをいずれも賃料の不足分を補う一時金と解している。しかし，借地に関する【101】は，賃貸借の更新時における更新料徴収のケースだが，借地使用料のあり方を更新前は賃料だけで，他の一時金がなかったので更新後は賃料プラス一時金とする。そして，その一時金である更新料の金額は更新前に一時金を徴収しなかった分だけ多額になっている。この更新料も賃料の不足分を補うものである。ちなみに，借地非訟事件の決定でも，条件変更の許可を与える場合に，付随処分としての財産給付金の支払を命ずるのに，当事者間での権利金の授受の有無を考慮し，更新料を財産給付金算定の基礎にすることができる，としている。すなわち権利金の授受がない場合に，神戸地決昭和43年（借チ）第3号昭43・6・15事例集（最高裁判所事務総局民事局・借地非訟事件における財産給付額等算定事例集の略）2・18，千葉地決昭和43年（借

チ) 第3号昭43・7・11判タ225・191, 東京高決昭和50年 (ラ) 第619, 729号昭51・3・12判タ338・221 があり, 権利金の授受がある場合に, 浦和地決昭和50年 (借チ) 第15号昭52・9・30事例集4・198, 東京地決昭和52年 (借チ) 第38号昭53・11・20事例集4・58がある。

第2節　権利金と敷金

　同じ不動産賃貸借当事者間で, 権利金と敷金とがともに授受されている場合, この二つの一時金はどのような機能をはたすことになるであろうか。学説は賃貸人が権利金返還請求権と賃料債権とを相殺することにより, 権利金をして敷金と同じ機能を果たさせうるとする。例えば, 鈴木(禄)説は, 「権利金については, 往々にして敷金 (→ [2317]) との区別が, 明瞭でない場合がある。とくに, 借地権存続の予定期間満了以前に借地関係が終了した場合には, 権利金の一部が返還されなければならない, との解釈をとる (→ [3343]以下) ときは, そうである。けだし, 敷金は, 地代債務などの債務の担保を目的とし, 権利金は, かかる目的をもたない, といっても, 貸地人が, 一方で, 上述のように権利金返還の義務を負い, 他方で, 地代債権を有する場合には, 貸地人は, 両者を相殺することできるうえ, 結局, この場合には, 権利金もまた, 地代債務等の担保の機能を果たしていることになるからである。それゆえ, 権利金もまた, 返還されねばならぬ場合がある, という上述の立場を前提とすると, 権利金と敷金との終局的差異は, 借地関係が予定の存続期間満了 (もっとも, 具体的にはどれだけが返還されるべきか, また, 約定の存続期間ないし法定のそれが何時満了するかは, 問題である) によって終了したときにもなお返還の問題が生じないか否か, の点のみある, ということになる。」(鈴木(禄)・借地法下巻926〜927頁) と述べられる。

　ところで, 同一不動産賃貸借で, 権利金と敷金とが並び徴収される判例は, 東京区判昭5・2・15【8】であり, その他に, 東京地判昭3・4・27評論17・12・民法872, 最判昭29・3・11【54】, 東京高判昭29・12・6東高民時報5・13民298, 東京地判昭33・6・26【21】, 横浜地川崎支判昭37・8・10【4】などである (50頁以下の別表では, 36例中15例で権利金, 敷金がともに徴収されている)。

【102】　東京区判昭5・2・15新聞3100・9 (【8】=【41】=【59】と同じ)

　[事実]　前掲【8】参照。
　[判旨]　「当時借家カ払底ナリシ事実並ニ該家屋ノ所在地ハ店舗トシテモ将又住宅トシテモ他ニ比較シテ便利ナリシ事実及ヒ当時家屋建築ノ工賃材料カ甚シク高価ナリシ事実ヲ認メ得ヘク (……) Y (別訴X′) ハX (別訴Y′) ニ対シ敷金72円ノ外造作代金及ヒ権利金トシテ金180円ヲ交付スヘキコトニ定メタル事実並ニXヨリYニ返還セラル可キ252円ヲ以テ之等敷金及ヒ権利金ニ充当セラレタル事実ヲ認ムルニ足ル左レハ右金252円ノ内180円カ終始手付金トシテ存在シタリトノYノ主張並ニ終始権利金トシテ受授〔授受〕セラレタリトノXノ主張ハ各一部真実

ニシテ一部真実ニ非ス　然レトモ当時震災ノ厄ニ逢ヒタル借家人カ甚シキ窮迫ナル事情ノ下ニアリタル事実ハ当裁判所ニ顕著ニシテ証人Bノ証言ニヨレハY及ヒ其家旋〔族〕カ借家人ニシテ窮迫シ居タル事実ヲ認メ得ヘク且該家屋ノ造作ハ硝子3枚及ヒ流シニ過キサリシコトハX自身ノ主張スル処ニシテ尚ホ前示証人Xノ証言ニヨレハ当時各家主ハ一般ニ僅少ナル造作ニ対シ権利金名義ニテ平時ヨリ遥ニ多額ノ金員ヲ借家人ヨリ支払ヲ受ケタリトノ事実ヲ認ムルニ足ル

以上認定ノ如キ借家人Yカ窮迫シ居タル事実造作ノ価値低キニ権利金甚シク高価ナル事実及ヒ家主カ平時ヨリ多額ノ金員ヲ借家人ヨリ交付セシメ居タル事実ヲ綜合スレハ右金180円ノ権利金中ニハXカYヨリ震災後ニ於ケル不可抗力ニ基ク窮迫ノ下ニ呻吟セルニ乗シ其者ノ損害ニ於テ自ラ不当ニ利得シタル部分ノ存スルモノアルコトヲ認ムルニ十分ナリトス

而シテXカ不当ニ利得シタル部分ト然ラサル部分ヲ確然ト分離シテ判断スヘキ規矩縄準〔準縄〕ニ乏シト雖モ当事者間ニ争ナキYカ該家屋ニ4ケ年5月強居住シタル事実及造作ヲ家主Xニ対シテハ勿論他人ニ譲渡セスシテ家屋ヲ明渡シタル事実並ニ住居ノ変更ヲ生スルヲ多トスル不景気巡〔循〕環期ニ明渡ヲ為シタル事実等X及ヒYノ受ケタル各利益不利益ヲ比較考量スレハXカ本訴ニ於テ求ムル滞賃料ニ相当スル金額ヲ以テ同人カ不当ニ利得シタルモノト謂フコトヲ得ヘク且ツYハ本訴ニ於テ相殺ノ意思ヲ表示シタルカ故ニXノ請求ハ失当タルヲ免レス，他面Yノ右金額ヲ超過スル部分ノ請求ハ失当ナリトス」

【102】では賃貸人が，賃借人の窮状に乗じて，賃貸借に際し，敷金のみならず法外な金額の権利金をも一時金として徴収したものと思われるし，併合審のうちの一審で賃借人から賃貸人に対し，権利金返還請求権と延滞料債権との相殺がなされている。結果において，YのXに対する手付金返還請求もXのYに対する延滞家賃支払請求もいずれも棄却されている。

なお，東京地判平12・10・26金判1132・52は，建物賃貸借に伴って賃借人が賃貸人に対し高額な金員を差入れ，その金員が敷金と権利金との性質を併有する場合であっても，建物の明渡後に，償却分を控除して返還されることが明確に合意されているときは，不動産競売により建物所有権を取得した新賃貸人はその金員返還債務を承継する，とする。

第3節　権利金と保証金

保証金の実態を関連判例からみてみると，保証金には，貸金の性質をもつものに大阪地判昭44・5・14判時598・77など，あるいは敷金としての性質をもつものに東京地判昭28・1・31下民集4・1・142など，あるいは敷金と権利金の性質を併有したものに大阪地判昭44・1・31金法543・39などがある。

次の【103】では，賃貸人が保証金（敷金）から徴収する償却部分は建物の償却部分のみならず，権利金の償却部分をも含んでいるとする。

【103】　東京地判平4・7・23判時1459・137

［事実］　平成3年4月上旬，賃借人原告Xと賃貸人被告Y₁らとの間に，Y₁ら所有建物につ

第3節　権利金と保証金

き，使用目的事務所，契約期間3年，賃料月22万円，保証金は賃料の10か月分220万円，3年ごとに賃料3か月分を償却するという約定の賃貸借契約が締結された。Xが，Y₁らに保証金を預託し，平成4年2月末に，当事者間で賃貸借を合意解除した際に，XはY₁らに控除後の保証金残金200万7,500円を返還してくれるよう請求した。

［判旨］「先ず，事務所等の賃貸借契約において，借主が貸主に預託することを約した保証金の性質は，これを限時解約金（借主が賃貸期間の定めに違背して早期に明け渡すような場合において貸主に支払われるべき制裁金）とするなどの別段の特約がない限り，いわゆる敷金と同一の性質を有するものと解するのが相当であって，貸主は，賃貸借契約が終了して目的物の返還を受けたときは，これを借主に返還する義務を負うものというべきである。

そして，本件におけるように，貸主が預託を受けた保証金のうちの一定額を償却費名下に取得するものとされている場合のいわゆる償却費相当分は，いわゆる権利金ないし建物又は付属備品等の損耗その他の価値減に対する補償としての性質を有するものであり，この場合において，賃貸借契約の存続期間及び保証金の償却期間の定めがあって，その途中において賃貸借契約が終了したときには，貸主は，特段の合意がない限り，約定にかかる償却費を賃貸期間と残存期間とに按分比して，残存期間分に相応する償却費を借主に返還すべきものと解するのが相当である。」「したがって，Y₁らは，Xに対し，Xが預託した保証金220万円から約定償却費66万円のうち償却期間36か月に対する賃貸期間10.5カ月の割合に対応する額19万2,500円を控除した残金200万7,500円を返還する義務があるものというべきである（……）。」

第10章　結　語

第1節　目的の具体化

1　判例の創造した特殊制度

　以上，学説と対比して判例を総合的に研究してきたが，その結果は次のごときものであった（目的について，総合判例研究叢書民法(1)「序」有斐閣，叢書民法総合判例研究㉕「刊行のことば」一粒社参照）。

　目的の第1は，判例が創造した特色ある制度は何かということである。特色ある制度の1は，学説が主に権利金の種類を集約化させているのに反して，判例の実態は複合性質のものもあるが，単独性質のものは集約せずに権利金の各種類に応じ多岐にわたって分化させているということである。特色ある制度の2は，判例が場所的利益の対価としての権利金についても2種類のもの，すなわち交換価値の側面でとらえうるものと，使用価値の側面でとらえうるものとがあることを認めているということである。

　権利金の性質から権利金の返還認否を判断しようとする場合，前述したように判例が表向き場所的利益の対価と呼称する権利金の中には，機能面からみて，それは利益取得の対価ではなくてむしろ場所的利益享受の対価として使用価値の側面でとらえるほうが相応しいと思えるものが数多くあり，それには【20】【23】【24】【25】【26】【27】があげられ，逆に判例の表現は必ずしも厳密ではなくて利益取得を利益享受といっていると思われる場合もある【28】（傍論）。もっとも，場所的利益と呼称される権利金には，文字通り利益取得の対価で交換価値の側面でとらえるものがないわけではない。最判昭29・3・11の原判決としての【39】などがそれである。ただし，学説のうち，森泉説は，右【85】の判批において，その判例の取り扱う権利金は場所的利益の対価であってしかもそれは交換価値の側面でとらえるべきものであるとし，それを特定の有形造作と一体化せしめ賃貸借終了時に返還されるべきものとしている（森泉章「昭43・6・27の判批」民商60巻2号131頁）。

2　判例による法の解釈

　目的の第2は，所与の法規条項をどう解釈するかということである。判例は【54】などのように多くは借家法5条所定の「造作」に無形造作は含まないと解している。なかには【42】のように「造作」に無形造作を含むと

第10章　結　語

するものがあるが，他に【5】などのように有形造作と無形造作を一括して取り扱うものがないわけでない。

3　重要な判例の傾向

目的の第3は，それは判例の主な傾向とは何かということである。今日の判例が，権利金の返還を認めるのに造作買取請求権によらず不当利得返還請求権によっていることだが，数多くの判例は権利金を場所的利益享受の対価とし，残存期間相当分は不当利得返還請求権によりその返還を求めることができるとしている。

4　法適用の形式性

目的の第4は，形式的にでなく実質的に法が適用されるべきだということだが，そこでいう実質的とはどういうことか。すなわち，権利金の返還の認否を判断する場合に，典型的市民法理である非債弁済の法理によって形式的に一律に処理せずに，実質的に社会法理をふくめた不法原因給付の法理による（法の形式的適用の否定）という意味である（石外「最判昭35·5·6の判批」法時33巻10号101頁）。本来，権利金が単独性質のものである場合，複合性質のものである場合，何れの場合にせよ，権利金の金額には，授受に当って法が許容するところの限度というものがある。たとえば，借家の場合には，別表（50頁以下）にみられるように，判例の実情からすれば，権利金は，借家の場合にそれが場所的利益享受の対価ならその金額はせいぜい賃料何十倍というところでとどまるべきもので，借地の場合の借地権の対価のように何百倍ということ

になることは許されない。したがって，そのような妥当といういる金額の上限をこえる権利金の授受契約は，いかに当事者間の合意によるものといっても，公序良俗違反で無効として取り扱わざるをえない。限度オーバーの権利金授受の契約が無効であるにもかかわらず賃貸人により権利金がそのまま保持されているということは帰属という点でも不当利得であるといえよう。

今日，不動産賃貸借における対象物件の需要供給は，敗戦後しばらくに比べてそのバランスがかなりとれるようになり，とくに店舗用借地・店舗用借家ではその点で当事者間を対等関係とみて法的構成すべき場合が多くなってきている。しかし，第1章第2節で述べたように，今日でも依然として当事者間に，取引上の交渉力の面で格差，優劣があり，学説では，「借地借家関係の安定性を確保するため契約の自由に枠をはめておくべき基本的な事情は土地・建物の供給が十分でなく，借主には対等な交渉力がないということであるが，この事情は月日のたった今日でも基本的にはなお存在すると考えられている。」，といわれている（寺田逸郎「新借地借家法の解説(1)」NBL 488号42頁）。両者間には不対等関係を認めざるをえない場合があり，賃貸人がその優位の上にたって限度を超える権利金の授受契約を賃借人に結ばせ，その権利金を賃借人に支払わせることを強要しているという場合があるとすれば，そのような場合の権利金授受契約は公序良俗違反で無効とされうる。しかも，その違反は，取引上の信義則違反という意味での公序良俗違反ではなく，社会経済的優位の濫用という意味での公序良俗違反

ということになる（古い判例だが，賃借人の窮迫に乗じて，低廉な造作を不当な高額で買わしめる契約を無効とするものに【8】がある）。

第2節　返還認否の判断ポイント

権利金返還の合意や慣習がない場合，賃借人は賃貸人に，その返還請求ができるのは，過去の判例では，借家法5条による造作買取請求によるという方法があったが，現在では全く用いられていない。というのは，判例上，同5条による「造作」の中に無形造作というものは入らないという解釈が定着したからである。しかし，学説では，必ずしもそうでなく「造作」の時価を算定するにあたり無形造作を加えるべしと解する説が有力であったとされている（我妻「前掲判批」判民大正15年度28頁など）。現在でも同説を主張される学説（森泉「前掲判批」民商60巻2号131頁）がある。

1　「不当」の意義

権利金の返還が合意や慣習や造作買取請求権や不法行為による損害賠償請求権によることができないとすれば，残された方法には，権利金の性質や一般的な不当利得の返還請求権によることが考えられる。契約終了後の賃貸人による権利金の保持が不当利得になるか否かを判断するには，権利金によって代償される対象とはそもそも何か，権利金が賃貸人によって保持されるところの経緯はどのようなものであったか，を問題にしなければならない。

たとえば，賃借人が賃借中に投資し築きあげた場所的利益が，契約終了後に，無償で賃貸人に取得される場合には不当利得が問題となる。法律上の取扱い上も，都市環境の自然の変化によりもたらされた場所的利益と賃借人の努力によりもたらされた場所的利益とは区別されなければならない。古い判決だが，前掲【58】＝【40】は，繰り返し述べたように，上告理由に対応した判決のやりとりの中で，いわゆる不当利得の意義について次のような明確な指摘をほどこした。すなわち，上告理由第2点のほうは，賃貸人は，「期間中ハ直チニ契約以上ノ賃料ヲ支払ハシムルコト能ハサルモノナレハ土地ニ対シテハ頗ル拘束ヲ受ケ居ル次第ナリ斯ノ如ク賃借人カ契約上当然土地ノ用法ニ従ヒ労力及ヒ投資ヲ為スハ普通ノ事理ニシテ而シテ其結果賃借地ノ価額カ増価スルコトアルモ素ヨリ法律ノ関係ニ於テ当然賃貸主ノ享受ス可キ利益タルニ止マリ決シテ不当利得ト言フヘキモノニ非ス」，と述べているのに対し，判決理由のほうは「改良ニ因リ賃借物ニ生シタル価格ノ増加ハ当然賃貸人ノ利益ニ帰シ賃貸人ノ此利益ヲ享受スルハ之ヲ法律上ノ原因ナキモノト謂フヲ得サレトモ賃借人カ改良ニ要セシ費用ヲ弁償セスシテ改良ニ因ル利益ヲ収ムルハ他人ヲ損シテ自ラ利スルモノニシテ条理上正当ナリト謂フ可カラス此意味ニ於テ賃貸人ハ不当ニ改良費ヲ利得シタルモノ」，と述べている。学説も，「営業上の利益は，土地に附着しており，これを分離して取り去るというようなことは不可能であり，借地人としては，投下資本の回収のためには不当利得返還請求をするほかに方法

がないのである」，とされている（鈴木（禄）・前掲書946頁）。

2 2つの場所的利益

ところで，権利金を場所的利益の対価として考える場合にも，【54】は，建物の賃借人が借家権および造作代または造作権利増金の名義で賃貸人に交付した金員が「賃貸借の設定によって賃借人の享有すべき建物の場所，営業設備等有形無形の利益に対して支払われる対価の性質を有するものである限り，上告人Xが前述のように既に10数年間も本件建物を賃借使用した以上は，格段な特約が認められない本件では，賃貸借が終了しても右金員の返還を受け得べきものでないことはいうまでもない」，と判示している。【20】は，場所的利益の権利金が，賃貸借の「期間の途中において賃貸借が終了したときは反対の事情の認められない限り権利金を按分し残存期間に相当する金額の返還をなすべきものと解するを相当とする」，という。しかしながら，【85】は，「本件の権利金名義の金員は，上告人Xが賃借した建物部分の公衆市場内における店舗として有する特殊の場所的利益の対価として支払われたものであるが，賃料の一時払としての性質を包含するものでなく，かつ，本件賃貸借契約には期間の定めがなかったというのであり，賃貸借契約の締結またはその終了にさいし右金員の返還についての特段の合意がされた事実は原審で主張も認定されていないところであるから，このような場合には，上告人X主張のように賃貸借契約がその成立後約2年9ヶ月で合意解除され，賃貸借建物部分が被上告人Yに返還されたとしても，上告人Xは，それだけの理由で，被上告人Yに対し右金員の全部または一部の返還を請求することができるものではないと解すべきである。」【32】は，「X（賃借人）は金30万円の権利金を受領することによって完全に本件土地の借地権の価格を回収したものであるということができる。……自ら意識して借地権をその対価を得て設定した土地所有者は，残る地代収取の権能を保留したことに満足したもの」という。

右の【54】について，「最高裁判所が，造作権利金を支払って間もなく借家契約が終了した場合にまで「一たん建物を使用した以上は」返還請求はできないという原審の考え方を是認するかどうかは疑問である。右の文面から，10数年も使用した以上は「元をとっている」というように見える。果たしてそうだとすれば，何年経てば「元を取った」事になるかが問題になるであろう。」といわれ（総合判例研究叢書民法(1) 191～192頁［有泉］），また，この判決には，「このような字句［既に十数年間も本件建物を賃借使用した—筆者注］を加えたことの裏には，賃貸借の期間が短い場合には権利金の返還請求を認める趣旨を含んでいるとすれば，前記大審院判決［大判大15・1・29民集5・1・38—筆者注］に一つの修正を加えたと解せられる。」といわれる（後藤清「最判昭29・3・11の判批」民商31巻2号71～72頁）。有泉判批も後藤（清）判批も，右判決を，権利金を場所的利益を期間に相応して享有できる利益の対価とし，残存期間相応分は返還できるものと解する余地があるものとしている（もっとも後藤（清）説は，【54】の取り扱う権利金は営業設備等有形無形の利益に対する対

価として，有益費償還の場合と同じように考えてその返還を是認される（後藤（清）「前掲判批」71頁）。その【85】に関連しては，一方では，学説は「期間の定めのある賃貸借が途中で終了した場合，さらに期間の定めのない賃貸借でも本件よりもっと短期のたとえば1年未満で終了した場合に返還を認めるかどうかである。前の場合について残存期間に按分した額を返還させるという考え方は，賃借人が賃借店舗での営業によって利益をあげ権利金として支出したものを実質的に償却しえたとみられる限度で，これを減額して返還させることが公平に合するということを基調にしているものと思われるが，もしこれを肯定するならば，期間の定めのない場合でも，賃借人は，相当期間賃借使用することによって出捐を償いうると考えるから多額の権利金を支出するのであり，短期間に賃貸借が終了することは予想していないのであって，償却という意味で期間の定めある場合と区別されるいわれはないことになる」といわれる（野田宏「最判昭43・6・27の判批」最判判例解説，法曹時報20巻10号158〜159頁）。しかし，他方では右【85】については，学説は，「純粋な場所的利益としての権利金は，賃借家屋に附随するものではあるが賃借家屋の使用収益に対する対価として支払われたものでなく，営業上の場所的利益という無形の利益，無形の経済的価値の対価として支払われたものである。したがって，この無形の利益は使用価値によって決定されるものでなく，むしろ交換価値によって決せられるものであるから，そこには理論上場所的（無形の価値）そのものの期間に応ずる償却ということは考えられない」そして，「もし場所的利益が特定の有形造作と一体となっているような場合には，造作買取請求権によりその返還を求めうるものと解したい。」といわれている（森泉「前掲判批」128, 131頁）。我妻教授も「権利金の性質を帯びる造作の値段は，使用価値で決せられるのではなくて寧ろ交換価値によって決せらる」といわれていた（我妻「前掲判批」29頁）。

3 終了事由と不当利得返還請求権

学説には，権利金につき，「賃貸人からの解約申入による終了，賃貸人の責に帰すべき事由による解除の場合に，返還を全然認めないならば，不公平な結果となろう。賃借人の債務不履行による解除の場合には，同様の場合に造作買取請求を認めない判例の考え方を推し及ぼせば権利金返還も否定されることになろうか。この問題を不当利得返還として理解するならば賃借人に対する制裁の要素を持ち込むべきではなく，終了事由によって区別すべきでないと考えることもできよう。」，とされている（野田「前掲判批」159頁）。

終了原因と造作買取請求権の関係について，「期間満了時の有効な更新拒絶・解約申入・合意解約・賃借権の放棄などの場合にいずれも買取請求権が生ずることは異論がない。問題は，債務不履行や無断譲渡，転貸に基づく契約解除の場合にも本条〔借家法5条—筆者注〕の適用があるかどうかで，判例と学説の間に対立がある」，判例は借家法5条は過失なき誠実な賃借人を保護するものであるからとして解除原因の如何にかかわらず同条の適用を認めないが，「学説は，ほとんど大部分が判

例に反対し，債務不履行や無断譲渡，転貸に基づく契約解除の場合にもなお右同条の適用を肯定」している。その理由に，借家法5条は，賃借人保護の恩恵的制度ではなく，造作分離による社会経済的損失を防ぎつつ賃貸人の不当利得を返還させることを立法趣旨ということなどをあげる（注釈民法⒂763頁［渡辺洋三・原田純孝］）。

ところで，【19】は債務不履行の場合にも借家法5条の適用を容認する。契約終了時に権利金の返還を不当利得で認めるか否かを判断する場合にも，先の学説の見解はあてはまらないであろうか。権利金返還の場合について前掲の野村（豊）説（「前掲判批」法協86巻8号998頁）は，合意解除によって不動産賃貸借が終了する場合，権利金が返還されるべきか否かについて返還しないと解するのが当事者の真意であるとされるが，この点は，当事者の意思解釈によって判断すべきではなくて，むしろ，権利金の性質・内容（要件事実）により判断すべきであると解される説がある（森泉「前掲判批」130頁）。

判例【5】【78】は，いずれもそのような合意解除の場合であっても，契約終了時に，権利金は，賃貸人から賃借人に返還されるべきものであると解している。また，不動産賃貸借が，賃借人の責めに帰すべき事由によって終了するという場合にも，造作買取請求権の行使は認められないとする判例が多いということであったが，前述したように権利金の返還の場合には，判例では無断転貸に関する【30】では「殆ど使用収益の機会のないうちに」賃借権が消滅した場合は権利金の返還を認めるとし，賃料不払いに関する【19】では，「場所的権利ハ所謂造作代金中有形ノ価格ト区分シテ認メ得サルヲ常態」とし【48】では，賃借人の責めに帰すべき事由で契約が終了する場合に残存期間相応分の権利金の返還を認めている（学説に反対意見あり）。

第3節　要　約

1　性質と合意

違法で無効な権利金授受契約に基づき権利金が支払われている場合，賃貸人による権利金の保持は法律上の原因なくして不当利得となり，不法原因受益となる場合賃貸人は賃借人にその不当利得を返還しなければならないこというまでもない。それでは，適法で有効な権利金授受契約に基づき権利金が支払われている場合はどうなるか。その場合の権利金の返還認否の判断にあたっては，賃貸借当事者間の合意あるいは，権利金のもつ性質が基準となる。

判例には，当事者間の特約で権利金の返還ということが合意されていない場合でもその性質からして残存期間の権利金の返還を認める【14】がある。合意解除の場合権利金の返還の合意がないとする【74】もある。しかしながら，判例上の権利金返還認否に関する当事者間の合意内容は必ずしも一様ではない。賃借人に帰責事由なく賃貸借が終了する場合には権利金を返還するとする合意【79】，賃貸人に帰責事由がある場合には権利金を返還するとする合意【86】がある（傍論），としている。

次に，権利金の性質が判断基準になる場合を，権利金が場所的利益の対価である場合についてみてみる。判例には，権利金が賃料の前払いとしての性質をもっているため，賃貸借が期間途中で終了した場合に，残存期間相当分の返還を認めるとするもの【75】（傍論），権利金が賃料の前払いの性質をもたないが，しかし，残存期間相当分の権利金の返還を認めるとするもの【88】がある。前述したように学説は，賃貸借に期間の定めのない場合であっても，場所的利益を使用価値の側面でとらえ期間の経過とともに償却されるものとして考えうる場合には，期間の定めある場合と同様，残存期間相当分は返還されることになると，されている（野田「前掲判批」159頁）。

2 可分と不可分

先にみたように，なるほど，【61】は，いまだ，判例上，権利金返還の法理は確立されていない，といっている。そこで，終わりに権利金返還の法理に若干の整理を試みることにする。

まず，賃貸不動産と場所的利益とが可分な関係にあるのか，それとも不可分な関係にあるのかが問題である。両者は可分関係にあるとするのは無益であるとする説がないわけではない（鈴木(禄)・前掲書946頁）。しかし，わが国の判例には可分関係を認めているのではないかと思われるふしがある。というのは，【19】には賃借人が賃貸人に場所的利益をいわゆる造作買取請求権で買い取らせようとし，「造作」に場所的利益は分属するとするものがあるが，そもそも，造作買取請求権は賃貸建物と「造作」とは分離していることを前提としているから，右の場合，場所的利益もまた賃貸建物とは分離したものとして考えていることになるからである。

ところで，場所的利益が賃貸不動産とは分離できない不可分な関係にあるとみる場合には，権利金返還認否の問題は，賃貸借のはじめに賃借人が賃貸人から権利金を支払って場所的利益を買い取った場合であっても，終了時に，返還される賃貸不動産とともにその場所的利益が返還され，しかも無償で返還されるとすると，問題処理は，場所的利益が賃借中に賃借人が産出した場合の改良費に関する【40】の場合と同じような不当利得の法理を用いることが可能となる。場所的利益は賃貸借終了時に賃貸不動産とともに賃貸人に返還されるのだとすれば，賃貸人への場所的利益の帰属自体には法律上の原因があるということにはなるが，しかし，賃貸人がその場所的利益を無償で取得しているため賃借人は賃貸人に対して場所的利益の返還をしたがってその対価である権利金の返還を，不当利得返還請求権で求めることができる。さらにそのような公平のための不当利得返還請求権は，まさに賃貸人による場所的利益の無償取得ということが根拠となっているため，権利金の返還認否を判断するさいに，賃貸借終了事由との関連を考慮する必要がなくなる。

3 残された問題

以上，場所的利益としての権利金について詳しく述べてきた。営業権の対価としての権利金についても交換価値の側面でとらえる場合と，使用価値の側面でとらえる場合が考えられる（更新料の性質につき，使用収益の対価

第10章　結　語

のほかに交換価値でとらえるものがあるとする説に，並木茂「地代増額請求における相当額の算定と借地更新料について」東京調停協会々報27号7頁）。その中商号をともなうのれんの場合には交換価値の側面でとらえる必要のある場合が多いであろう。賃料の前払いとしての権利金ではこれを使用価値の側面でとらえ，未償却が残っている限りその分は終了時に返還されることになるこというまでもない。賃借権の対価としての権利金，プレミアムとしての権利金もこの賃料の前払いと同様に取り扱うべきである。ところで，単なる賃借権の譲渡の承諾料としての権利金は賃貸人が賃借人に与える承諾の対価なのであるから，返還の特約がないかぎり，実際に，賃借人が賃借権を譲渡しなくてもその返還を求めえなくなること当然である。造作代としての権利金に関していえば，その造作代を有形造作代としてとらえる場合，物としては有形造作と異なる無形造作の代価は同じように取り扱うことができない。しかるに，若干の判例【5】などにおいて，この無形造作と有形造作を一体化してこみにしてその代価を取り扱うものがある。この考え方は，賃借人による利用というものを利用の客体という面からではなく，むしろ客体の利用自体の機能という側面から取り扱ったものである。そのように客体の利用の機能という側面から考えると，不動産利用，場所的利益の利用をともに一括してとらえることができるようになる。そうだとすれば賃貸人はいわゆる賃料の増額をはかることによって権利金の一部をカバーすることができなくはない。

権利金の返還の認否を判断するのに，不動産賃貸借当事者間の関係を対等者関係にあるとみる場合には，合意如何によりその認否を判断するとしても，当事者間の関係を不対等者関係，賃貸人の契約の交渉上の優位を認めなければならないという関係にあるとみる場合には，合意如何によるのではなくむしろ，権利金の性質によってこそ判断すべきであろう。

なお，権利金授受の立法上の根拠に，借地法8条ノ2 4項・9条ノ2 2項，借地借家法17条4項・19条2項をあげる説もあるが，その説を取り上げるには，それに先立ち，後述の更新料のところで試みているように，借地非訟事件における決定と訴訟上の判決とを同一評価，同一系列におきうるかどうかといった前提問題をまず吟味しておく必要がある（更新料第3章参照）。

不動産賃貸借判例以外にも，権利金を取り扱った判例がある。税法判例（東京地判昭39・5・28判時378・11など），フランチャイズ契約判例（浦和地判平5・11・30判時1522・126など）がそれであるが，それら判例における権利金関係とここで検討した権利金関係とを比較することも問題である。

Ⅱ 更新料

判例総合解説

第1章　問題の所在

第1節　借地借家法と更新料

1　問題点

　バブルがはじけて長くなり，地価の高騰に歯止めがかかった。そのため借地に借り得分がなくなるところも出てきた。この事情が続けば，いわゆる借り得分としての更新料はなくなってしまう。また，更新料が借地当事者間にみられる個々の特殊事情を反映するものだから，和解金としての更新料はそれを整備し一律に基準化するということができない。最近の学説（澤野順彦「借地契約の更新と更新料」新借地借家法講座Ⅰ250頁）は，このように更新料の現状を説明している。

　過去，更新料の取扱いにつき注目に価する説明が全くなかったわけではない。借地法のもとでも「借地訴訟における立退料については，引換給付判決という訴訟上の取扱いが確立され，その実体法の根拠も明らかにされつつあるが，立退料の裏返しと目される更新料については，従来殆んど未開拓であった」（東京地判昭49・1・28のコメント（匿名）判時740・67）といわれていた（【151】参照）。ところが，現在，新借地借家法のもとにおいては，立退料について明文の規定をおくとともに他方，その6条，28条において，更新拒絶の正当事由を判断する事情の一つに「従前の経過」という項目を設けて，解釈問題として更新料授受を取り上げる余地を残している。これは，更新料という金銭を授受することなどにより，更新拒絶の正当事由を排除する事情の一つに取り上げようとするものだが，その考え方は，これまでの金銭的負担なくして更新の効果を享受させるという法定更新の考え方に対し，文字どおり対決するものである。

2　立法までの経緯

　以下，判例が更新料について過去から現在に至るまでいかなる状況になっていたかを概観し，その上で判例の見解の焦点を学説の焦点と対比させ考えてみることにする。周知のように，新借地借家法は平成3年10月4日に公布され，平成4年8月1日から施行された。施行6年前の昭和62年，「借地・借家法改正の問題点」（法務省民事局参事官室編・商事法務研究会別冊NBL. 17号28頁）が公表され更新料を含めて様々な一時金について立法化の必要があるか否かが検討されている。「借地関係に伴って，いわゆる権利金，更新

第1章 問題の所在

料，譲渡承諾料（名義書替料），立退料等の金銭の授受が現実に行われているが，これらについては，ほとんど法律上の措置が講じられていない（賃借権の譲渡の承諾に代わる許可の裁判の中で命ぜられる『財産上の給付』（9条ノ2第1項，9条ノ3第1項）が間接的に譲渡承諾料に根拠を与えている，という程度にすぎない。）。そこで，これらの金銭の給付が現実に行なわれている以上，これらにつき，法律上の根拠を与え，授受の効果を定め，あるいは相当の規制を加えるなどの措置を講ずることが，借地関係の円滑な供給，運営を促進するゆえんではないか，との指摘がある。」しかしながら，その場合の結論は，そこには何らの具体的立法提案も含まれていないため更新料などの立法化を図ることは困難である，ということになった。

当時，新立法のための事前調査がまるで行われなかったというわけではない。「定期の家賃とは別に当事者間で授受されることがある一時金のうち，敷金，保証金，権利金，更新料のそれぞれについて法律上のなんらかの規制が必要か，またそれらの法律的経済的性質をどのように考えるか」，が問いただされ，「更新料についても，法的規制については全体として多数が消極的である。カテゴリー別では，［学者］と［弁護士］の大多数が規制不要とするのに対して，［借り手］では規制必要論が半数を占める。しかし，敷金ないし保証金に比して規制論の比率は低い。これは，そもそも更新料を授受する慣行がない地域（札幌，仙台，新潟など）が少なくないことによるが，逆に更新料をめぐる争いがある東京では，法的規制を通じて更新料が適法化することへの危惧が不要論の一部に働いている。更新料の規制については［貸し手］と［借り手］の間に特別の差異は見出されない。……更新料の法的規制を必要とする少数意見は，主として更新料授受の要否およびその額について規制することを求めるものであるが，授受の要否についてはその禁止を法定せよという［借り手］側の要求とその授受に法的根拠を与えよという［貸し手］側の主張に正面から対立する形で分かれる。」当面は授受の要否が争点となる，という形でまとめている（（財）日本住宅総合センター　借地借家制度調査会・借地借家制度の研究「第1編　精通者の意向」107，110頁）。

もっとも，他に，「借地借家法の谷間にあって，いまだ認知されない更新料問題も審議の対象として採用し，「貰えば貰い得」「ゴネによる不払い」が発生する余地を1日も早く解消して頂きたいものである。」といい，法規制の必要性を強く要望する声もなくはなかった（竹内清「借地・借家の更新料」自由と正義36巻11号24頁）。

そればかりではない。借地借家法施行後に，いち早く早稲田大学の民法関係4教授により同法についての読み合せが行われた。そこでは，借地借家法4条によって存続期間30年の借地契約が更新されると，更新後最初の存続期間は20年，つぎの存続期間は10年となるため，借地人は借地してから30年目に1回，50年目に2回，60年目に3回というように計3回更新料を支払わざるをえなくなり，従来の借地法の下でなら，30年目に1回，つぎの30年目に2回ということで済まされていたものが1回余分に支払うことになり，

また，借地人の年齢から考えると，30歳時に30年の存続期間の借地をした場合には，60歳，80歳，90歳といった老年期のまさに支払い能力が乏しくなった時期に繰り返し更新料を支払わねばならず，そのために重い経済的負担を背負わされ，借地人は難渋する破目に陥るのではなかろうか，という危惧の念が表明された（篠塚昭次＝田山輝明＝内田勝一＝大西泰博・借地借家法—条文と解説—23～24頁）。

第2節　問題分析の1ヒント

1　学説と諸場合

ところで，目下，そのように，直接の法規制が存しないところの更新料関係について，私が総合判例解説をおし進めて行き，研究の対象とする法律関係を分析するために多少の手がかりのあることが有用でないかと考える。たとえば，ある学説は，合意により更新料が支払われる場合を3つに分けて「(イ)存続期間の満了時期が近づいたとき，地主から更新を前提として更新料を請求し，借地人との間にその額・支払方法について合意が成立する場合。もっとも，現実には，借地人に家屋の建替・増築の予定がある場合でないと，スムーズに合意は成立することが困難なことが多いようである。(ロ)存続期間満了時前に，地主から更新拒絶の意思を表示し，借地人は更新を請求して対立したが，正当事由の存否を訴訟で争うことを避けて，更新料を授受して（授受を約して）更新の合意をする場合。

(ハ)上述の(イ)に述べた地主の更新料請求に対して，借地人との間に合意が成立しないが，地主も正当事由の存在を主張して更新拒絶はしないで，結局，請求更新（借地4条）または法定更新（借地6条）によって借地契約は更新され，その後において合意が成立する場合」がある，とし（宮崎俊行「借地契約の更新料と利益衡量的手法」日本法学45巻2号73頁），更新を合意更新と法定更新の場合にわけ，前者の場合には，争いなく貸人が更新に合意して更新料の授受が合意される場合と，貸地人が更新を拒絶したが，結局は更新し，更新料授受が合意される場合とがあり，最後の場合には，請求更新，法定更新ののちに更新料授受の合意がなされる場合があるとされている。

他の学説は，いずれも法定更新の場合であるが，更新料の性質を異議権放棄の対価と解した上，法定更新に際し賃貸人が異議を述べない場合と，異議を述べたが裁判でその異議が否認された場合との違いを基準に分類することを手がかりにしたものがある（新版注釈民法(15)〔増補版〕932頁〔広中俊雄・佐藤岩夫〕）。私は，事案類型化の試みとして，更新料授受合意が成立したか，成立しなかったのか，成立したとして，その時期が何時であったのか，不動産賃貸借契約締結時であったのか，締約時と期間満了時との中間時であったのか，それとも，期間満了時であったのか，さらにその後の時点であったのか，というように分類することも，それにまた，その更新料が問題となる場合がどのような状況にあったのか，関連事件が裁判に係属しない場合なのか，裁判に係属する場合なのか，各場合に

第1章　問題の所在

おける法的状況の違いによって分類するということも，ともに1つのヒントとして有用であると考えている。

現行法上，主に，権利金の場合は，授受されたあとの返還の認否を問題としているに反し，更新料の場合は，授受それ自体の認否，授受合意の効力などを問題にしている。ところで，更新料授受の根拠としては，賃貸借当事者間の合意，慣習法ないし事実たる慣習，借地非訟事件における決定の付随処分が考えられるが，通常訴訟における判決と借地非訟事件における決定とははたして同一平面，同一系列におき更新料授受の根拠として同じように取り扱うことが許されるであろうかが問題となる。また，判例上更新料の授受が合意に基づく場合自体についていえば，①その合意が法定更新の場合にも適用されるか否か，②賃借人が合意による更新料を賃貸人に支払わない場合，賃貸借契約が解除されるか否か，といったことも問題である。

第2章 沿　　革

第1節　発生経緯

1　敷金などの発生

　敷金はその発生がきわめて古く室町時代にまでさかのぼっている。権利金の存在も古く徳川時代に認められていた。しかしながら、更新料は時代的にずっと遅れ、昭和時代、それも昭和27, 28年（1952, 1953年）頃になって、ようやく、その授受が不動産賃貸借の当事者間に認められるようになった。貸ビルの保証金の存在も昭和33年（1958年）頃になって認められている。

2　更新料の発生

　たとえば、「更新料の支払は、少なくとも東京周辺その他の高地価地帯では、昭和30年頃からしだいに一般化して来たようである。やがて、おそらく昭和40年代に入った頃からは、更新料支払の慣行は、「事実たる慣習」（民92条）ないし慣習法（法例2条）として—その法的効力（の範囲）については後述の通り意見の対立があるが—定着したかの観がある。このことの背景には、おそらく、次のようなことがあったのではないかと推察する。すなわち、昭和30年代に更新の時期が到来した借地権は、戦前に設定されたもので設定に当って権利金の支払があったものは、ごく少数のみであったろうし、また昭和40年代に更新時期の到来したものの多くは、昭和20年代に設定されたもので、もし仮に、権利金の支払があったとしても、当時の地価を基準としたところの地価に対する比率ないし金額の比較的低いものであったであろう。ところが、経済高度成長期以後、地価昂騰等を反映して借地権設定に当っての権利金割合（所有権価格に対する）が高くなり、かつ授受の慣行は一層広汎に確定的なものとなり、また借地権の財産権としての性質が強固なものとなった、と思われる。そこで、どうしても、(イ)或いは昂騰した地価に対応した賃料（地代）の後払の意味を持ち、(ロ)或いは高地価に対応した更新後の賃料（地代）の先払の意味を持ち、(ハ)或いは権利金の補充の意味を持ち、(ニ)或いは更新についての異議（借地4条1項、6条2項）を述べないことの対価としての意味を持った—これらのうちの1つないし全部の意味を持った—金銭として、更新料の授受がなされるに至るのは、経済的には当然のことといわざるを得ない。」（宮崎「前

掲論文」日本法学45巻2号71～72頁）とかいわれている。しかしながら今日，これまで右肩上がりで上昇してきた地価は下落し始めその傾向はなおも継続している状況にあるといわれているが（藤井俊二「地価の下落と賃貸借契約のスライド条項の法的拘束力」判タ1050号49頁），これから先この点は更新料関係にどのように反映していくであろうか。ところで，アパートとかマンションの借家の場合には，業者が仲介して更新料を授受させれば，更新料の一部を受け取ることができるために，更新料というものは，業者のそうした目的をもつ建物賃貸借契約への関与行為によって普及してきたのだということである（新田孝二「賃貸借契約における更新料の支払義務㈢」判時825号137頁（評論213号23頁））。

第2節 判　例

　借地の場合に初期のころにこの更新料を取り扱ったのは建物収去土地明渡請求権控訴事件としての【104】東京高判昭45・12・18判時616・72（一審判決は東京地判昭43・12・20）であり，また，借家の場合には，【105】東京地判昭45・2・13判時613・77であった。

1　借地判例
【104】は，更新料の支払契約はされたものの賃借人は支払義務を履行しないまま賃料のみを提供した。ところが賃貸人がその受領を拒みその上で約定の更新料と賃料の支払いを催告して賃貸借契約を解除したから，更新料の支払義務の不履行が賃借人としての債務不履行となるか否かが争われた。

　右の借地判例は，貸地人に更新拒絶の正当事由があるかないか分からないときに，更新拒絶権放棄の対価としての更新料が支払われる旨の合意があり，その支払いの遅滞により，支払契約は解除され賃貸人に異議権は回復されるも，賃貸借契約そのものが債務不履行となって解除されることにはならないとするものである。

2　借家判例
【105】は，家屋明渡請求事件だが，その一部では，家屋賃貸借契約書中の「家賃および更新料は現行の東京大阪間鉄道運賃を標準としてそれに準じて変化する事を両者承諾する」，とする部分をどう解釈し評価するか，他の一部では，賃貸人・賃借人間に，契約更新の際に更新料を授受する旨の合意があったが，賃借人が賃貸人に更新料を支払わない場合，借家契約を解除することが許されるか否か，ということを問題にした。

　右の借家判例は前者の部分は法的に拘束する約定として成立していないとし，後者の部分は更新料授受の合意そのものは借家法6条に反せずこれを有効とするも，その更新料の性質は，法律的には賃料とは別のものであるためその更新料の催告は賃貸借の解除権を発生させないとする。

　【105】と同じような，借家の場合の，更新料に関する判例は，東京地判昭48・2・16（判時714・196）【189】，東京地判昭50・9・22（下民集26・9～12・792，判時810・48）【113】，東京地判昭51・7・20（判時846・83）【116】などで

ある。

第3節 借地非訟事件の決定例

1 財産給付金における更新料

訴訟による判決で更新料が取り扱われはじめたころ、昭和42, 43年当時、すでに、いわゆる借地非訟事件手続による更新料関連の決定が出されていて、借地条件変更許可、増改築許可、また、借地権譲渡許可に伴う附随処分の財産給付金中に、更新料が、賃貸借の存続期間延長の対価として取り扱われていた。では、そのような借地非訟事件手続における決定の判断は、判例法上、右の訴訟判決の判断と同一系列、同一平面にあるものとして位置づけ、それら判例法上の前例として取り扱うことが許されるであろうか。この問題は後で検討するとして、とりあえず、それら決定例の中で、更新料が具体的にどのように取り扱われているかということを見てみよう。ちなみに、決定理由を大別すると、①決定の附随処分において支払いを命ずる財産給付金の算式中に更新料という項目を示して取扱う、②右財産給付金の算式に、更新料という項目を示してはいないが、しかし、実質的に更新料にあたる金員の存在を認めている、③様々な理由から財産給付金中に更新料の存在を認めない、という三つの場合がある。①に属するのは、次の②などである。それは、貸地人が借地人から地価の値上りに応じ地代の修正できにくい部分を更新料としてとることにし、それを借地上建物の改築後の残存期間

および将来の存続期間に対応するものとして算定上の項目に取り上げ、改築許可決定のさいの付随処分の財産給付金としている。

2 決定の実例

② 千葉地決昭和43年（借チ）第3号昭43・7・11 判タ 225・191

[事実] 申立外Aは、相手方Yから、昭和21年4月、Y所有の土地を期間の定めなく賃借し、昭和39年、申立人XがAから賃借人の地位を承継した。その後地代は月4,000円、存続期間は30年（昭和51年3月まで）となっており、その借地上に木造店舗兼居宅が建てられその建物をXが所有していた。その後、Xは、Yとの間の特約に基づき増改築の承諾をYに求めて交渉したが、両者間の協議がととのわないため、Xは裁判所に対し、店舗改築により営業の発展をはかろうとして改築の代諾許可を求めた。

[決定理由]「Xの本件改築はこれを許可すべきである（もつとも改築の規模は建築基準法の許容する範囲に止まるべきことは当然である。）その場合、地代は値上げになつて間もないし、その額からしても、特に増額する必要をみない。借地期間については、借地法第7条が適用される（なお相手方は異議をのべることができないと解する）から、許可の効力が生ずる時に当然更新され、それから20年間存続する。

財産上の給付について。本件土地の賃貸借については、従来権利金の授受がなかったこと、今回の改築が全面的新築の計画であること、一般に地代が地価の値上りに応じて修正されにくいこと、等の事情から考えると、借地期間が更新される際に地価値上りの一部を地主に還元するのが当事者の衡〔衡〕平に合致する。本件において、XはYにその意味で、更地価格の10%に

第2章 沿革

当る金額を支払うのが相当であり、鑑定委員会の意見（更地価格1平方米当り5万円、更新料はその1割とする）に従ってその額を68万6,000円と定める。なお鑑定委員会は今後の借地期間に相応する更新料のみならず既に経過した借地期間に相応する更新料も支払うよう求めるが、それは相当でない。またXは残存借地期間を控除して実際に延長される期間に相応する更新料で足りるとするが、借地法第7条により改築のとき更新されるのであるから、残存期間を控除すべきではない。Yは新規に賃貸借する場合と同視しようとするが、Xの借地権が現存し、その更新の見込も大きいことからして、賛同できない。」

次に、上記②に属するのは次の決定などである。

③ 東京地決昭和42年（借チ）第1号昭42・9・1判時492・15

[事実] 甲地上に非堅固建物所有目的で地上権が設定されていたが、地上権者申立人Xが、甲地の所有者である地上権設定者相手方Yに対して、直接に付近の土地の利用状況が変化したことなどを理由にして、地上権の利用目的を非堅固建物所有目的から堅固建物所有目的へ変更してくれるよう借地条件の変更方を求めた。しかし、Yの承諾が得られなかったために、Xが借地法8条の2に基づきYの承諾に代る許可を裁判所に求め許可が得られた。裁判所は、許可決定の附随処分の中で次のように述べる。

[決定理由]「本件において地代の増額、存続期間の延長、財産上の給付の諸点について考慮を要すると考えられる。

ところで、当事者双方の陳述によると、地代は1ケ月1万5,000円に増額したばかりで相手方も本件借地条件変更に伴う増額を求めず、また存続期間については、申立人が残存期間（昭和48年5月5日まで［地上権設定が昭和28年5月6日になされ、それから存続20年間—筆者注］ということで双方の陳述が一致している）満了のときからさらに50年の延長を希望するのに対し相手方において特に異議はなく、ただ相手方は右の地代、存続期間を前提として坪当り50万円計1,150万円［宅地の換地23坪分—筆者注］の財産上の給付を求める。一方Xは坪当り15万円計345万円を相当とすると述べ、本件における実質的な争いはこの点に存するといえる。

以上の点に鑑み、地代はそのまゝとし、存続期間を残存期間満了の翌日である昭和48年5月6日からさらに50年延長する（契約時より通算70年間）こととし、さらにこれを前提として財産上の給付の点を決定することとする。本件借地条件の変更に伴い申立人の地上権は堅固な建物所有を目的とするものとなり、存続期間も延長されてその価値の増加は少なくないと考えられ、反面相手方は本件土地の所有権価格の減少その他の損失を免れないから、双方の利害調整のため、申立人に対し相当の財産上の給付を命ずべきものと考えられる。そこで本件土地の場所的関係、従前の経過、存続期間その他本件に顕われた諸般の事情を考慮し、かつ鑑定委員会の意見を徴した上、右給付金額は金533万円をもって相当と認める。」

この決定は、財産給付金の金額を決めるにあたり、合意によって残存期間満了の日から50年存続期間を延長し、借地権の存続する場合に、土地の場所的関係、従前の経過、存続期間などの諸般を考慮して、そのことによって生ずる賃借人側の利益、賃貸人側の不利益を比較衡量したものである。

3 更新料否認決定

しかしながら、裁判所における同様の決定において、上記③のように、右財産給付金を算定するにあたり、更新料の存在を否定するものもあった。たとえば、次の④があり、その他、東京地決昭和44年（借チ）第9号昭44・12・11判タ242・284、東京地決昭和45年（借チ）第11号昭45・8・17判タ256・259などがある。

---

④ 東京地決昭和42年（借チ）第1028号昭43・3・21判タ219・185

[事実] 貸地人相手方Yと借地人申立人Xとの間に、増改築禁止の特約があったか否かは判然としないが、その特約があるとした場合に、借地人は無断増改築によって貸地人から契約を解除されるといった紛争になることを避けようとして、予め裁判所に増改築の代諾許可を与えてくれることを請求した。裁判所は、Xが従前の建物を取り壊して2階建建物を建てても建物の床面積は従前の場合よりも減少するとし、隣地との関係からみても格別に右許可を与えることを不当とする理由はないからとし、Yに改築の代諾許可を与えた。その決定の附随処分は次の通りである。

[決定理由]「鑑定委員会の意見は、当事者の利害調整のため財産上の給付をなさしめるを相当とし、本件土地の更地価格を3.3平方米当り40万円、借地権価格はその70％ 28万円と評価した上、期間を20年延長する場合のいわゆる更新料を借地権価格の10％とし本件で延長される期間が8年であるところから、その20分の8に当る金額（借地面積78.74平方米として26万7,000円）を支払わしめるべきものとしている。本件で調べた資料によると、借地上現存する建物は、戦後間もなく建てられたもので、材料も良質でなく、かなり古くなっており現在においては朽廃の徴候が見られる訳ではないが、やがてその朽廃による借地権の消滅が問題となるであろうと推認されるのであるが、本件の改築によって、地上建物は新たになり、申立人は現存建物の朽廃により借地権が消滅するという事態を免れ、また前記期間の延長によって期間満了（期間満了における更新拒絶の正当事由の有無は予測し難く、期間満了により当然に賃貸借が終了するとはいえないが）の時期が8年間延びるなどの利益を与えることになるというべきである。〈中略〉

前記鑑定委員会の意見における算定方法はやや画一的との感を免れないが、一面算定の過程が明瞭かつ具体的で、算定基準が客観性をもつということができようし、あるいは、他に適切な方法がない以上、なんらかの客観的な基準を求めるとすれば本件におけるような場合に近似するとみられる更新による期間延長の場合の更新料に算定の基礎を求めるほかないとの考え方もあるであろう。しかし、増改築許可に伴う財産上の給付額の算定にあたり参酌すべき事情は各事案ごとに同様でなく個別性が顕著であって必ずしも画一的な基準に従い計数的に給付額を算定し難いと考えられる（本件においても単純に8年間の期間延長による利害の調整のみを考えて足りるものではない）ばかりでなく、右意見におけるようにいわゆる更新料をそのまま算定の基礎とすることには次の点においても疑問を免れない。すなわち、世上いわゆる更新料の支払の行われることについてはそれなりの理由があるものとは考えられるけれども、それはもとより賃貸人において法律上請求しうるものとは考えられず、むしろ、更新にあたりその支払をすべきものとすることは借地法の趣旨にそわないものといわねばならないのであるし、また

かような慣行が東京都の市街地域においてかなり広く行われるようになりつつあり，またその額についてもある程度の基準ができつつあるともいわれているけれども，かような慣行についてはいまだこれをそのまま裁判の基礎とする程の基準性を認めることは困難であると考えられ，またその合理性についてもなお検討の余地を残すものと考えられるのである。それ故，本件において，現に行われている更新料支払の事例を基準とし，延長される期間の割合をもって算出した金額を採ってそのまま財産上の給付額とするのは相当でない（一つの参考事情として酌むことは別として）と考えざるを得ない。」とし，財産給付額を借地権価格の3％とする。

　この4は，23と対比すると，一般に更新料を取り上げることのできない理由のほかに，その理由に更新料の授受は借地法が許さない，その慣習は裁判上の基準とならない，その授受には合理性がないと，いっている。

第3章　判決と決定の位置づけ

第1節　問題点

　更新料関係についての裁判所の判断のうち，訴訟による判決と借地非訟による決定とは同一平面，同一系列において取り扱うことができるであろうか。この問題を解くには，借地権の存否について右決定でも判断できるか，判断できるとして決定の効力と判決の効力との関係をどうみるか，両者間の優劣をどうみるかということが決め手になっている。

1　借地権の存否など

　学説では，裁判所が申立人から借地非訟事件の許可裁判の申立てを受けた場合，その裁判所が審査すべき事項を論理的順序に従って並べると，「(1)当事者間における一定内容の借地契約の存否，(2)借地法8条ノ2，9条ノ3に規定するところの，借地条件変更の前提たる事情変更の事実，増改築許可の前提たる土地の通常の利用上の相当性，賃借権の譲渡や転貸の許可の前提たる賃貸人に不利となるおそれのないことといった特別要件事実の存否，(3)具体的形成処分内容の選定となる。」とする。また「一般には，借地非訟事件の裁判の前提問題として，意識的または無意識的に右(1)の事項だけを考えているようであるが，理論的には(2)の事項も，非訟事件の裁判の前提問題というを妨げないのではあるまいか。」といわれる（戸根住夫「最決昭45・5・19の判批」民商64巻2号96～97頁）。さらに，同説は，その上で「借地非訟事件において，基本たる借地契約関係の存否，内容に関し非訟裁判所が前提問題としてなした判断が，訴訟裁判所を拘束するものでなく，逆に，この前提問題を訴訟物とする民事訴訟の判決が非訟裁判所を拘束することには，あまり異論を挟む向きはないであろう。」とされている（伊東乾＝三井哲夫編・注解非訟事件手続法〔改訂〕711頁［戸根］）。

2　存否の判断

　ところで，学説には，借地非訟事件の判断について訴訟事件の判断とは同列に論じえないとするものもあるが（島田周平「借地非訟手続及び付随処分に関する諸問題」〈特集民事実務―即決和解・保全・借地非訟〉自由と正義30巻5号67頁），他方，そもそも借地権の存否について借地非訟手続での決定によっても判断することができるとする見解がないわけで

第3章　判決と決定の位置づけ

はない。「㈢借地条件変更の裁判の実体要件
　借地条件変更の裁判には，まず借地権（建物所有を目的とする賃借権と地上権）の存在が前提要件となる。……ただ，裁判の対象という面からみた場合に，借地権という権利の存否自体の確定は訴訟事項であるから，その存否を非訟事件において判断できるかが問題となる。争いはある（広瀬「建物に関する借地条件変更の裁判」法律時報38巻10号32頁は強く消極説を主張される）が，この事件と性質が似ている遺産分割の審判事件において，前提要件である相続権の存否についても判断できるとの判例（最決昭41・3・2民集20・3・360）があり，実務上は，積極説にしたがった運用がなされると思われる。」という岨野説（井口牧朗編・改正借地法にもとづく借地非訟事件手続の解説5頁［岨野悌介］）がある。

第2節　判決と決定の並記説

　更新料関係の論文などでは，判決と決定とを別枠に位置づけ区別するということをせず，そのまま年月日順に並記している。

1　渋川説

　この説は，たとえば，借地に関する裁判例30例として，「［1］東京地決昭和44年12月11日判タ242号285頁―借地条件変更申立事件。決定は，鑑定委員会が更新料も支払うべしとしたが更新料支払の合意なしとして支払義務を否定。ただし，抗告審である［4］で変更。［2］東京高判昭和45年12月18日

高民集23巻4号551頁，判時616号72頁，判タ260号216頁―期間満了前にした約定更新料の不払を理由とする土地賃貸借契約解除の事案。判決は，右不払は更新料支払契約の不履行であるが，賃貸借契約の不履行にはならぬとする。［3］東京地判昭和46年1月25日判時633号81頁―更新料支払を条件とする更新契約（と解される）締結後右更新料の不払を理由とする土地明渡請求の事案。判決は，右条件付更新契約は無効とした。［4］東京高決昭和46年2月19日判タ263号318頁―借地条件の変更に伴って借地権の存続期間が17年から30年に延長されることなどを理由に更新料の支払義務を肯定。［1］の抗告審。……」として判決と決定とを並記される（渋川（満）「更新料」現代借地借家法講座1　借地法44〜45頁）。

2　新田説

　この説は，更新料支払義務を認めなかった判例として，東京地決昭和44年12月11日（判タ242号285頁（借地条件変更申立事件）），東京地判昭和48年1月27日（判時709号53頁（建物収去土地明渡請求事件））→東京高判昭和51年3月24日（判時813号46頁，判タ335号192頁），東京地判昭和50年9月23日（判時814号127頁（地代値上確認請求事件））が並記され（新田「賃貸借契約における更新料の支払義務㈢」判時825号138頁（評論213号24頁）），あるいは，下級裁判所民事裁判例集の目次においても，右2論文と同様，静岡地判昭和46年2月12日の次に東京高決昭和46年2月18日，東京高決昭和46年2月19日，というように両者が並記されている（下級裁

判所民事判例集22巻1・2号5〜6頁)。この並記している事実を判決と決定とを同一平面同一系列にあるものとして認めているものとみるべきであろうか。

第3節　判決と決定の区分説

ちなみに，決定例の中には，借地権の存否を決定の判断対象から除外するものに，次の⑤があり，その他に同旨の高松高決昭和63年(ラ)2号昭63・11・9判タ710・214，東京高決昭和63年(ラ)第113号平1・11・10判タ752・231がないわけではない。

1　決定と正当事由の存否

⑤は，借地人が借地法8条ノ2の1項に基づき借地条件変更の申立てをしている場合に，裁判所が代諾許可を与えるとすると，それにより貸地人が蒙る不利益などを如何にして補塡するかに関するものであるが，代諾許可を与えるとすると，その結果，借地の存続期間が延長され2年先の借地期間満了時に貸地人側に認められるはずの更新拒絶の正当事由が評価されなくなる，また正当事由が認められても不必要な建物を買い取らなければならなくなるということを理由に，先の申立てが棄却されている。

⑤　東京地決昭和45年(借チ)第15号昭45・12・1判タ260・309

[事実]　相手方Yは，申立外A会社から，昭和28年8月13日，A会社所有の土地を学校建物の敷地にする目的で買い受けて同年12月16日所有権移転登記を済ませた。他方，申立外Bは，それより先に，右A会社から右土地を普通建物所有の目的，期間昭和27年11月10日から昭和47年11月10日，賃貸人の承諾なく借地権の譲渡・転貸ができるという約定で賃借していた。かかる状況の下で，申立人Xは，同年2月22日，Bから右借地権を譲り受け，同年2月14日その旨の登記を経由した。そのため，YはXから借地権を対抗される結果となったので，YはXを相手どり借地権の存否を訴訟で争ったが，昭和42年10月4日の判決で敗訴した。その後，Yは昭和47年11月10日期間満了の際は自己使用を理由にして更新拒絶の意思を示すことが可能という場合だが，Xが本件土地の隣地所有者である申立外Cと同申立外Dと共同して鉄筋コンクリート8階建のビルを本件土地に跨り建築する計画を立て，借地条件変更の代諾許可を求める申立てをした。

[決定理由]　「借地期間は約2年を残すのみならず，相手方Yが建築しようとする建物は学校用の建物であり，通常のビルと異なるので，今，本件申立が認容され，申立人Xらが右の如きビルを建築すると，相手方の更新拒絶が正当事由に基づくとしても，買取請求権を行使されると利用目的に副わない建物を買い取らねばならないことになり，相手方としては，土地の利用上多大の不利益を受けることになり，かかる事案において正当事由の有無を予測することは困難であり，残存期間も僅かでもあるので，右の決着は訴訟手続でつけるのが相当であると考えられるので，本件申立は，これを棄却することとする。」

⑥は借地関係の存否を決定の判断対象から外すというわけではないが，増改築禁止特約

ある場合の借地非訟事件における代諾許可の効力を，右特約の効力を排除して与えるにとどめるとするものがある。

⑥ 東京地決昭和47年（借チ）第1033号昭48・3・6 判タ295・302

[事実] 申立外Aは，相手方Yから，昭和28年6月1日，Y所有の土地を，非堅固建物所有の目的，存続期間20年，増改築禁止の特約付という約定で賃借した。その後昭和45年6月22日Aは死亡し，申立人XがAを相続し，賃借人の地位を継承し，Aが建てた借地上の建物の所有権を取得した。Xは右建物の全面改築をするためYの承諾を求めたが得られなかったので，裁判所にその代諾許可を求めた。

[決定理由]「借地期間についてであるが，増改築許可の裁判は，借地法8条ノ2，2項によれば，「賃貸人ノ承諾ニ代ハル」ものであり，この条文の文言からは，賃貸人の承諾と同一視できるようにも見え，賃貸人の承諾と同一視する見解に立てば，本件の如き全面的改築の場合には，借地法7条に規定する賃貸人の異議権は，本件改築に関する限り，失われることになり，借地期間は法律上，本件建物取り毀しの時から20年延長されることになるが，増改築許可の非訟は，前に言つたように，土地の合理的作用を妨げている増改築制限に関する特約を当該増改築に関するかぎり排除することであるので，増改築許可という言葉を使つても，裁判の実質は，右特約の排除であり，このように解することが右の如き特約のない場合との権衡からも相当であるのみならず，許可の裁判により，借地期間が法律上延長されるとする見解をとると，従前の期間満了時における賃貸人の更新拒絶権が正当事由を有している如き事案においては，賃貸人に著しい損害を与えることになり，増改築制限に関する特約の排除により土地の合理的利用が可能となった上に，更に，右の如き不利益を賃貸人に課す必要は全くないので，許可の裁判を賃貸人の承諾と同一視する見解は採るべきでなく，また，附随処分として期間を延長する必要も，同じく，認められない。このことは，残存期間の長短により異なるところはない。」

2 決定と判決の調整

次の【106】は，決定において借地人の申立てが棄却され，却下されたり，あるいは，借地人が申立てを取り下げたりする状態になることを条件にして，借地関係の存在を否定する判決の判断の効力を容認している。なお，これは，①建物収去土地明渡請求事件と，②借地権確認等請求事件とを併合したものである。

【106】 東京地判昭52・5・30 判時879・113

[事実] 昭和28年10月5日，訴外Aは所有地㈠ないし㈢を訴外Bに対し，木造建物所有を目的として，存続期間20年，賃料2,700円，支払期日は毎月末，という約定で賃貸した。訴外Bはその借地上に建物㈡・㈢を建築し，保存登記を済ませたが，昭和48年1月18日，その土地がAから国へ，国からBへ払い下げられることによってその土地所有権は移転した。しかし，昭和35年6月24日，Bは，訴外Cのために建物㈡の上に根抵当権を設定した。その後右根抵当権が実行され，右建物㈡を競落した①事件被告（申立人）Y（②事件原告X′）に対し，Bから土地を譲り受けた①事件原告（被申立人）X（②事件被告Y′）が，建物収去土地の明渡しを訴求した。他方，②事件原告X′（①事件被告Y）は，②事件被告Y′（①事件原告X）

を相手どり，借地権確認等を請求した。

[判旨] ②事件の「X′が本件建物㈡の競落取得とともに右賃借権を取得したのち，X′が適法な期間内に借地法9条の3による本件借地非訟事件の申立を当庁に提起し，右事件が現に係属していることは当事者間に争いがない。従ってX′は右申立に対する許可の裁判が確定することによりはじめてY′に対抗しうる賃借権を取得することになるが，競落人の敷地利用権の安定をはかるという同条の立法趣旨を考慮すれば，同条の裁判手続進行中は土地所有者（賃貸人）が土地明渡請求権ならびにこれに附随する損害賠償請求権を行使することは許されないと解するのが相当である。従って，Y′は，X′に対し，本件借地非訟事件について申立を棄却もしくは却下する裁判が確定し，又は許可の申立の取下によって事件が終了したときにおいてのみ，本件土地㈡の明渡義務ならびに右土地の不法占有を理由とする損害賠償義務の履行を求めうるものというべきである。」という。

この判決を支持する3審の最判昭和58年4月28日について，「建物競落人X′が土地賃貸人Y′に対抗しうる賃借権を取得するのは承諾に代わる許可の裁判が確定した時であるが，借地法第9条ノ3の裁判手続き進行中に解除等によって明渡し請求がなし得るとすれば，同条の趣旨を没却せしめることとなる」，という解説がある（安藤良一「最判昭58・4・28の解説」法律のひろば37巻10号54頁）。右判決は決定の効力と判決の効力が相矛盾することを事前に回避しようとしたものである。

前述の戸根説は，決定と判決の関係につき，前提事実たる借地権の存否に関する判決の効力が決定の効力に優先し，その逆の取扱いはできない，といっていた。しかし，権利金の授受など附随処分の基礎事実についてなら，決定の効力を判決の効力に優先させうるとする説がないわけではない。「権利金の授受，従前の賃料額等付随処分の基礎となった事実については，借地非訟事件の認定に対して不服がある場合でも，裁判確定後，右事実の存否について民事訴訟を提起して，これを争うことはできないし，新しい付随処分のみを求めて再び借地非訟事件の申立をすることもできない。さらに，借地権者が借地条件の制限や増改築の禁止特約の存在を前提として借地借家法17条1項，2項の申立をした場合に，付随処分に不服があるとして，改めて民事訴訟で右特約の存否自体を争うことが禁反言の法理に照らして許されないと解すべきであろう」（東京地裁 借地非訟研究会・詳解 借地非訟手続の実務105〜106頁［田中敦］），と述べられているのがそれである。ここではまさに，付随処分の前提事実については決定の効力に判決の効力に対する優先性を認めている。しかし，いずれにせよ，そのためには，借地権が存在するという前提事実が確定することが必要になる。したがって，これまでの学説や判例では，借地権の存否自体について，①決定で判断できないとする説，②決定でも判断できるとする説，③決定で判決と矛盾する処理をしないことを条件にして判決で判断するとする説があるということになる。もっとも，右の②説をとる場合であっても，最高裁判決[7]は借地権の存否に関する決定は同じ借地権の存否に関する他の判決によってその効力が覆されるとしている。

7 最決昭和44年（ク）第419号昭45・5・19 民集24・5・377

［事実］　借地人である申立人Xは，貸地人である相手方Yに対して借地目的を非堅固建物所有目的から堅固建物所有目的に変更してくれるよう借地法8条ノ2により裁判所に申し立てた。1審では，裁判所は，存続期間を満50年と定め，賃料を裁判の確定の日から月25万円に増額し，財産給付金1,000万円の支払いが命じられた。その後，右の存続期間50年の延長が期間満了日との関係で争われたものと思われる。

［判旨］「借地非訟事件手続においてした右前提事項に関する判断には既判力が生じないから，これを争う当事者は，別に民事訴訟を提起して借地権の存否の確定を求めることを妨げられるものではなく，そして，その結果，判決において借地権の存在が否定されれば，借地条件変更の裁判もその限度において効力を失うものと解されるのであつて，前提事項の存否を非訟事件手続において決定することは，民事訴訟による通常の裁判を受ける途を閉すことを意味するものではないからである。」

　この決定のように考えると，②の場合でも前提事項に関する判決の効力は決定の効力に優先することになるので，その判決の効力によって決定による前提事実，その上の形成関係の効力も覆されることになる。最近では，右の①説の立場をとる説が多い（市川太志「借地非訟事件の処理について」判タ967号26頁参照）。そのような場合には，借地非訟事件手続における形成関係についての決定内容と同じ形成関係に関する判決内容とを判例法上，同一平面，同一系列にあるものとして位置づけ，取り扱うということはできなくなる

であろう。もっとも，①のように考えるにしても②③のように考えるにしても，関係当事者間で，借地契約の存否が争われず，事案が一貫して借地権が存在するといえる場合に限ってみれば，決定による形成関係の判断内容をも判決が形成関係の判断を下すという場合の参考資料にするということができなくはない。東京高判平5・5・14判時1520・94は「このように期間満了が近い場合に本件申立を認容するためには，条件変更の要件を備えるほか，契約更新の見込みが確実であること及び現時点において申立を認容するための緊急の必要性があることを要するものと解される」といっている。しかし，現在の東京地裁非訟部では，借地法7条との関係を考慮して期間の延長をしていないということである（太田武聖「更新料」判タ695号31頁）。

3　借地権が存続する場合

　賃貸借契約の満了時に，更新拒絶の正当事由がなく，契約の更新が確実で，借地権の存否について争う余地もないという場合には，先にも述べたとおり，その財産給付に関する決定を，借地権存続の場合の参考例として扱うことができる。その例に数は少ないが次のものがある。東京地決昭和47年（借チ）第1033号昭48・3・6判タ295・302 6 では，「本件改築を許可すべきでないとする相手方の主張はいずれも採用しがたく，本件借地契約の残存期間の終期は昭和48年5月31日で，間もなく期間満了となるが，相手方は朽廃による借地権消滅に期待をかけるのみで，更新拒絶の正当事由についてはなんら触れないので，本件借地契約は，期間満了後更新されるもの

第3節　判決と決定の区分説

と認めるべく，本件の資料によれば，本件改築は，土地の通常の利用上相当であると認められるので，これを許可すべきである。」という。そうした状況を土台にして，財産給付についてこの決定は，「不動産鑑定評価の知識及び経験のない裁判官としては，その差異［本件借地権の現在の価格及び本件改築後の価格の差—筆者注］を求める術がない。不動産鑑定理論及び実務の進歩によりその差異が適正につかめれば，財産上の給付の個別化も可能となる。右の次第で，財産上の給付を，鑑定委員会の評価する本件土地の更地価格の約3％に当る48万円と定める。」といっている。

ところで借地権の存在が不安定な場合には条件変更・増改築許可の決定がなされることはない。最近の次の東京高決は，期間満了時に土地所有者が更新を拒絶する意向を予め明らかにしている時に特段の事情の存する場合でない限り期間を延長する条件変更を認めていないのである。

すなわち，⑧東京高決昭和63年（ラ）第113号平1・11・10判タ752・231は，「借地契約の存続期間が近い将来に満了する借地契約につき，借地権者から堅固な建物所有を目的とするものへの借地条件変更の申立てがなされた場合において，土地所有者が，右存続期間満了の際には契約の更新を拒絶する意向を予め明らかにしているときに，その借地非訟事件手続において，更新拒絶に正当の事由が認められないと判断した上，右借地条件変更の申立てを認容し，これに伴って借地権の存続期間を変更の効力発生時から30年に延長するとの形成的処分を行うときは，土地所有者は，対審公開の民事訴訟手続において借地権の存否（更新の成否）の確定を求める途を与えられないまま，実際上極めて長期間にわたり借地を回復し得ない結果となるから，現時点において，将来の更新の見込みが確実であるといえる場合であるか，更新の成否について本案訴訟による確定を待つことなく，借地条件を堅固な建物所有を目的とするものに変更しなければならない特段の事情の存する場合でないかぎり，右借地条件変更の申立てを認容するのは相当でない，と解される」という。

また，⑨大阪高決平成3年（ラ）第49号平3・12・18判タ775・171も同旨である。「(4)前記の如く，本件借地権は，それほど遠くない時期に，本件建物の朽廃により，終了する見込みであるのに，相手方が本件建物を取り壊して堅固な建物である鉄骨鉄筋コンクリート造マンションを建築すれば，本件土地の賃貸借契約の期間は少なくとも30年となり，更に30年後には，これが更新される見込みであること等の事実や，その他前記2に認定の諸事情を総合して考えると，前記1に認定の事情があるにしても，今，非堅固な建物である本件建物の所有を目的とする本件土地の借地権を，堅固な建物所有を目的とする借地権にその借地条件を変更することは相当でないというべきである。」という。①決定で借地権の存否について判断することはできないが，しかし判決でなら借地権の存否について判断をすることができるとする立場にたつと，決定と判決はそれらを同一平面，同一系列で取り扱うことはできない。②判決で借地権の存否について判断できる場合に決定でもその存否について判断をすることができなくは

ないが，判決の判断の効力のほうが決定の判断の効力よりも優先するという立場にたつ場合には決定と判断は同一平面，同一系列で取り扱うことはできない。しかし，③決定で借地権の存否について判断をすることができるし，それが先行してなされた以上，判決でそれと違った借地権の存否を判断することは禁反言の法理に反するという考え方の立場にたつなら，判決と決定はこれらを同一平面，同一系列において取り扱うことができる。

ところで，右の②の立場にたつとしても，更新の前後において借地権の存在を認めることが可能といった，判決と決定の優劣を問題にする必要がない場合には，両者を同一平面，同一系列において取り扱いうる。実際問題として借地非訟事件の決定がなされた後，判決で借地権の存否を争うといった厳しい対決は少ないという説もある（石栗正子「借地非訟事件の現状」判タ 1050 号 36 頁）。もちろん借地非訟事件の決定は借地非訟事件そのものにおける一前例として活用できる道がなくはない。そこで権利金における部分でも，更新料における部分でも，決定による財産給付についての判断（決定後訴訟による判決があったか否かは分からないが）をちなみにとあえてことわった上で参考例として附記している。もっとも判例時報のコメント（判時 740・67）（匿名）によれば，更新料につき，「現状では，借地非訟事件における附随処分としてなされる財産上の給付額の実例が参考になろう」と説いている。ちなみに，判決上，借地権の存否は不明だが，財産給付において更新料をとりあげた決定は，横浜地川崎支決昭和 52 年（借チ）第 10 号昭 53・7・7 事例集 4・182，東京地決平 5・1・29（石川稔＝伊藤進＝澤野順彦＝高崎尚志編・裁判にみる金額算定事例集（以下金額算定事例集と略）追録 28〜29 号 1183 の 20 頁）などがあり，決定の財産給付中に更新料とは表示していないが，実質的に更新料を算定しているものに東京地決昭和 47 年（借チ）第 14 号昭 48・2・1 判タ 302・266 などがある。

第4章　合意に基づく更新料授受

第1節　問題点

　学説には，借地法5条があるということなどを理由にして不動産賃貸借の更新には，法定更新以外に，合意更新があることを指摘するものがある（鈴木禄弥「東京高判昭51・3・24の判批」判タ339号124頁，梶村太市「借地借家契約における更新料をめぐる諸問題㊦」判タ342号57頁）。また，不動産賃貸借を更新する契約は和解契約なのであるから，その契約の中に地代家賃統制令などに違反しないともしている（伊東秀郎「東京高判昭45・2・18の判批」判タ265号71頁）。判決ではないが国家の後見的役割を関与させる借地非訟事件手続決定においてさえ，少数だが当事者間の合意によって更新料授受契約が約されるのでなければ，附随処分としての財産給付の中に更新料を算定の基礎にするということはできないとしている。

1　授受の法的根拠

　しかしながら，更新料の授受については，直接根拠にすることができる法規がないために，何かと制度上取扱いを進めて行くのに問題が多い。たしかに，学説には，前述したように借地非訟事件手続きに関する借地法8条の2などをその間接的な根拠とするものもあった。しかし，学説では，前述したように借地契約が存在するという点で決定と判決とを同じように取り扱いうる場合は別として，そうでない場合には借地法8条の2などを更新料授受の根拠とすることができないとする説が有力である。現在では，借地借家法6条，28条の「従前の経過」を根拠にするということが問題視されている。そうした場合を除けば，判決も説くように，更新料授受の根拠は，これを不動産賃貸借当事者間の合意，あるいは，その慣習におかざるをえない。

　更新料授受の合意の成立過程を問題にした上で，合意が成立したとする判例には，①東京高判昭53・7・20【107】借家（合意を法定更新の場合に適用容認），②東京地判昭57・10・20【108】借家，③最判昭59・4・20【101】＝【109】＝【145】＝【179】借地などがあり，合意は成立していないとする判例には，①東京地判昭48・1・27【110】借地，②江戸川簡判昭49・3・25【111】借家などがある。

　更新料授受契約が成立した場合には，その契約が借地法11条や借家法6条，借地借家

第4章　合意に基づく更新料授受

法21条，37条に照らして無効であるか有効であるか，その契約の効力をどう評価するのが妥当かということが問題となる。

有効判例は，①東京地判昭45・2・13【105】借家，②東京地判昭50・9・22【113】借家，などである。更新料授受契約の効力を判断する場合，その契約が，賃貸借解除契約との複合契約なのか否かといった契約構成のあり方，あるいは，更新料が異常に高額か否かなどといった更新料の金額が問題となる。

更新料授受契約を一部有効，一部無効とする判例は，①東京地判昭54・9・3【114】借家（賃料3か月の更新料のうち同2か月分有効），②東京地判昭56・11・24【188】借家（賃料5か月の更新料のうち同1か月分有効）などであり，無効判例は，東京地判昭46・1・25【115】借家などである。

木崎説（木崎安和「借家契約に於ける特約の効力」新借地借家法講座3　178頁以下）によると，更新料の効力に関する諸学説はこれを5つに分け，1 無効説，2 法定更新事案説，3 限定的法定更新事案有効説，4 みなし合意更新事案有効説，5 法定更新事案無効説，とされている。

2　授受合意と成立時期

前述したように，更新料授受契約はいかなる効果をもつかの問題を考える場合には，契約締結時の状況がどのようなものであったか，更新料授受契約が成立したのは賃貸借契約締結時であるか，満了時（更新時）か，それともそれらの中間時かが一つの判断材料となる。学説には，中間時だとすれば，更新料授受契約は，増改築の予定などを伴う場合でないと締結されることが少ないのではないかとするものがあった（宮崎「前掲論文」日本法学45巻2号73頁）。では，その更新料授受契約は，不動産賃貸借契約の成立時との関係で何時の時点で取り交わされているか。またその授受契約が成立するに至るプロセスではどのような事情が存在するかが問題となっている。これまで学説に，その点を問題にするものが皆無だったというわけではない。確かに，更新料授受契約の成立時期が何時であるかということによって，右授受契約のもつ意味合いも異なってくることを指摘するものがある。借地契約が更新される時点よりも20年も30年も前に，借地契約そのものの中に更新料授受契約が盛り込まれている場合に，契約当事者は，将来の更新時に貸主側に更新拒絶の正当事由があるというようなことを予測できるものであろうか，借地契約の当事者が30年後の更新料について算定方法を定めるのは困難といっている（中田眞之介・新版ビル賃貸借の法律255頁参照）。

しかし，借家判例では，更新料授受契約は当初の契約時に締結されたものが多いとされ，学説では浦野説（浦野真美子「更新料をめぐる問題」判タ932号136頁）は，借地の場合に満了時より遠く遡った時点で更新料授受契約がなされようとすると，更新料の算定基準が不明確か，明確にできるとしても一義的でないため，右授受契約の成否や効力の有無をめぐる争いが多い，その契約の成立期は当該更新期かあるいは前の更新期であるのが妥当であるとされている。そして，借地判例には，東京地判昭59・6・7【127】のように，更新料授受契約が存続期間20年の賃貸借の3年目に

なされているという場合に，その後17年の満了時点における事情は予測できないし，そうした更新料を更地価格の1割とすれば高額であるため右授受契約は法定更新の場合に適用できないとするものがある。

3 賃貸借成立期に成立

ところで，賃貸借契約成立時に更新料授受契約が成立するとするものがないわけではない。すなわち，①東京地判昭45・2・13【112】では，最初の借地契約成立時の昭和37年12月17日に更新料授受契約が成立。②東京地判昭57・10・20【108】では，最初の借地契約締結時昭和49年4月1日に更新料授受契約が成立。③東京地判昭61・10・15【126】では，借家契約締結時の昭和54年8月29日に更新料授受契約が成立。④東京地判平3・5・9【133】では，借家契約締結時の昭和49年2月1日ごろに更新料授受契約が成立。⑤東京地判平4・1・23【122】では，借家契約締結時の昭和63年11月7日に更新料授受契約が成立。借家の場合には，更新料授受契約が，最初の借家契約締結時になされている場合がより多く認められる。というのは借家の場合には，その存続期間が1年ないし2年というように借地契約の存続期間に比べて著しく短いため，その時点で先の見通しが立つからであるとされている。

4 中間期に成立

判例上，借地の場合に，更新料授受契約が，中間時，あるいは更新時になされたものは次の通りである。

①東京高判昭54・1・24【142】では，当初の借地契約の時期は昭和28年5月1日だが，更新料授受契約の成立期は，第1回目の期間満了時の昭和48年5月1日，②最判昭59・4・20【109】では，最初の借地契約成立期は昭和9年12月14日だが，更新料授受契約の成立期は，昭和51年12月20日の宅地調停成立期，③東京地判昭59・6・7【127】では，最初の借地契約の成立期は不明だが，更新料授受契約の成立期は，期間満了前の昭和39年11月15日である。

次に，借家の場合に，更新料授受契約が中間期に成立したのは，①東京地判昭48・2・16【169】で，借家契約成立時が昭和34年6月8日であるが，更新料授受契約の成立期は昭和41年1月19日，②東京地判平4・1・8【160】で，借家契約は昭和56年10月27日付で成立しているが，更新料授受契約の成立期は，昭和61年11月1日である。

ところで，更新料授受契約において，更新料の金額を具体的に定めず，相当な金額と定めるにとどまる場合は，契約の成否，有効，無効の評価はどうするかという問題がある。学説には，その場合，右約定は成立しないと解するものがないわけではないが，判例上では，必ずしもそうではない。たとえば，上の【169】は，契約上の表現は相当額の更新料となっており，その額についての協議が調わないときであっても，裁判所は鑑定の結果に依存し認定した金額で，更新料授受契約は有効に成立したものであると解している。すなわち，「本件建物賃貸借契約の期間満了に際し更新料を支払う合意が借家法6条，1条ノ2，2条に反するか否かを検討する。第1審被告Yは約定の更新料を支払うことにより，

第4章 合意に基づく更新料授受

第1審原告Xからの更新拒絶に伴う明渡請求等の紛争を免れるとの利益を得ると解せられ，とくに，Yは前記の如くかつて更新拒絶に伴う本件建物明渡訴訟において敗訴の苦境におちいったこともあるだけにその利益は一入である。このような事情のもとでは更新料の額が相当であれば，その支払の合意が借家人に不利な特約であるとは断定できないので，その効力は否定できない。

そして，本件賃貸借契約において，その額はまずXとYの協議により定められるべく，もし協議不調の際は通常支払われる相当額によるべき旨の合意が存することは当事者間に争いがないところである。前示の如く協議不調に終わった以上「通常支払われる相当額」をこゝに確定しなければならない」，といっている。

第2節 合意の成立・不成立

1 成立判例（成立途中のトラブル）

賃貸借当事者間では契約が成立するまでの途中において，激しいやりとりがあったが，終わりに何とか成立をみるに至った判例というのは次の通りである。

【107】 東京高判昭53・7・20 判時 904・68
（【117】と同じ）

[事実] 控訴人（原告）Xは，所有建物の一部を被控訴人（被告）Yに存続期間5年の約定で賃貸し，賃貸借契約が存続期間満了時にYの使用継続により法定更新されることなったが，その際にXがYに更新料授受の約定に基づいて更新料の支払いを請求した。しかし，1審ではX敗訴。そこでXが控訴した。更新料を授受する旨の合意が成立したか否かが，裁判で争われた。

[判旨]「当審におけるX代表者尋問の結果によると，YがXから更新料の支払請求を受けたのに対し，その支払いを免がれるために本件賃貸借契約締結につきYの仲介人となったAに更新料のことをYに告げなかったこととするように強請し，そのためAの営む不動産業の営業を遂行するに支障をきたすように諸種の圧力を加え，本訴を提起されるや右の強請に沿う証言を強要し，ひいては乙第二号証の書面をも作成させて本訴における証拠方法として援用提出したものであり，当審における右証人A及びその妻Bが尋問のための呼出しに応じないのは右の点に関しYと関わりあいをもつことを嫌忌したことによるものと認められる。……甲第二号証［その第12条第2項には，「尚，乙（Y）は店明渡し時又は期間満了時，賃貸物件の償却費として，一金六拾万円也を甲（X）に支払うものとす」，とある―筆者注］はC［当審における証人―筆者注］，A，Yの三者の間でYの意思に基づいて作成されたものと認めるのが相当である。そして，右第一ないし第三号証並びに別掲証人Cの証言及びX代表者尋問の結果によるとYはXに対し契約を更新する場合に更新料として金60万円を支払うことを約した事実が認められる。」

【107】では，それぞれに契約の成否を目安に証人間に証言のやりとりがあったが，結局，更新料授受の合意の成立が認められた。

第2節　合意の成立・不成立

【108】　東京地判昭 57・10・20 判時 1077・80
（【118】＝【143】＝【162】＝【184】と同じ）

[事実]　本件では，当初の賃貸借契約では，賃貸人原告Xと賃借人被告Yとの間ですでに更新料の支払いが約され，金額についても賃料額の1か月分として少なくともその決定基準が定められており，昭和51年4月7日に更新契約がなされ更新料も支払われた。しかし，昭和53年3月には更新の協議が成立せず，結局，法定更新したにもかかわらず，Yが右更新料の支払いをしなかったため，XはYに対し，右賃貸借契約を解除し，建物の明渡しを求めた。

[判旨]　「Xから更新に関する交渉・合意，更新料の請求・受領等の委任を受けていた不動産取引業者のAは，昭和53年3月31日の賃貸借期間満了に先立ち，同年3月中，Yに対し，再三電話であるいはY方を訪問して，Yの妻Bを通じて更新のことで話合いをしたい旨を申し入れたが，Y自身とは同年4月ころ1度玄関先で顔を合せたのみで，具体的な話合いをする機会を得ないままに時日を経過し，結局，Xは，同年度は更新の協議をすることをあきらめ，更新契約のないままで賃貸を継続することとしたこと，次いで，昭和55年3，4月中に，Aは，再三Y方に電話をし，また3回くらいY方を訪れ，最後はYに直接会って，2回分（昭和53年の分を含め）の更新料として賃料2か月分相当額の支払と賃料を月額5,000円増額することを求める旨を告げ，これに対しYからガス，水道施設の補修を求められたので，X代表者宅に集まって協議をすることとしてその日時を決め，Yに来訪を約束させたが，Yは，約束の日に同所に赴かず，再度約束した日にも同様であったので，3回目はAがY方へ赴くことにして日時を定めたが，その時は，Aが所定の時刻に10分くらい遅れた間に，Yが外出してしまい，結局協議がなされず，更新料の支払もなかったこと，なお，本件建物を含む1棟の建物内の他の賃借人らとXとの間にも，本件と同旨の期間の定め，更新及び更新料支払の約定があり，いずれも2年ごとに合意で更新がなされ，更新料が支払われていて，何ら紛争は発生していないこと，以上の事実が認められる。」とし，「本件契約の内容，昭和51年における更新の状況，他の賃借人らとの関係などからみて，XがYとの契約の更新及び更新料の支払について無関心で長期間放置していたとはとうてい考えられず」「本件の更新料は，当初の賃貸借契約においてすでにその支払が約定され，金額についても更新後の賃料額の1か月分として少なくともその決定基準があらかじめ定められており」「そうすると，Yは，昭和53年3月末日に賃貸借の期間が満了し，翌4月1日から更新されたことにより，更新後（更新前と同額）の賃料1か月分と同額の7万2,500円の支払義務を負うに至ったものであり，本件更新料の右のような賃料の一部たる実質に徴すると，右義務は賃借人としての重要な債務であるというべきであるから，（2年後の昭和55年にさらに更新料支払義務が生じたかどうかは措くとしても）Yが右更新料を催告にかかわらず支払わないことは，解除原因とするに足る債務不履行であると解される。これに加えて，賃貸借契約が当事者間の信頼関係を基調とするものであることに鑑みると，Yは，昭和53年3月末日の期間満了時にXから更新についての協議の申入れを受けたときには，これに応じて誠実に協議をなすべきであり，また，法定更新後は賃貸借が期間の定めのないものとなったとはいえ，昭和55年3，4月当時には，前回の更新契約時から4年を経過していたのであるから，少なくとも賃料改定の協議には応ずることが期待されたものというべく，Yが右両年の協議に応ぜず，むしろこれを故意に回避するものとみ

第4章　合意に基づく更新料授受

られてもやむをえない態度に出たことは，信頼関係を損うものというべきである。」

以上，若干の判例をみても，更新料授受契約について法規上に直接根拠となる規定を認めることができない。更新料授受の場合の根拠として授受の契約の存否が問題となっている。そのためか，更新料授受契約については，契約が成立するに至るまでの過程において，普通の契約の場合と比べると，当事者間の対立はより厳しく争いのあることが多い。

【107】のように，更新料授受契約の成立が認められた判例では，賃借人が，仲介人に圧力をかけて賃貸人から更新料授受契約の申込みがなかったものとして偽証させ成立そのものが訴訟で争われているケースもある。

【109】　最判昭59・4・20民集38・6・610（【101】＝【145】＝【179】と同じ）

[事実]　被上告人（控訴人・原告）Xは，昭和9年12月14日，上告人（被控訴人・被告）Y_1に対し，X所有の本件土地を賃貸借期間20年，普通建物所有目的で賃貸し，それには，無断譲渡・無断転貸禁止の特約がつけられていた。本件賃貸借契約は昭和29年12月14日，期間20年で更新され，その後，賃貸借には地上建物の無断増築禁止の特約がつけられたが，上告人Y_2（Y_1の妻）が，Y_1の債務の連帯保証人となり，右賃貸借は昭和49年12月14日，期間20年として更新された。その間昭和37年2月ではY_1は本件建物(1)を長男名義で無断増築し，建物(1)の敷地をY_2に無断転貸した。XはY$_1$に昭和50年6月13日，甲信託銀行の鑑定による更新料180万9,710円（更地価格の7割を借地権価格，その一割が更新料）の支払を求めたが，

Y_1がこれに応じなかったので，昭和50年10月30日，XはY_1との間で宅地の調停を申し立てた。その調停ではXはY_1の賃貸借契約違反行為（無断増築，無断転貸）を不問に付し，その解決料と更新料とあわせて一時金100万円を分割支払う旨の調停が成立した。その後，XはY_1に対し右賃貸借につき更新料の不払い，不信行為などを理由に契約解除の意思表示をし，建物収去，土地明渡を求めた。1審では「Y_1には，前記のとおりの信頼関係破壊行為があり，賃借人として極めて遺憾な点があることはいうまでもないが，いまだ本件賃貸借における信頼関係を完全に破壊するまでの行為があったとはいい難い」として請求棄却。2審では，その点「本件更新料の支払義務は，更新後の賃貸借契約の信頼関係を維持する基盤をなしていたというべきであり，しかも右更新料支払いの合意を，Y_1は弁護士を代理人とする調停においてしたものであり，支払期後は催告もされているから，その不払は右基盤を失わせるものとして，賃貸借契約を解除する原因となるというべきである。そして，本件について，前記認定事実によるとき，信頼関係を破壊しない特別事情があるとはいえないし，ほかに信頼関係を破壊しない特別事情の存在を認めるべき証拠はない」としてXの請求が認容された。そこでY_1Y_2が上告した。

上告人Y_1らはその上告理由において，更新料は将来の賃料たる性質を有しないし，異議権放棄の対価たる性質も有しない，また貸地人の増築，転貸に対する承諾があり，無断増築，無断転貸はない，更新料不払いで契約解除になるのは合意更新の合意，更新料授受契約であって法定更新上の賃貸借ではない。更新料授受契約違反は付随的義務違反であり基本的義務違反ではない，また調停で成立した合意の義務違反には，その合意に貸地人の債務名義があるので背信性が薄い，さらに本件では更新料は結果的には供

託されているから背信性が薄い，貸地人こそ信頼関係破壊の義務違反を立証すべきであって，信頼関係を破壊しない特段の事情は借地人によって立証されていないというがその主張には具体性がない，と述べている。

[判旨] Xは「昭和49年12月14日の賃貸借契約の更新に先立ち，同月12日Y₁に対し更新料の支払を請求する旨予め通告し，昭和50年6月1日A信託銀行株式会社の鑑定による本件土地の更地価格2,585万3,000円に基づき，借地権の価格をその7割にあたる1,809万7,100円とし，更に更新料をその1割にあたる180万9,710円と算定してこれをY₁に支払うよう求めた。㈦しかし，Y₁がこれに応じなかったので，Xは，昭和50年10月30日右更新料の支払を求めて宅地調停の申立てをした。調停は14回の期日が開かれ，主として，XとY₁の代理人として出頭した弁護士Bとの間で更新料の額と支払方法のほかに，前記のY₁の本件建物(1)の無断増改築，本件土地の賃借権の無断転貸，賃料支払の遅滞等の問題等についても話合がなされた。その結果，賃料に関する問題は，賃料の増額もあつてその賃料額及び支払額が不明確になつていたが，双方の言分の隔たりが大きく早急に合意に達することが困難な状態にあつたので，調停成立後，右の点につき更に話合いを続けることとした。そして，Xは，Y₁の前記の不信行為を不問に付することとし，不問に付したことによる解決料と本来の意味での更新料との合計額を100万円に減額する旨申入れたところ，Y₁はこれを了承し，右100万円を昭和51年12月末日50万円，昭和52年3月末日50万円と2回に分割して支払うことを約したので，昭和51年12月20日Y₁がXに対し更新料100万円を右のとおり分割して支払う旨の調停が成立した。」

【109】でも更新料授受の調停の成立が難渋した様子である。

2 不成立判例

【110】 東京地判昭48・1・27判時709・53
（【150】と同じ【154】の1審判決）

[事実] 賃貸人原告Xは慣習によって賃借人被告Yに更新料の支払いを請求していたが，Yはその慣習の存在を認めなかった。両者の呈示する更新料の金額にも開きがありすぎて，Yが更新料の締結に容易に応じなかった。この場合にXのYに対する更新料の支払請求が否認され，またXはYに賃貸借契約上の背信行為があるとして賃貸借解除，建物収去土地明渡しを求めたが否認されている。

[判旨] 「㈠ Xは，Yを相手方として東京簡易裁判所に対し調停の申立をなし，Yとの間で更新料の支払に関し協議する機会を設けたが，Yは右の調停期日に専ら代理人を出頭させ，自らは一度出席したに過ぎず，更新料の支払交渉につき必ずしも熱意を示さなかったため，結局右の調停は不調に終ったこと。

㈡ Xが前記調停の申立をした後は，X，Y間に感情的なわだかまりを生じ，日常の接触ないし交渉も従前に比して疎遠になり勝ちであったこと。

㈢ Yは，昭和42年8月15日夜半過までX方のステレオの音に悩まされたので，翌16日午前8時頃出勤のため自宅を出ようとしていたXに近づき，「お前のせがれはステレオの音を大きくさせて迷惑だ。お前は知らないのか。」と大声で注意したところ，Xが「（息子とは）部屋が違うから知らない。」と答えたので，その応待に対し，Yは，激昂していきなりXの胸部付近を両手で突いたうえ，なおもXの左手首をつかんで引っ張ろうとし，Xがこれを振り払おうとして

第4章　合意に基づく更新料授受

もみ合っているうち、Xは左肩関節を傷めたこと。

《証拠判断略》

しかしながら、前に説示したとおりYに法律上更新料支払の義務が存しない以上、YがXの申立てた調停に対して必ずしも熱意をもって臨まなかったからと言って、これを背信行為と評価することはできない。

また、前記調停の申立後、X、Y間の関係が従前に比して多少疎遠になったことも高々当事者の主観的感情的な次元の事象に過ぎず、特に取上げるに値しない。

次に、前記昭和42年8月16日のYの所為についてもXが前記調停の申立をした後は、X、Y間に齟齬を生じ、些細なことにも激昂しやすい心理状態であったとはいえ、YのXに対する言動、就中Xの身体に対し軽微ではあるが暴行に及んだ点は、社会常識に照らし些か穏当を欠くものであったことは否定できないけれども、反面XのYに対する応待にも全く問題がなかったわけではなく、Xの負傷にしてもYの害意にもとづくものと言うよりいわばはずみによって生じたものであり、また右の程度の事態は、感情的に齟齬を来たした当事者間においてはやゝもすれば起りうることであることを併せ考えると、未だ右の所為をもって本件賃貸借の継続に対する重大な障害と見ることはできない。」「一般的に法定的更新があれば賃貸人はその一方的請求により当然に更新料請求権を取得するとの慣習の存在が認められるとしても……借地法11条の規定の精神に照らしその効力を認めるに由ないものと解すべきである。」

この判決は、更新料授受をめぐって、調停でも合意に達せず、当事者間における合意の成立が、いかに困難であるかということを如実に示したものだが、裁判所は当事者間のエキサイトした状態は、いわば主観的感情的衝突にすぎないとして、信頼関係が破壊されたか否かの法的評価の対象から除いている。

なお、上記判決で、更新料の算式の理解の差については、昭和41年7月頃、XはYの妻に対し、「契約を更新する意思の有無を確かめるとともに、更新を希望するのであれば、世間一般の例にならい更地価格の5ないし10パーセントの割合による更新料の支払を受けたい旨申し入れたところ、Yは、同年10月頃Xに対し、Yと同様にXから土地を賃借している訴外Bが3.3平方メートル当り金5,000円の割合による更新料の支払をもって更新を認められた例を挙げて、これと同一条件で更新を認めてほしい旨回答し、双方の条件に相当な開き（ちなみに、Xは当時本件宅地の更地価格を3.3平方メートル当り金40万円と考えていたので、その5ないし10パーセントは3.3平方メートル当り金2ないし4万円となる）があったので、折合がつかなかったこと、その後Yは東京都の広報担当者や弁護士に相談した結果、更新料を支払う必要はない旨の教示を受けたので、その支払を全く拒絶するに至ったことが認められ」る、といっている。

【111】　江戸川簡判昭49・3・25判時753・81

［事実］　原告Xは、昭和45年10月26日、競落により、Aから建物の所有権を取得し、前所有者であった訴外Aと被告Yとの間の建物賃貸借上の賃貸人の地位を承継した。その賃貸借の内容は、契約の成立が昭和43年3月6日、賃料月40,000円、月末に翌月分支払、期間昭和46年4月30日までということであった。その

後，昭和48年7月17日，XはYに対し，昭和48年8月1日からの賃料を月100,000円に増額する旨，意思表示した。これは，賃料増額請求事件である。

[判旨]「本件建物の昭和48年8月1日以降の継続支払賃料は1ヶ月55,000円が相当であると評定し，さらに，原被告X・Y間には昭和46年4月30日期間満了時に更新料の授受がなかったから，比隣の建物賃貸借において慣行的に授受あるという更新料を，前記経済的耐用年数である5年間に償却することとして算出した月額18,000円を，右評定額に加算した金73,000円とするのが妥当であるとしているが，右更新料名義の金員の授受は当事者間に合意がある場合は兎も角，賃貸人の権利として法律上当然に請求し得る筋合のものではないと解する」という。

【111】は，賃料に更新料を加えた73,000円を評定額とするも，その合意がないため更新料請求権を認めていない。

判例上，更新料の場合には，更新料授受不成立のものもあれば，成立してもそのプロセスに困難をともなうものが多いが，しかし，権利金授受の場合には，そのような判例が少ない。これは，当事者間において権利金授受の場合に比べて更新料授受の場合には授受の必要性があまり強く認識されていないということの結果なのであろうか。

第3節　合意の有効・無効

これまでの判例では，成立した更新料授受契約はこれを有効とするものが多く，無効とするものは少ない。

1　有効判例

多くの判例では，更新料授受契約が有効であるか無効であるかを問題にする。更新料の金額が相当額であって，暴利性を伴わないという場合には，有効であるとしている。

借地契約を更新する場合の有効判例は，①東京高判昭54・1・24【142】，②最判昭59・4・20【109】，③東京地判昭59・6・7【127】であって，①では，更新料の金額は30万円であり，分割払いの特約が有効とされており，②では，借地権価格の1割の更新料授受契約が有効，③では，土地売買価格の1割の更新料授受契約が有効とされている。更新料授受契約は合意更新の場合に適用になるが，しかし法定更新の場合に適用にならないとしている。

借家契約を更新する場合の有効（一部有効）判例は，①東京地判昭45・2・13【112】，②東京地判昭48・2・16【169】，③東京地判昭50・9・22【113】，④東京高判昭54・2・9（法定更新の場合には適用否認）【129】，⑤東京地判昭55・5・14【130】，⑥東京高判昭56・7・15（法定更新の場合は適用否認）東高民時報32・7・166，⑦東京地判平2・7・30（法定更新の場合は適用否認）【132】，⑧東京地判平3・5・9（法定更新の場合適用否認）【133】である。その中①②③は，少なくともそれぞれの更新料授受契約は，借家法6条によっても無効にならず有効であるとする。③は，右授受契約は更新料が賃料の1か月分，⑦は，右授受契約が新賃料1か月分で，それぞれ更新料授受契約を有効であるとしている。

判例は，更新料授受契約は，更新料金額が相当なものである限り，強行法規である借地法11条や借家法6条を潜脱することなく有

第4章　合意に基づく更新料授受

効であるとするが，その相当額の更新料というのは，多くは，借家の場合なら約賃料1か月分，借地の場合なら約借地権価格の3％であるとしている。

【112】　東京地判昭45・2・13 判時613・77
　　　（【105】＝【137】＝【186】と同じ）

［事実］　原告Xは，被告Yに対し，昭和37年12月17日，所有建物を賃料月2万円，権利金20万円，存続期間昭和38年1月4日から2年，更新料8万円という約定で賃貸した。Yは期間満了時にXに右建物を明け渡さず，更新することを求めた。そこで，Xは更新料8万円と右約定により，賃料の増額を請求したが，Yは支払いをしないので，Xは右賃貸借を解除してYに建物の明渡しを請求した。

［判旨］　「原告Xと被告Yとの間に本件建物部分の賃貸借契約の成立時に，賃貸借契約の期間を更新するときは更新料8万円を支払うとの約定のあったことおよび右賃貸借契約が更新されたことは当事者間に争いがない。そしてこの約定を借家法第6条により無効とするべき理由はない。」「更新料は経済的には賃料の前払いの性格をもつ場合が多いが，法律的には賃料とは別個のものであるから，その催告は，本件賃貸借契約の解除権を発生させない。」

更新料授受契約を有効とするが，更新料の性質は法律的には賃料でないので，その不払いに対する催告は解除権を発生させないという。

【113】　東京地判昭50・9・22 下民集26・9～12・792，判時810・48（【136】＝【161】と同じ）

［事実］　控訴人（原告）Xは，訴外A会社に建物を賃貸し，同会社の職員である被控訴人（被告）Yがその建物を社宅として使用していたが，XとA会社の間に賃料1か月分の更新料授受の合意があったが，Xの二度の催告にもかかわらずA会社は授受合意の効力を争い，更新料を支払わないので，Xが，賃貸借を解除してYに建物の明渡しを求めた。

［判旨］　「更新料支払特約の法的性格について
近時，東京都内において，建物の賃貸借契約の締結に際し，将来契約が更新される場合更新料として何か月かの賃料相当額の金員を支払う旨合意される事例が必ずしも少なくないことは，当裁判所には職務上顕著である。そして成立に争いのない甲第5号証（賃貸借契約書）には，「期間満了により契約を更新する場合，乙は更新料として家賃1か月分に相当する金員を甲に支払うものとする。」との記載があるので，本件更新料支払の合意の性質も右に述べた都内の諸事例と同様であるとみてよいであろう。このような更新料支払の合意は，他にこれを妨げる特段の約定がない限り，期間満了時において賃貸人が賃借人に対し，合意した一定額を受領し契約を更新する旨の意思表示をした場合には，それまでと同一の契約内容（期間の点も含む。）で賃貸借契約が新規に成立する（合意更新）が，同時に賃借人には約定の賃料とは別に賃料（物件使用の対価という意味での）前払として当該一定額を支払う義務が発生する，とする趣旨の合意と解するのが相当である。

更新料支払の合意を右のように解する場合には，賃貸人の意思表示により賃借人に更新料支払の義務を生じることが借家法第6条に反しないかが問題となるが，賃借人の立場からすれば，約定更新料を弁済提供すれば，更新前の契約と同じ賃借期間が確保されることとなるのであるから，法定更新される場合と比較して一方的に賃借人に不利な特約とは言えず，従って更新料

第3節　合意の有効・無効

の額が1，2か月の賃料相当額である限り実質的に借家法第6条を潜脱するための特約とは言えない。」

【113】は，金額が賃料1，2か月分である限り，更新料授受契約が書面化されている場合に，その契約は借家法6条に反せず有効とするが，その背景には東京都内の慣行の存在があるようである。

2　一部有効一部無効判例

【114】　東京地判昭54・9・3判タ402・120

[判旨]「本件賃貸借契約中に，契約終了後引続き再契約の場合の更新料は賃料の3ケ月分とする旨の更新料支払の合意があることは当事者間に争いがないところ，被告Yは右合意は借家法6条に違反し無効であると主張するのでこの点につきまず検討する。

賃借人は，右のような更新料支払の合意により，約定の更新料を弁済提供すれば，更新をめぐる賃貸人，賃借人間の紛争を回避できるばかりでなく，更新前の契約と同じ賃借期間が確保されることとなるのであるから，法定更新される場合（この場合，期間の定めのない賃貸借となる。）と比較して一方的に賃借人に不利な特約とはいえない。従つて更新料の額が相当額である限り，更新料支払の合意は借家法6条を潜脱するものではなく有効と解すべきである。そして借家法の立法趣旨，賃借期間等を考慮し，本件の場合賃料の2カ月程度を限度とするならば有効と解される。そうだとすれば，本件賃貸借契約の更新当時の賃料が1ケ月4万5,000円であることは当事者間に争いのない本件においては，原告XのYに対する更新料請求は，9万円を限度として理由がある」（他に東京地判昭56・11・24【188】）。これは，法定更新の場合に比べ，合意更新の場合に賃借期間が確保できるので，賃料2か月分の更新料を支払うことは賃借人にとって不利とはいえないとする。そこでは3か月の更新料授受契約を2か月の範囲内で有効としている。

3　無 効 判 例

【115】　東京地判昭46・1・25判時633・81
（【173】＝【182】と同じ）

[事実]　原告Xの所有地を被告Yの夫訴外Aが建物所有目的でXから賃借した。YとAは借地上に建てた2建物のうちの一つに住み，他の一つは賃貸しその賃料収入で生活していた。昭和43年1月Aが死亡し，Yが借地人の地位を相続したが，Aは生前Xとの間で，借地契約の合意解約と同時に継続料100万円の支払いを条件とする新規の借地契約を締結していた。しかし，Aが右100万円のうち25万円しか支払わなかったので，XがYを相手どり建物の収去と土地の明渡しを求めた。

[判旨]「本件合意は畢竟借地法4条または6条による更新請求ないし法定更新の規定を潜脱し，いわば，更新の効力の発生を借地人からする100万円の支払の有無にかからせる趣旨のものと解すべきであって，無効というほかない。

即ち，借地法4条または6条によると，借地上に建物を所有する借地権者が，「借地権消滅ノ場合ニ於テ契約ノ更新ヲ請求シタルトキ」或いは「借地権ノ消滅後土地ノ使用ヲ継続スル場合ニ於テ」いずれも正当の事由ある土地所有者が遅滞なく異議を述べない限り「前契約ト同一ノ条件ヲ以テ更ニ借地権ヲ設定シタルモノト看做」されることになっており，建物を所有する借地人の借地使用継続が十分保障されているのであ

第4章 合意に基づく更新料授受

る。もっとも同法5条においては当事者の合意によって契約の更新される場合のあることを規定しており、この場合は多く、賃料の補充としてのないしは紛争を避止して円満に借地使用を継続し得る利益の対価としての意味をもつ更新料名義の金員の授受が約されるのであるが、かかる更新の合意も法定更新を終局的に排除するものではなく、借地人の更新料支払義務の不履行によって更新の合意が解除されることがあっても土地所有者に正当事由のない限り法定更新によって借地使用は継続され得るのである。しかるに本件合意の内容は従前の借地契約を一旦解約するのであるから、継続料の支払がない以上、もはや借地使用を継続し得ないとするもので、借地人にとって極めて不利益なものである。もとより事情によっては、当事者がその自由な意思でかかる合意をすることもあり得よう（例えば和解）が、かかる合意をなすにつき客観的、合理的な事情のみるべきものがない本件の場合には（XとAとの間の前記紛争の存在も借地契約の解約を含む本件合意がなされたことを首肯させるものではない）、合意成立の過程において借地人の側に無知その他通常人の対等の契約関係とは異なる劣位の事情の存在を推測させるのであって、このような事情の下で成立した本件合意は前記更新の各規定を潜脱するものとして借地人のためにこれを否定するのが借地法の趣旨に則る所以である。」という。

この【115】では、右の複合契約の内容が、継続料を支払わないと、賃貸借を存続できなくなり賃借人に著しく不利な内容となっているため、賃貸借当事者間では賃借人が無知であって賃貸人との関係で劣位におかれていると推察できるから、継続料授受契約は無効であるとしている点に特色がある。

契約成立後の更新料授受契約は、その金額が賃料2か月分までなら有効であって、それ以上は無効であるとしていた。およそ、一部有効、一部無効の法理というものは、一部の限度で更新料授受契約を有効とし、かつ賃貸借契約も有効とするのであるから、全部を無効とし、その上で、異なった当事者の間で新たに一部有効の更新料授受契約と賃貸借契約とを合意し直すという手数を省くものであって、そのため限度内での更新料授受契約の賃貸人の仮設的意志を擬制するものである。

4 学説の有効・無効説

学説上、更新料授受契約を一般に無効とするのは篠塚説である。しかしながら、その篠塚説も前述の広中説と同様、賃貸人に更新拒絶の正当事由ある場合に限って、異議権放棄等の対価の授受は有効としているため、有効説にしても無効説にしてもそれぞれの説が立論の前提とする関係には差異があるということに留意する必要があろう。すなわち、篠塚説も場合によって無効説と有効説があることを区別して認めていることになる。同じような観点からすると、更新料の性質を紛争解決金と解する鈴木（禄）説も甲斐説もまた、更新料授受契約の成立時点で将来を予想し、少なくとも更新拒絶の正当事由がないとはいえない場合を前提にした立論ではなかろうかと思われる。

いずれにしても、成立した更新料授受契約の効力はこれをどう見るべきものであろうか。

更新料授受契約という契約は有効か無効か。効力の存否を判断する評価基準はこれをどこにおくべきものであろうか。従来学説は、そのような効力の評価基準を、民法90条、借

地法4条・6条・11条,借家法1条ノ2・2条・6条におき(地代家賃統制令が施行されていた当時は,同令3条により),更新料授受契約自体を無効であると解する説もあった。

学説には,更新料授受契約についての無効説は少数説であって,多数説は,この契約を,その更新料の金額が相当であり,更新料の性質も納得できるものである限り,有効であると解している。

同じく合意を更新料授受の根拠にするにしても,その授受契約の内容は,借地の場合と借家の場合とでは甚だしく異なっている。更新料の金額が,借地の場合には,地代家賃の100倍,200倍という高額であるが,それに反し,借家の場合は,家賃月額と同額あるいは2,3倍という低額である場合が多い。そのような両場合における更新料額の高低は,なるほど土地賃貸借の存続期間と建物賃貸借の存続期間の長短に照応するといった面があるのであろう。その場合,借地の場合の更新料も,借家の場合の更新料も,実質において賃料であるとすれば,それを貸主は,借主に対し,更新料名目で徴収しようとはしないで,何故に増額賃料の徴収という形をとって徴収しないのであろうか。

更新料授受契約の有効無効に関する学説,たとえば,篠塚説(篠塚昭次・不動産法の常識下81～82頁)は,借地契約は存続期間満了時に無償でそのまま延長されるのが原則だが,しかし,借地契約が,満了時に賃貸人側に更新拒絶の正当事由があるため更新されないという場合に,当事者間の合意で賃貸借を更新するとすると,新しく賃貸借を締結することと同様のことになるから,その際,更新料や権利金が授受されるのは差し支えない,としている。

また,山田(卓)説(古山宏＝水本浩編・借家の法律相談[増補版]399頁[山田卓生])も,更新料授受契約の効力を正当事由があるかないかその存否が不明な場合は,無償で法定更新を認める借家法の趣旨のほうを優先させて無効であると評価し,その上で更新料は借家における需要供給のアンバランスから生ずるものとする。借地の場合と借家の場合とを分けて更新料の認否を考える星野説(星野英一・借地・借家法495頁)は,借家の場合には,賃貸借の存続期間が短いため,更新料によって連年累積の賃料不足分を補充することは不必要であるから,その場合の更新料授受は不合理であるとし,しかし,借地の場合には,賃貸借の存続期間がきわめて長いため,そのような更新料授受は合理的,かつ,その授受があれば,賃借人にとって賃貸人が更新拒絶の異議を申述することができないところに利点があるとされる。

ところで,更新料授受契約は,そこに暴利性が認められなければ,有効であるとする学説が多い。たとえば,伊東説(伊東「前掲判批」判タ265号71頁)は,賃貸借当事者間で右正当事由の存否如何にかかわらず,賃貸人が更新に異議の申述をしないことの代償として更新料が授受される場合の契約は,和解ないし,和解に準ずる契約である,としている。鈴木(禄)説(鈴木(禄)「前掲判批」判タ339号124頁)は,借地契約において,更新のうち法定更新の場合は更新料授受は必要でないが,合意更新の場合は更新料授受契約成立の時点で,更新拒絶の正当事由があるかないかが分

第4章　合意に基づく更新料授受

らない場合には，賃借人は，存続期間満了時に賃貸借が更新拒絶になるという危険を回避するため賃貸人に更新料を支払うことに合理性があるとしている。広中説（広中俊雄「最判昭59・4・20の判批」判時1129号188頁，評論310号26頁）は，更新料というものは異議権放棄の対価であって，それを授受することは地代家賃統制令12条との関係が問題になる場合でも，和解や調停で，その更新料が授受なされるのは有効であるとしている。太田（武）説（太田武聖「更新料」判タ695号28頁）は，更新料の性質は合意やその解釈によって決するほかないが，紛争解決金と解し，それを授受することは賃貸借の更新，継続を円滑に行い賃借人に不利益を与えることにならないから，借地法，借家法の趣旨に反することなく，有効であるとしている。

第4節　更新料授受契約と法定更新

1　適用容認判例

　合意更新のための更新料授受契約は法定更新の場合にも適用になり有効であろうか。適用を認めるとすると法定更新の場合は，更新料が授受されない場合には法定更新による賃貸借も契約解除されることになることもあり，それだけにことは重要である。

【116】　東京地判昭51・7・20 判時846・83

（【139】＝【167】＝【187】と同じ）

　[事実]　原告Xは，昭和42年10月17日，居室を被告Yに賃貸し引き渡した。賃貸借契約は昭和44年に更新され昭和46年10月17日の時点でのその契約内容は，期間2年，賃料3万3,000円，更新料賃料月1か月分という約定であった。ところが，事案は賃貸人が昭和48年10月17日に法定更新されることになったが，更新料授受契約が法定更新に適用になるか否かが争われた（Xは更新拒絶の通知をせず，満了日に異議を述べなかった）。更新料授受契約は中間期（更新の2年前）に成立している。

　[判旨]　「2㈠原被告XY間で，昭和46年10月17日の更新の際契約期間満了後さらに更新するときは更新料として賃料1ケ月分相当額の金員を支払うとの約定があったことは，当事者間に争いがなく，㈡成立に争いのない甲第1号証及び弁論の全趣旨によると右甲第1号証は本件賃貸借が昭和46年10月17日更新されたさい，XY間にとりかわされた賃貸借契約証書であるところ，その第3条の2項に「本契約期間満了の場合乙（借主）は1ケ月分の賃料を更新料として甲（貸主）に支払うことにより更に本契約と同一条件にてこの契約を継続することができる。但し乙は期間満了3ケ月前に甲に対して書面による更新の意思表示をしなければならない。」旨，またその第4条の2項に「本契約期間満了と同時に当事者が解約する場合には，甲は6ケ月前に，乙は3ケ月前に各々相手方に対し書面による解約の予告をしなければならない。」旨それぞれ規定されていることが認められ，以上の㈠，㈡の事実に通常の取引の実情，前示のように本件賃貸借には借家法の適用をうけるものであること，及び弁論の全趣旨をあわせ考えると，右更新のさい，XY間に借主であるYにおいて期間満了の場合1ケ月分の賃料相当額の更新料を支払えば賃貸借を更新することができ，一方貸主であるXにおいて，少くとも借家法所定の更新拒絶をせず，かつ期間満了のさい同法

第4節　更新料授受契約と法定更新

所定の異議を述べないとき（したがって法定更新されたとき）にはYに対して1ケ月分の賃料相当額の更新料を請求しうることが合意されたと認めるのが相当である。」

【117】 東京高判昭53・7・20 判時904・68
　　（【107】と同じ）

［事実］　前掲【107】参照。
［判旨］　「前掲甲第1及び第2号証には更新は合意ですることができる旨を定めているが，合意がない場合に更新が行なわれず，したがって借家法2条の法定更新の規定が排除され賃貸借契約が当然に終了し直ちに明渡義務が発生するものとも断ぜられないので，本件賃貸借については法定更新が行なわれたものというべきところ，右甲第2号証には右合意更新の定めを受けて「期間満了時」に賃貸借物件の償却費として金60万円を支払う旨，甲第1号証には，同じく合意更新の定めを受けて「契約を更新する場合」は更新料として金60万円を支払う旨を定めているところから更新料の支払いは合意更新の場合に限るとも解せられる表現を用いているが，更新料の性質上法定更新の場合を除外すべき何らの根拠もないので，法定更新が行なわれた場合にもなお更新料を支払う義務があるものというべきである。」

【118】 東京地判昭57・10・20 判時1077・80
　　（【108】＝【143】＝【162】＝【184】と同じ）

［事実］　前掲【108】参照。
［判旨］　「本件の更新料は，当初の賃貸借契約においてすでにその支払が約定され，金額についても更新後の賃料額の1か月分として少なくともその決定基準があらかじめ定められており，《証拠略》各契約書の文言上も「期間満了時に更新する場合」「期間満了後更新する場合」として，右支払に関して更新の事由を限定していないこと，本件賃貸借は，期間を2年と定め2年ごとの更新を予定するとともに，更新のたびに新賃料1か月分と同額の更新料を支払うものと定めているところからみて，更新料は，実質的には更新後の2年間の賃料の一部の前払たる性質のものと推定しうること，このように，更新料が使用の対価たる実質のものである以上，賃借人が賃借を継続するかぎり，更新の原因がいずれであるかを問わずこれを支払うべきものとしても，賃借人に不利益であるとはいえず，むしろ，本件のように，賃借人が更新の協議に応じない間に期間が満了して法定更新された場合には更新料の支払を免れるとすれば，かえって，公平を害するおそれがあることなどを総合して考えると，本件賃貸借においては，法定更新の場合にも，被告Yは更新料の支払義務を免れないと解するのが相当である。」

この判決の適用容認理由というのは①契約上の表現が単に更新するといい，合意更新と法定更新を区別していないこと，②更新料の性質が建物の使用料である賃料であるところから，法定更新の場合にも考えうること，③法定更新になった原因が，賃借人が賃貸人との間で更新料の協議に応じないことにあるのでその場合に賃借人が更新料を支払わないと賃借人と賃貸人との関係で不公平になることである。

【119】 東京地判昭59・12・26 判タ556・163
　　（【146】と同じ）

［事実］　昭和32年12月19日，XはYに対し，建物の一部を賃貸し，昭和53年3月20日，更新期間5年，賃料8万円，用途店舗および居宅，

第4章　合意に基づく更新料授受

保証金（更新料）新賃料の8か月分などという約定をとり交わした。そして本件賃貸借契約は，昭和57年12月18日，法定更新された。XはYの保証金不払いなどにより契約を解除した。

［判旨］「前記のとおり，請求原因1㈠(4)の保証金［更新料—筆者注］条項［被告は，金64万円を保証金として差入れるものとし，保証金は年20パーセントの割合で償却する。契約期間満了による更新時には，あらためて，新賃料の8か月分相当額の保証金を差入れることとし償却率は2パーセントとする—筆者注］の存在については，当事者間に争いがなく，それによれば，「更新時」に保証金を「差入れる」こととなつており，そこにいう「新賃料」とは，更新後の賃料，すなわち法定更新では借家法2条1項にいう「前賃貸借ト同一ノ条件」である従前の賃料ということになる。従つて，保証金支払義務が存在すると認められる（その支払義務の効力については後述する。）。」

この判決では，契約上の新賃料とは，従前の賃料のことであって合意更新による新賃料としては解しえないことを適用容認理由にしている。

【120】　東京地判昭61・10・15 判時1244・99
（【126】＝【191】と同じ）

［事実］　ビルの3階一室をスナック用に賃貸している場合に，最初の賃貸借契約締結時に更新料授受契約が取り交わされた。賃貸借の契約内容は，存続期間昭和54年9月5日から，5年間，賃料月5万円，共益費月5万円，保証金2,520万円，本件契約を期間満了により更新する場合には賃借人被告Yは更新と同時に賃貸人原告Xに対し更新料330万円を支払い，また追加保証金330万円を支払うことになっていた。Xは，賃貸借が法定更新になった際に約定更新料と追加保証金の支払いをYに請求したが，Yは，この更新料特約および追加保証金特約は失効している，また，Yは，昭和59年7月頃，本件更新料特約および本件追加保証金特約に定める更新料および追加保証金は高額すぎるため減額を求める，と主張した。

［判旨］「本件契約の契約書作成当時は，契約の更新の態様について，合意更新と法定更新とを特に意識して区別してはいなかったが，昭和56年ころから，賃借人との間に後日生ずべき紛争を防ぐために，契約の更新について約定する場合には，右両者を含むことを契約書に明記するようになったと認められることを併せ考慮すると，本件更新料特約及び本件追加保証金特約においていう契約の更新の意義については，原告Xと被告Yとの間の合意による更新の場合のみならず，法定更新の場合をも含む趣旨であったと認めるのが相当であり，他に右認定を覆すに足りる証拠はない。」

【120】では，訴訟外の紛争でも，訴訟上の紛争でも，将来の紛争を予防するため，更新料授受契約を合意更新の場合でも法定更新の場合でも，ともに適用があると契約書に明記した点に特色がある。

【121】　東京地判平2・11・30 判時1395・97
（【163】と同じ）

［事実］　賃貸人原告Xは，賃借人被告Yに対し，昭和53年7月ころ，店舗建物を，存続期間同年7月1日から3年，賃料月12万円，更新の場合，双方協議のうえ更新料を定めるという約定で賃貸し，その後2回更新されたが，昭和62年6月1日，賃料を月20万円に増額し，更新料として33万円の支払いを求めた。しかし，YはXに対し賃料の増額を拒否し，更新料の支払い

第4節 更新料授受契約と法定更新

も拒絶し，結局，契約は昭和62年7月1日から法定更新された。XがYに対し賃料増額と更新料の支払いを請求した。

［判旨］「本件賃貸借契約書によれば，右各契約書第14条3項には，「（特約事項）」という副題のもとに「更新の場合の更新料は甲乙協議の上定めるものとする。」との記載があり，右約定は本条の他の項（1，2，4及び5項）とともにいずれもYのXに対する具体的な義務を定めたものであると認められること，以上の事実によれば，本条は，XとYが本件賃貸借契約更新時に更新料を支払うことを前提にしつつ，その金額を具体的に定めず，まずXY間の協議に委ね，右協議が整わなかった場合には相当額の更新料を支払うべき旨合意したものと解するのが相当である。なお，本条が，本件のように法定更新された場合にも適用があるか問題となるが，本条の文言上「更新の場合」として，更新料の支払に関して更新の事由を限定していないこと，右更新料は実質的には賃料の一部の前払いとしての性質を有するものと推定されること，賃借人が更新契約をせずに法定更新された場合には更新料の支払義務を免れるとするとかえって賃貸人との公平を害する恐れがあることなどを考えると，本件賃貸借契約においては法定更新の場合にも本条の適用があり，Yは更新料の支払義務を負うものと解するのが相当である。」

この【121】は，適用容認理由につき，賃借人が協議に応じないため法定更新になったこと以外，東京地判昭57・10・20【184】と同じ理由をあげているが，ただそれと異なるのは協議で更新料の金額を定めることとし，あらかじめ定めなくとも相当額での更新料授受契約であるとしそれを法定更新の場合適用していることである。

【122】 東京地判平4・1・23 判時1440・109
（【174】と同じ）

［事実］ 原告X会社は，被告Yに対し，建物を賃貸していたが，昭和63年11月7日，賃料月5万3,000円，管理費月6,000円，存続期間昭和63年11月25日から1年間，更新の際は，期間1年，更新料は新賃料1か月分ということで契約が更新された。平成元年（昭和64年）11月25日更新の合意がまとまらず，法定更新となった。XはYに対し更新料の支払いを請求した。

［判旨］「法定更新の場合にも更新料支払の義務があるかどうかは，特約の内容にもよることであるが，昭和63年11月7日付けの本件賃貸借契約書においては，更新料支払を合意による更新の場合に限定しておらず，賃料の補充ないし異議権放棄の対価という本件更新料の性質から考えても法定更新の場合を除外するだけの理由はないから，本件の場合，法定更新の場合にも更新料支払の義務があると解すべきである。」

【122】，更新というだけで合意更新，法定更新を区別しないこと，また更新料の性質が賃料の前払い，異議権放棄の対価であることから，合意更新，法定更新の場合に更新料を授受する契約が適用になるという。

【123】 東京地判平4・9・25 判タ825・258
（【141】と同じ）

［事実］ 原告Xは，被告Yに対し，建物を昭和51年2月頃から賃貸し，昭和61年2月24日，XY間で次のような更新契約を締結した。期間5年，賃料月8万4,700円，管理費月500円，使用目的店舗，契約を更新するときは，賃料10か月分を支払う。ところが，XはYに対し平成

3年2月27日，右賃貸借の更新を拒絶し平成3年8月31日をもって契約解除を通告した。さらに，平成3年10月31日，XはYに，かりに法定更新があったとしてもYが更新料を支払わないと，信頼関係を破壊するということになるため，賃貸借契約を解除するとして賃貸建物の明渡しを請求した。

[判旨]「1 法定更新における約定更新料の支払義務について……当裁判所は，約定更新料の支払いが賃料の前払い的性格を有するものとしてその支払いを有効と認める以上，著しく不公正となる場合を除いて，原則的には，更新料の支払約定の履行は，法定更新の場合においても，信義誠実を旨とする契約原則に相応しいものであり，公平の原則に合致するものであると思料し，したがって，法定更新の場合でも，約定に反して約定更新料を支払わないのは，契約上の信義則違反として解除の対象となる場合もあると解するのを相当とする。

2 しかしながら，支払われるべき更新料が慣行として認められている額を超えているとか，賃貸人と賃借人が公平な関係になく，適正な更新料と認められない場合は，更新料を支払う義務はないものというべきである（多くの場合，合意更新においては更新料の支払いをもって合意が成立するから，問題が生じるのは法定更新の場合であることが推定される。）。

そこで，本件においてみるに，本件契約において，Yは新賃料の10か月分の更新料の支払いを約定しており（争いのない事実），この額は，本件契約と同一地区での3年契約の場合1.5か月分もしくは2か月分という慣行（A鑑定）に照らしても著しく適正額を超えていることが明らかであり，かつ，従前のXとYの関係においても，YはXの要求する更新料を支払わない限り契約を更新してもらえないものと信じて，やむなくXの要求を受け入れて10か月以上の更新料を支払ってきたことが窺われる（Y本人尋問の結果）ことからみて，本件更新料は賃料の前払い的性格を超えたものというべきであり，適正な更新料ということはできないものであるから，Yが本件更新料を支払わないことをもって，Xに対する信頼関係の破壊に当たるものということはできず，X主張の本件解除は有効とは認められない。」

ここでは，以上のように原則的には信義誠実則と公平則とが積極説の理由となっている。しかし，本件では，結論としては更新料の金額が賃料10カ月なので賃料の前払いとみられないことなどのため，更新料授受契約はこの法定更新の場合に適用にならないとしている。

【123】は更新料授受契約を法定更新の場合に原則的に適用，更新料額が異常に高いなどの場合に例外的に不適用と解するものである。

【124】 東京地判平5・8・25 判タ865・213，判時1502・126（【164】と同じ）

[事実] 原告Xは，昭和62年11月25日，所有建物を被告Yに対し，使用目的飲食店，存続期間3年，賃料月32万4,990円，管理費月7万0,650円，更新料新賃料3か月分で支払うという約定で賃貸した。平成2年5月11日，Xは期間満了前に賃借人Yに更新の場合の新賃料，新管理費の金額を通知したが，Yは，契約の更新は希望するが，更新料の支払いはしないと拒絶した。結局，両者間の新賃料などについての協議がととのわないまま法定更新された。YがXの催告に応ぜず更新料の支払いを拒絶したため，Xが右賃貸借を解除した。

[判旨]「本件賃貸借の契約書には，2条2項として，「契約期間満了の場合は甲乙協議の上更新出来るものとし，更新の場合は更新料として

新賃料の参か月分を甲に支払う。」と記載されていることが認められ，右文言のみからすれば，合意による更新を念頭に置いたものとみられないこともないが，しかし，①賃貸借が期間満了後も継続されるという点では，法定更新も合意更新も異なるところはなく，右文言上も，更新の事由を合意の場合のみに限定しているとまでは解されないこと，②本件賃貸借の契約書（《書証番号略》）では，契約期間が満了しても更新条件についての協議が調わないときは，「引続き暫定として本契約を履行する」ものとする旨定め（16条3項），法定更新の場合にも，契約書の定めが適用されるものとしていること，③本件賃貸借が期間を3年と定め，3年ごとの更新を予定して，新賃料を基準とする更新料の支払いを定めていることなどからすると，右更新料は，実質的には更新後の3年間の賃料の一部の前払いとしての性質を有するものと推定されること，④本件のように，当事者双方とも契約の更新を前提としながら，更新後の新賃料等の協議が調わない間に法定更新された場合には，賃借人が更新料の支払義務を免れるとすると，賃貸人との公平を害するおそれがあることなどを総合考慮すると，本件賃貸借においては，法定更新の場合にも更新料の支払いを定めた前記条項の適用があり，Yはその支払義務を免れないと解するのが相当である。」

その他，最近の適用容認判例に次のものがある。

【125】 東京地判平10・3・10判タ1009・264
（【175】＝【185】と同じ）

[事実] 昭和50年7月31日，原告Xは被告Y会社に対し，X所有の建物を賃貸した。賃貸借期間は5年であったが，5年ごとに契約が更新され，その後平成7年7月31日に契約は法定更新された。その際更新料が支払われている。この不動産賃貸借の当時の契約内容は，期間5年間，賃料月40万円，月25日支払い，管理費3万8,100円，使用目的店舗事務所，物置設置使用料月2万1,800円，新賃料及び管理費の合計金額2か月分，Y会社は，本件建物の造作，模様替え，附属建物の新設，撤去など原状を変更するときは予め文書による承諾を得て実施すること，代表者変更の場合，直ちにその旨を書面にてXに届け出ること，更新料は87万6,200円であること，であった。法定更新時にYが更新料を支払わないため，XはYが信頼関係を破壊したとし，賃貸借契約を解除し，右建物の明渡しを求めた。

[判旨] 「3 更新料の支払義務の有無について

(一) 証拠（甲一の二）によれば，本件賃貸借契約においては，特約条項として「賃貸借契約更新の場合は更新料として賃借料及び共益費合計額の2ヶ月分を乙（被告Y会社）は甲に支払うものとする。」と定められているところ，第3条の賃貸借期間の条項には「但し期間満了6ヶ月前に上記契約期間を更新するかどうかを協議することとし，協議をしないときは上記契約期間終了と同時に本件賃貸借契約は終了するものとする。」と定められている。

(二) 借家契約における更新料支払の特約については，その内容いかんによっては，借地借家法30条により無効となる場合はあり得るとしても，本件においては，使用目的は店舗・事務所であること，賃貸借の期間も5年であること，更新料の額も87万6,200円であることからすると，使用目的及び賃貸借期間と比較してそれほど高額とはいえず，更新料の性質については見解が分かれるところではあるが，賃料の補充ないし異議権放棄の対価の性質を有すると解するのが相当であることも併せ考えると，本件にお

第4章　合意に基づく更新料授受

ける更新料の特約については，必ずしも不合理なものとはいえないというべきであるから，右特約は有効であると認めることができる。

　㈢　次に，本件において，被告Ｙに更新料支払の義務があるかどうかであるが，右㈠によれば，第3条の条項を併せて考えても，更新料の支払を合意による更新の場合に限定しているとは認められず，賃料の補充ないし異議権放棄の対価という更新料の性質，合意更新の場合との均衡という点にも鑑みると，本件の場合においては，法定更新の場合を除外する理由はないというべきであるから，結局，Ｙには，Ｘに対して，更新料として87万6,200円を支払う義務があるというべきである。」

　以上の判例によると，法定更新の場合にも更新料授受契約が適用できる理由というのは次のとおりである。

　①　賃貸借契約中の更新料授受契約には，その適用範囲に合意更新のほか，法定更新が入ることを明記している【120】。

　②　右更新料授受契約によると，解釈上，そこでいう更新には，合意更新以外に法定更新も含めるとする【116】。

　③　更新料の性質上更新料は合意更新の場合の賃貸借にも法定更新の場合の賃貸借にも適用になる【117】。

　④　更新料授受契約における更新料は新賃料の何か月分とあるときの新賃料とは従前賃料のことである【119】。

　⑤　賃借人が合意更新の場合には更新料が支払ってもらえるのに反し，法定更新によって賃借物を継続し利用できる場合に更新料を支払ってもらえない，それは賃貸人にとって不公平である【118】。

　⑥　法定更新自体の場合において賃借人が更新料を支払わないのは賃貸人に対し不公平である【124】。

2　一部適用容認一部適用否認判例

【126】　東京地判昭61・10・15判時1244・99
（【120】＝【191】と同じ）

［事実］　前掲【120】参照。
［判旨］「本件更新料特約の定める更新料330万円は本件契約の定める本件貸室についての1か月の賃料52万円の約6.35か月に相当し，しかも，後記のように被告Ｙが本件追加保証金特約により支払うべき追加保証金330万円と合わせると，その額は右賃料の1年分以上の660万円に達すること，そして，《証拠略》によれば，被告Ｙが東京都新宿区及び同都豊島区等で本件貸室と同様の目的に使用するため賃借している区分所有建物の各賃貸借契約においては，契約期間3年につき更新料は賃料の1か月分ないし3か月分と定められていることが認められることに照らすと，本件建物の所在場所や前記認定のとおりＹが本件契約締結の際には原告Ｘに対して本件原契約で定められた更新料330万円を異議なく支払っていることを考慮しても，本件更新料特約は，本件貸室の更新後の賃料の3か月分に相当する156万円の限度では有効であるが，それを超える部分は借家法6条にいう賃借人に不利なものとして無効とすべきである。……賃借人にとって借家法2条による法定更新を不可能又は著しく困難ならしめるような内容のものでない限り，直ちに借家法6条により無効とされるべき賃借人に不利な契約には該当しないものというべきである。」

　【126】は，更新料6.35か月の契約を3か月限度で有効すなわち，一部適用容認とし，

第4節　更新料授受契約と法定更新

3か月分を超える部分は，借家法6条に照らし借主に不利なもので法定更新の場合無効すなわち，一部適用否認とする。区分所有建物の賃貸借では通常，更新期間3年につき賃料1ないし3か月分の更新料が妥当とする。

3　適用否認判例

判例上，更新料授受契約が法定更新に適用されないという適用否認説の理由づけは，次のごとくである。

イ　借地契約の場合

【127】　東京地判昭59・6・7 判時1133・94，判タ549・215（【168】＝【181】と同じ）

[事実]　賃借人被告Yらは，原告Xの先代訴外Aとの間で，建物所有を目的とする存続期間20年の土地賃貸借契約を締結し，その後Aの死亡によりXが賃貸人の地位を承継した。昭和37年1月，右賃貸借は，存続期間20年目に更新された。昭和39年11月（中間時），XYら間で，期間更新のさい，YらはXと更新料として土地売買価格の1割を支払う旨約定した。そして，Xは，昭和56年12月末日，期間満了直前に更新料の支払いを求めたが，Yらは法定更新を主張しこれに応じなかった。そこで，昭和57年3月，Xは第1次的請求としてYらに更新料支払いを催告，それに応じないときには賃貸借契約を解除し，土地の明渡しと損害金とを請求すると主張した。

[判旨]　「二……1　土地の賃貸借契約において，その存続期間が満了する際に，当事者間でいわゆる更新料が授受される事例の多いことは当裁判所に顕著なところであるが，その趣旨は，賃貸人において賃貸借の存続期間満了を機に賃貸借を終了させることを求めず，更新に関する異議権を放棄して円満に賃貸借を継続させることとし，その対価として，賃借人から一定額の金銭の支払を得ることにあると解される。

2　これを本件の事案に即してみるに，昭和39年11月15日原被告XY間に交された契約書中に更新料に関する条項が含まれていることは前認定のとおりであるが，これは，将来賃貸借契約の存続期間満了時に当事者双方の合意で契約を更新することができ，その場合には賃借人は一定額の更新料の支払を要することとしているにとどまり，法定更新の可能性が否定されるものでないことはもとよりであり，法定更新のときの更新料を定めたものでないことは文理上明らかである。ことに本件においては，更新料に関する特約は，存続期間満了までまだ17年も残していて将来の土地の需給に関する予測もたてがたい時期になされているのであり，しかもそこで約定された更新料の額は，土地の売買価格の1割という今日の世間相場からみれば異例に高額なものである（《証拠略》による）ことにかんがみると，賃借人が存続期間満了時に約定更新料の支払による円満な合意更新の途を捨てて，賃貸借の継続についての多少の危険は覚悟の上で，何らの金銭的負担なくして更新の効果を享受することのできる法定更新の途を選ぶことは妨げられるべきではないのであり，本件における更新料支払に関する特約は，他に特段の事情のない限り，法定更新の場合には適用されないものと解するのが相当である。そして本件では，賃借人に更新料支払の義務を負わせるのを相当とするような特段の事情があるとは認めることができない。」

【128】　東京高判平11・6・28 金判1077・46

[事実]　Aが，控訴人Yに昭和50年6月1日，所有地を建物所有目的で期間20年で賃貸した。

第4章　合意に基づく更新料授受

被控訴人XがAを相続し、Yに対して平成7年5月、本件賃貸借契約は、合意による更新ないし借地法4条の更新請求による法定更新がなされたと主張し、特約に基づき更新料1,202万8,880円（土地価格5パーセント）の支払いを求めた。平成7年5月ころ調停の申立てをし、同年同月10日付で、YはXに対し、20万円は更新料の全部である旨通知し、Xはこれを更新料の一部として受領した。結局、調停は不調に終った。当事者間には、20万円の送金に関し、更新料の合意が成立しない場合返還を求める旨の留保はなかった。そのような状況下で、Yは、Xに対し、反訴を起こし、YがすでにXに支払った20万円につき、不当利得返還請求権による返還を求めた。

[判旨]　「本件更新特約は、「本契約期間満了のとき賃借人において更新契約を希望するときは賃貸地の時価の2割の範囲内の更新料を賃貸人に支払い更新をなすべきことを当事者間において予約した」というものであるが、この特約によって本件賃貸借契約の更新に伴い当然に一定の額の更新料請求権が発生すると認められるかどうかはともかくとして、右特約の趣旨に照らせば、賃借人たるYにおいて本件賃貸借契約の更新を希望する以上は、少なくとも、更新料についての当事者間の合意の成立に向けて真摯な協議を尽くすべき信義則上の義務があると解すべきである。しかるところ、右認定の事実によれば、Yは、更新料として賃料の1か月分くらいという考え方に固執して譲らない態度に終始したのであるが、賃料の1か月分という額は、右特約の存在を前提とした場合に、建物所有を目的とする土地賃貸借契約更新の場合の更新料として、一般的に、賃貸人が納得することを期待することができるものとはほど遠いものというほかないことに照らせば、Yは、右信義則上の義務を果たしたものと評価することはできない。そして、Yは、右20万円を更新料の全額の趣旨でXに送金したのであるが、この金額は、賃料の1か月分にほぼ近い金額として、本件賃貸借契約が更新される以上YがXに対して支払ってしかるべき金額であるとY自ら判断したものである上、右送金にあたり、更新料につき合意が成立しない場合には返還を求めるなどの留保は何ら明示されていないのであり、そして、このことと右認定の経過に照らせば、Xがこれを更新料の一部として受領したことは、首肯し得るところである。

右のような事情に照らせば、結果として本件賃貸借契約が更新されている以上、右特約に基づくXのYに対する更新料請求権が肯定されなかったからといって、右金員の返還を請求することは、信義則上許されないものと解するのが相当である。」

この判決は、賃借人が賃貸人を相手どり、支払済みの20万円の返還を求めた控訴審である。1審では、法定更新の場合、更新料授受契約の適用を認めず、返還を留保することなく支払ったので20万円の返還を認めなかったが、控訴審も同じ結論を導いている。すなわち、借地の場合に、慣習がないため、土地価格の2割の範囲内の更新料授受契約を法定更新の場合に適用がないとしている。しかし、賃借人が、賃貸人に任意に支払った20万円については賃借人が更新料の金額を協議するのに誠意ある態度を示さなかったこと、それに更新料の金額が賃料1か月分なので、返還を留保せず、支払ったものであるからには、その更新料の不当利得としての返還請求は信義則によって許されないものとしている。

ロ　借家契約の場合

【129】　東京高判昭54・2・9下民集30・1〜4・15、判時927・200（【190】と同じ）

[事実]　昭和44年1月になされた店舗賃貸借が、昭和47年1月に、合意更新になったが、その時（満了期との中間期）に更新料授受契約が締結された。そして、その後、昭和48年7月に、賃貸人控訴人（原告）Xは、更新を拒絶する正当事由があるとし、賃借人被控訴人（被告）Yに対し右建物の明渡しを請求した。Xは、1審で敗訴し、控訴。2審では、Xは、Yが賃料の値上げ分や更新料を支払わないことを理由にして賃貸借を契約解除したと主張した（裁判所は、更新料授受契約は合意更新にのみ適用になり法定更新には適用にならないとし、法定更新自体はこれを認めるとともに、Yによって賃料は弁済供託されているとして、再びXを敗訴させた）。

[判旨]　「前記甲第2号証（店舗賃貸借契約書）には、更新に関する条項としてその第2条で期間満了の場合は双方合議のうえ更新することも出来るとし、特約条項で契約更新時の賃料は本契約書賃料の13パーセント値上げとし、更新料は賃料の1.34か月分とすると定めているところ、右賃料増額、更新料支払は合意更新の場合を予定して約定されたものと解せられ、法定更新の場合についてまでこれを定めたものとはたやすく解し難く、したがつて、右甲第2号証によって右事実を認めることは出来ず、他に右事実を認めるに足りる証拠はない。Xの右主張は、さらに昭和49年2月1日からの更新後も2年ごとに本件賃貸借契約が更新され、その都度賃料を13パーセント増額し、新賃料の1.34か月分の更新料を支払う旨の約定があつたというものであるが、この主張を裏付ける資料としてYが提出した右甲第2号証は、右述のごときものであって、しかも、合意更新の場合について昭和49年2月1日の時点における賃料増額、更新料支払を約したものでそれ以後の賃料増額、更新料支払、まして法定更新の場合のそれについてまで約したものとは到底解せられないから、もとより同号証によって右事実を認めることはできず、他に右事実を認めるに足りる証拠はない。」

この【129】は、特定の時期に合意された更新料授受合意は、その中の賃料13パーセント値上げ、その新賃料の1.34か月分という表現から、合意更新の場合の更新時期に限って適用になるものとし、法定更新の場合には適用にならないとする。更新の際の更新料は新しい賃料を基準にしているが、法定更新の場合における賃料は旧賃料であるから、そのことからも右合意は適用にならない、という。

【130】　東京地判昭55・5・14判時983・100

[事実]　Xは、昭和51年11月1日、Yに対し、家屋をスナックバーにするため、内装を施し、備品付で賃貸した。その約定は、期間2年、賃料月8万円、賃貸借契約更新の際には、新家賃の1か月分の更新料を支払う、であった。昭和53年10月、その賃貸借は賃貸借期間満了の際に法定更新された。Xは、法定更新の場合に更新料授受契約が適用になるとし、Yが、更新料を支払わないので契約を解除している。（結局、更新料不払いは認められず、賃料不払いで解除、明渡しを認めている）

[判旨]　「建物の賃貸借契約において、賃貸借を更新する際には、借主において更新料を支払う旨の約定がある場合は、右約定は特段の事情のない限り賃貸借を合意更新する場合の更新料

第4章　合意に基づく更新料授受

の支払約束と解するのが相当である。そして、例外的に右約定が法定更新の場合における更新料の支払約束を含むものと認められる場合において、賃貸借期間満了の際に借主が右更新料を支払わなかったとしても、かかる事情は賃貸借の法定更新の成立を妨げるものではない。けだし、更新料の支払がないことを理由として借家法2条の法定更新の規定の適用を排除することは、法定更新の成立要件を賃借人に不利益に加重する特約を容認することに帰着し、そのような解釈は借家法6条の法意に照らし到底採ることはできないからである。」

借家法の立法趣旨から更新料授受契約は法定更新の場合に適用にならない、とする。保証金（更新料）の補充を法定更新の場合に認めるとするとその成立要件が賃借人側に加重されることになるともいう。

東京高判昭55・5・27【158】、東京高判昭56・7・15東高民時報32・7・民166、東京地判昭58・1・26ジュリスト804・判例カード6は、前述の【130】と法定更新の成立要件が加重されてはならないという点で同旨である。

【131】　東京地判昭56・7・22 判タ 465・135

[事実]　昭和48年6月13日、原告Xと被告Yとの間で、賃貸借契約書により、期間5年、毎年従前の賃料月額8パーセントを値上げする、契約更新時に12か月相当の追加保証金を支払う、管理費は月額賃料の10パーセントとする、と定めた（予備的請求において昭和54年7月1日以降の5年間も賃料8パーセント増による賃料の自動値上げを認め、また法定更新の場合に追加保証金の支払いを求めえないとした）。

[判旨]　「契約更新時の追加保証金［更新料—筆者注］支払の約定についてみるに、前記契約書第17条は「契約期間満了の場合は相互に契約条件につき期間満了7か月前に協議相整つたとき更新する。」「乙（賃借人・被告Y）は甲（賃貸人・原告X）に対し期間満了の時点における賃料12か月分相当額の金額（1万円以下はこれを繰り上げる）を保証金の追加として期間満了7か月前までに支払うものとする。」旨を定め、〈証拠〉によれば、これは当事者双方の合意により約定されたものと認めることができる（〈反証排斥略〉）。

しかしながら、右追加保証金の支払は、合意による更新の場合を予定して約定されたものであつて、期間満了にあたり賃貸人であるXから賃借人であるYに対し更新拒絶の意思表示がなされ、それが訴訟にまで発展し、更新拒絶の正当事由をめぐり当事者双方において相争う事態となり、結局、正当事由を欠くものとして法定更新された場合にまで類推適用されるものとは解し難いので、Xの予備的請求中この部分に関するものは、その余の点についてふれるまでもなく理由のないことが明らかである。」

【132】　東京地判平2・7・30 判時 1385・75
（【171】と同じ）

[事実]　被告Yは原告XからX所有のマンションの1室を賃借して金融業を営んでいた。もともと訴外Aは、Xから、昭和57年7月から期間2年、更新の際に新賃料の1か月分の更新料を支払うという約定で、X所有の右建物の一部を借り受けたが、第1回目の賃貸借満了にあたって、Aは自ら代表者となり被告法人Yを設立して、新たにXとYとの間で賃貸借契約が締結され、約定内容は、存続期間2年、更新時に更新料を支払うということになっていた。しかし、X側では、更新手続をとることを失念し、更新料請求を行わず、合意更新をしなかったた

第4節　更新料授受契約と法定更新

め賃貸借は法定更新された。そして，その後，Xは，Yが更新料を支払わないことを更新拒絶の正当事由の一つとして解約の申入れをした。これは，賃貸借締約当時に更新料授受の合意がなされていたケースである。

[判旨]「Xは更新契約締結の手続をしたい旨B地所を通してY会社に申し入れ，さらにXの従業員のC及び前記D，EがY会社代表者Aに対し，契約を正常な形にし更新料を支払うよう交渉したが，Aは更新契約の締結を拒否し，法定更新であるから更新料は支払わない旨述べたことが認められる。右事実によると，本件賃貸借契約の当事者間においては，更新料の請求は契約を正常な形とすることすなわち更新契約の締結を前提とするものと認識していたことが推認される。

また，前記のような更新料支払の特約を締結する場合の当事者の合理的意思を推測しても，合意更新の場合には少なくとも更新契約の定める期間満了時まで賃貸借契約の存続が確保されるのに対し，法的〔定〕更新の場合には，じ後期間の定めのないものとなり，正当事由の有無はともかく，いつでも賃貸人の側から解約の申し入れをすることができ，そのため賃借人としては常時明渡しをめぐる紛争状態に巻き込まれる危険にさらされることになるのであるから，この面をとらえると，更新料の支払は，合意更新された期間内は賃貸借契約を存続させることができるという利益の対価の趣旨を含むと解することができる。なお，契約期間を経過した後においても，当事者間の交渉次第では期間満了時から期間を定めて合意更新したものとすることも事実上可能であろう。このようにしてみると，更新料の支払は更新契約の締結を前提とするものと解するのが合理的である。

そもそも法定更新の際に更新料の支払義務を課する旨の特約は，借家法第1条の2，第2条に定める要件の認められない限り賃貸借契約は従前と同一の条件をもって当然に継続されるべきものとする借家法の趣旨になじみにくく，このような合意が有効に成立するためには，更新料の支払に合理的な根拠がなければならないと解されるところ，本件において法定更新の場合にも更新料の支払を認めるべき事情は認められないから，この点からしても本件賃貸借契約における更新料支払の特約は合意更新の場合に限定した趣旨と解するのが相当である。

したがって，本件更新料の請求は理由がない。」

【132】では，更新料というものは，賃貸借契約上の存続期間の間不動産を利用できる対価であるので，したがって，期間の定めない賃貸借契約の対価にはならないことになるし，また，借家法1条の2・2条は，更新拒絶の正当事由がない場合に金銭を支払うことを伴わずに更新を認めるという規定なのである，ということを否認理由にしている。

【133】　東京地判平3・5・9 判時1407・80

[事実]　原告Xは，昭和49年2月1日ごろ，被告Yに対し，建物1階部分を，存続期間10年，賃料月38万2,000円で賃貸した。また，Xは，Yに対し，昭和55年1月30日建物2階部分を存続期間5年，賃料月52万4,150円で賃貸した。ところで，右建物2階部分については昭和60年1月31日に期間が満了し，その部分の契約は存続期間を5年，更新の際に最終賃料の2倍相当額の更新料を支払う旨の定めがあったが，XY間の和解によって，合意更新された。しかし，その後昭和60年の更新から5年経過した平成2年2月に更新の合意が成立せず法定更新となった。Xが，Yに対し賃料増額と更新料の支払い

第4章　合意に基づく更新料授受

を請求した。

［判旨］「2階部分の契約書上の更新料支払に関する条項は、期間の定めに続いて「ただし期間満了の際甲乙間に協議が整った場合は契約を更新することができる。更新料は最終賃料の2倍額とする。」と定めている。この文言に照らせば右更新料支払は合意による更新の場合を念頭において定められたというべきであり、このことに、建物の賃貸借契約では法定更新されると期間の定めのない賃貸借となり、賃借人はいつでも正当事由の存在を理由とする解約申入れを受ける危険を負担することを併せ考えると、右更新料支払の合意は法定更新の場合にはその効力がないと解するのが相当である。」

【133】では、法定更新の場合には、更新後の賃貸借は期間の定めなく、正当事由があれば何時でも解約の申入れができる危険を賃借人が負担することになるので、更新料をとるには値しないということを否認理由としている。なお、東京高判平3・7・30金法1313・26も賃貸借が法定更新された場合に、その契約は期間の定めのないものとなるから、合意更新の際の更新料授受契約は適用にならないとする（かりに、事案が法定更新でなく合意更新された場合であるとしても、賃借人は賃貸人に対し、更新料を供託しているので、更新料支払義務は尽くされているとする）。

【134】　東京地判平4・1・8判時1440・107

（【160】＝【165】と同じ）

［事実］　原告Xは、被告Yに昭和61年12月3日、建物の一部を使用目的店舗（ゲーム喫茶及び飲食店）、存続期間が昭和61年11月1日から昭和63年10月31日までの2年、賃料は月金43万1,570円、更新料は本件契約更新の際新賃料2か月相当分を支払う、という約定で賃貸した。

期間が満了した昭和63年11月1日以降もYが本件建物を使用継続しXが遅滞なく異議を申し述べなかったため借家法7条により契約は法定更新された。Xは、Yに対し、平成2年4月24日ごろ、平成2年5月10日から同年10月31日まで本件賃料を月50万0,621円に増額する、更に、平成2年10月30日に、同年11月1日から同賃料を60万円に増額する旨の意思表示をした。

［判旨］　裁判所は、適正賃料は、平成2年5月1日、同年11月1日、いずれも月49万7,000円と判示した。そして、法定更新の際の更新料支払義務について、「1　本件賃貸借契約第21条は「本契約更新の際は、賃借人は賃貸人に対し更新料として新賃料弐か月分相当の金員を支払うものとする」と規定しており、文言上は合意による更新のみを指すのか法定更新も含むのか判然とせず、解釈によって判断するより他ないが、「新賃料」という表現からは、更新時には賃料の増減請求が行われ、そこで新賃料が合意されて更新することが予定されていると解するのが自然であり、通常、新賃料が定められることのない法定更新は念頭に置かれていないものと考えられる。

2　ところで、一般に更新料を支払う趣旨は、賃料の不足を補充するためであるとの考え方、期間満了時には異議を述べて更新を拒絶することができるが、更新料を支払うことにより異議を述べる権利を放棄するものであるとの考え方、あるいは実質的には同様であるが、期間を合意により更新することによりその期間は明渡しを求められない利益が得られることの対価であるとの考え方などがあり、右の賃料補充説に立てば、法定更新と合意更新とを区別すべき合理的な理由はないことになるが、そのように推定す

べき経験則は認められず，かえって，適正賃料の算定に当たっては，更新料の支払いの有無は必ずしも考慮されておらず（賃貸事例比較法などにおいて実質賃料を算定する際には更新料の償却額及び運用益を考慮することはあるとしても），また実質的に考えても，賃貸借の期間中も不相当になれば賃料の増額請求はできるのであるから，敢えて更新料により賃料の不足を補充する必要性は認められないのに対し，賃貸人は更新を拒絶することにより，いつでも期間の定めのない契約に移行させることができ，その場合は，期間の経過を待たずに，正当事由さえ具備すれば明渡しを求めることができるのであるから，賃借人においては，更新料を支払うことによりその不利益を回避する利益ないし必要性が現実に認められることなどを総合考慮すると，特段の事由がない限り，更新時に更新料を支払うというのみの合意には，法定更新の場合を含まないと解するのが相当である。

3 本件についてこれを見ると，前記のとおり，契約条項の文言からは法定更新を含むとは推認されないこと，別個に保証金が差し入れられて明渡時に償却が予定されていることから特に更新料により賃料を補充する意義は認められないこと，賃貸借期間中でも賃料の増減請求ができるとされている（第4条）ことから，これにより適正な賃料額を確保できること，法定更新の場合も含むとの慣行が存在し，かつ，その慣行を合意したと認めるべき事情のないこと，また結果論ではあるが，YはXに更新を拒絶され，かつ，明渡訴訟を提起されており，更新の利益を享受していないことなど諸般の事情を総合考慮すると，本件更新料支払いの合意は，賃料の補充的性格は希薄であり，更新料支払義務の発生について法定更新の場合も含むと解すべき特段の事情があるものとは認められず，したがって，XはYに対し更新料の支払いを求めることはできないと解すべきである。」

【134】では，否認理由として法定更新の場合に賃料補充としての更新料の授受が認められないことをあげるが，それは，「実質的に考えても，賃貸借の期間中も不相当になれば増額請求は出来るのであるから，敢えて更新料により賃料の不足を補充する必要は認められない。」からである，という。なお，他の否認理由に，賃貸人が補償金から償却をうけることをあげている。

【135】 東京地判平9・1・28 判タ942・146

[事実] 被控訴人（原告）Xは，昭和50年6月5日，控訴人（被告）Yに対して所有建物を賃貸した。その後更新を重ね，平成3年6月5日，存続期間3年，賃料月30万円，使用目的店舗，更新料新家賃の2か月分という賃貸借を締結した。Xは平成5年7月ごろ，Yを相手どり無断転貸を理由に契約解除，建物の明渡請求の訴訟を起こしたが，平成7年5月和解し，賃貸借は平成7年6月5日に法定更新された。平成7年6月3日，XはYに更新料60万円の支払いを請求し，その後提訴した。1審ではX勝訴，Y控訴。

[判旨] 「㈠ まず，本件約定を含む本件賃貸借の契約書17条1項は，「本契約は，賃貸人と賃借人の協議により更新することができる。更新する場合は賃借人は，更新料として新家賃の2カ月分を賃貸人に支払うものとする。」と定めており（甲第1号証），本件約定は，協議による更新を受ける形でこれと同一条項に規定されているから，合意による更新の場合を念頭において定められたものというべきであり，また，「新家賃」という表現からは，更新時に賃料の増減請求が行われ，そこで新家賃が合意されて更新

第4章　合意に基づく更新料授受

することが予定されていると解するのが自然であるから、新家賃が定められることのない法定更新は、念頭に置かれていないものというべきである。

　(二)　次に、更新料支払いの特約を締結する場合の当事者の合理的意思を推測すると、建物賃貸借の場合、合意更新がされると少なくとも更新契約の定める期間満了時まで賃貸借契約の存続が確保されるのに対し、法定更新されると爾後期間の定めのないものとなり、いつでも賃貸人の側から正当事由の存在を理由とした解約申入れをすることができ、そのため賃借人としては常時明渡しをめぐる紛争状態に巻き込まれる危険にさらされることになるのであるから、この面をとらえると、更新料の支払いは、合意更新された期間内は賃貸借契約を存続させることができるという利益の対価の趣旨を含むと解することができる。

　(三)　そもそも、建物賃貸借の法定更新の際に更新料の支払い義務を課する旨の特約は、借家法1条の2、2条に定める要件の認められない限り賃貸借契約は従前と同一の条件をもって当然に継続されるべきものとし、右規定に違反する特約で賃借人に不利なものは無効としている（同法6条）同法の趣旨になじみにくく、このような合意が有効に成立するためには、更新料の支払いに合理的な根拠がなければならないと解されるところ、本件において法定更新の場合にも更新料の支払義務を認めるべき特段の事情は認められない（例えばXが主張するような、借主において貸主の申入をことさらに無視して話合に応じないため法定更新されるに至ったような場合は、貸主において実質上異議権を放棄したものとして、右特段の事情に当たると考える余地があるが、本件賃貸借においてはXにおいて契約解除を主張して明渡しの訴訟を遂行中に法定更新されたものであるから、右特段の事情があるとはいえない。）。

　(四)　このようにしてみると、本件賃貸借における更新料の支払いは、更新契約の締結を前提とするものと解するのが合理的であるから、本件約定は、合意更新の場合に限定した趣旨と認められ、法定更新された本件の場合には適用されないものというべきである。」

　判例上の更新料授受契約を法定更新の場合に適用を肯定する説と否定する説との対比において、もっとも問題となるのは否認説における借家法などによる立法趣旨違反説である。これは、賃借人を保護することを狙いとしたもので、賃借人に金銭的負担を与えることなく法定更新を認めようとするものである。適用容認説には、それを真正面から否定するものはない。しかしながら、賃貸人との公平を保つために賃借人に金銭的負担を負わせるという説には、右の借家法などの立法趣旨を否定する考え方があるように思われる。

　適用否認説の適用容認説に対する反論のうち重要と思われるのは、本来、法定更新は無償で有償にはできないということから更新料を徴収し期間の定めのない賃貸借を維持することは不合理であるということであった。しかし、現在では、借地借家法6条で借地借家法5条の異議の存否は「従前の経過」を斟酌することによってなされることになったから「従前の経過」中に解釈上更新料の授受ということが入るとすれば必ずしも無償であることを前提としなくなっているように思われる。

　法定更新の場合に更新料授受契約が適用になるとする適用容認判例は11（一部有効判例もふくむ）件、適用しないとする適用否認判例は9件、判例は数の上だけからすれば、相

反する見解がほぼ拮抗しているようにみえる。

3 学説
イ 適用否認説

古屋説は，法定更新＝合意更新擬制説による適用容認説に対しては次のように批判する。すなわち，法定更新の場合を「実質合意更新と解し，当該合意に基づく更新料請求権を認めることは，法定更新の成否を争っているのであるから無理と考える。矢張り，この場合は法定更新における慣習に基づく更新料請求権の存否とパラレルに解し，その請求権は認められないと解するのが妥当である。勿論，慣習と合意とでは，その法的根拠に質的差異があるが法定更新の成否が争われている以上，借家法の趣旨に照らし消極に解するのが相当である。」といっている（古屋紘昭「借地借家契約の合意更新・法定更新と更新料の授受」金判580号59頁）。

ロ 適用疑問説

法定更新の場合に更新料授受契約を適用するのかは疑問であるとする宮川説（宮川博史「東京地判平3・5・9の判批」判タ821号53頁）では，多くの場合，正当事由による明渡請求が認められない現状では，法定更新のさいに更新料を支払う必要がないとなると賃借人は更新料の支払いを任意に拒絶することになる，更新後の支払義務は賃料額との総和を考えてその有効性を判断すべきである，更新料を支払ったことが賃貸人の明渡請求に対する抗弁となるが，結局は，契約書の文言の解釈によらざるを得ないとして，適用容認説に対してそれなりに，疑問を留保している。並木説も（並木茂「東京地判昭49・1・28の判批」判タ312号143頁）「更新料の意味ないし性格に関する諸説のうちで法定更新における更新料の意味ないし性格の説明として使用できるのは，地代の一部前払い説だけであるが，本件更新料の性格を地代の一部前払いであるとすると，本判決では地代増額請求事件が併合されているから，その訴訟物との同一性が問題になる可能性があったのである。」としてこれも疑問をのべている。

第5節 更新料不払いと賃貸借解除

更新料授受契約が，賃貸借契約締結と同時に約定された場合，とくに，それが借地という場合には存続期間が長いため，賃貸借の成立時が賃貸借の期間満了＝更新時期よりはるか以前となり，賃貸借契約の両当事者が，将来の更新料授受契約の拘束力の程度内容を十分に把握していたかどうかは疑わしい，といえる。ましてや，賃借人はそのような更新料を支払わなければ不動産賃貸借契約が解除になることまで覚悟して取引しているといえるであろうか。前述したとおり，東京地判昭59・6・7【127】でも，存続期間満了の17年前にされた更新料支払約束について，それは将来の土地の需給に関する予測もたてがたい時期になされており，合意更新の場合の支払いを約したものであって，法定更新の場合の更新料の支払いを約したものではない，と解している。

また，賃貸借の契約の期間が満了し，期間

第4章　合意に基づく更新料授受

が更新される時に更新料授受契約が成立するとすると、そこでは、両当事者は、更新料授受契約がもつ拘束力の内容を具体的に把握することができている場合が多い。言い換えれば、両当事者は期間満了時に、賃貸人側に、更新拒絶の正当事由があるのかないのか、あるいは、正当事由の有無が不明なのかを判断することができている場合なのである。

もっとも、更新料授受契約が成立している場合に、賃借人が、更新料を支払わないとすると、その効果として、賃貸借契約が解除されるのでなく、更新料授受契約のみが解除されて、賃貸人が、一旦放棄した更新拒絶権を再取得することになるのは、更新料授受契約時に、賃貸人側に更新拒絶の正当事由がないか、その事由の存否が不明な場合なのではないか、と思われる。

ところで、2, 3の学説では、そのような更新料授受契約が、不動産賃貸借契約と密接な関係にあるという場合には、更新料が支払われない場合には、不動産賃貸借契約が解除されることになる、としている。では、そこでいう密接な関係とは、どのような状態のことをさしていうのであろうか。判例は、それはたとえば更新料を賃料前払と解しうる場合であるとしている。

更新料授受契約がある場合に賃借人が更新料を払わない場合、賃貸借契約は解除になるかならないか。

1　判例上解除否認の場合（合意更新・法定更新）

イ　合意更新の場合　更新料が払われない場合に合意更新された賃貸借が解除されない場合

【136】　東京地判昭50・9・22下民集26・9〜12・792、判時810・48（【113】＝【161】と同じ）

[事実]　前述【113】参照。
[判旨]　「控訴人XはA会社に対し、右更新料の不払を理由として解除の意思表示をしているが、右更新料は賃料1か月相当の少額であり、また弁論の全趣旨によれば、本件における被控訴人Yの主張は、更新料の法的性質に関する見解から支払義務を否定するのを主眼とし、従って、もし更新料が賃料の前払であり、訴外A会社にその支払義務のあることが裁判所により明確にされた場合にはA会社においてこれを支払う意思を有するものと認められるので、右更新料の不払から直ちに当事者間の信頼関係が破壊されたとすることはできず、X主張のように2回にわたつて催告がなされたとしても、なお、本件での、更新料の不払のみを理由とする解除は、信義則に反し無効である。」

ロ　法定更新の場合　更新料が払われなくても法定更新された賃貸借が解除されないとする場合

(1)　単に解除されないとする場合

【137】　東京地判昭45・2・13判時613・77（【105】＝【112】＝【186】と同じ）

[事実]　前述【112】参照。
[判旨]　「更新料は経済的には賃料の前払いの性格をもつ場合が多いが、法律的には賃料とは

第5節　更新料不払いと賃貸借解除

別個のものであるから、その催告は本件賃貸借契約の解除権を発生させない。（更新料の不払いは、賃貸借更新契約の解除原因となるが、原告Ｘらが賃貸借更新契約の解除を主張しているとしても、昭和41年1月3日の期間経過後被告Ｙが本件建物部分の使用を継続していることは当事者間に争いがないから、本件賃貸借契約は法定更新され、Ｙの本件建物部分の明渡義務が発生する余地はない。）」。

次の【138】では、更新料授受契約が、満了時1年前に成立したが、その時点における当事者間の状況からみて、契約としての拘束力が弱いとされている。法定更新された賃貸借が更新料不払いにより解除されない場合である。

【138】　東京高判昭45・12・18判時616・72、判タ260・216（【104】＝【166】と同じ）

［事実］　賃貸人被控訴人（原告）Ｘは、賃借人控訴人（被告）Ｙの亡夫訴外Ａに対し、昭和22年4月1日、その所有地を普通建物所有を目的とし、賃料月2,200円、月末持参払い、存続期間20年という約定で賃貸した。昭和37年12月5日、Ａが死亡したため、ＹがＡを相続し、Ａの賃貸借契約上の権利義務を承継した。賃料は、昭和41年9月以降、月3,200円で値上げがなされた。その後、昭和42年3月31日、本件土地賃貸借契約の存続期間が満了になるところ、存続期間満了の約1年前の昭和41年3月5日に本件土地の管理に関してＸのため包括的に代理権を有していたＸの妻訴外ＢとＹとの間で、ＹはＸに対し、本件賃貸借契約の更新料として金40万円を、同年4月30日以降同年11月30日までの間に毎月5万円宛分割して支払う旨の契約が成立した。しかし、Ｙが更新料を支払わないため、その支払方法をかえ、同年8月から11月まで月10万円と分割支払いを合意したが、なお支払わない。そこで、最終的には昭和42年2月5日、ＸＹ間で、右更新料の支払遅滞による損害金および違約金として10万円を加え、計50万円を2月末限り支払うことが合意されるに至った。しかし、Ｙは、なおその金を支払わなかった。ただＹは昭和42年3月にＸ方を訪れ、右Ｂに同年1月から6月までの賃料の支払いを申し出、現金を提供したけれども、Ｂから50万円の更新料と同時でなければその賃料は受領することができないとして受領を拒まれた。かかる状況下で、Ｘは、Ｙを相手どりＹの債務不履行を理由にして契約を解除し建物収去土地明渡しを求めた。1審ではＸ勝訴。そこで、Ｙが控訴した。

［判旨］　「Ｙは少なくとも賃料に限ればＸに対し現実に提供したものというべきところ、賃料とともに前記約定によるいわゆる更新料を同時に提供しない場合には本件賃貸借契約における賃借人の債務の履行の提供といえないかどうかが問題となる。《証拠略》によると本件更新料の支払契約は、たまたま同Ｙが事業資金を必要とするため、本件土地上の建物を他に担保として提供するについてＸに地主の承諾印をもらいに行った機会にＸの妻Ｂの要求によって締結したもので、Ｂとしては単に世間並に更新料の支払を求めたに過ぎないものと認められるほか、とくにＸに本件賃貸借期間満了を待って土地の使用について異議を述べ、本件土地の明渡を求めることのできるような正当の事由があり、Ｙもこれを承認しいわゆる更新料の支払をすることによって契約の更新を図ったというような特別の事情を認めるに足りる証拠は全くない。このような事実関係から考えると、本件賃貸借契約は法定更新により当然当初の約定期間を超えて存続すべきところ、本件更新料の支払契約は、

第4章　合意に基づく更新料授受

賃貸借契約の存続を条件とするとしても，更新料の不払が本来の賃貸借契約の消滅をもたらすようなものではないと解するのが相当である。すなわち，本件におけるいわゆる更新料はたかだかＸにおいて土地賃貸借契約の期間満了時に有する異議権の行使を放棄する対価に過ぎないというべきで，この支払の遅滞により本件更新料の支払契約を解除して異議権を行使することができると解する余地はあっても，本件更新料の不払がそれにもかかわらず法定更新された賃貸借契約の債務不履行に当るものと解することはできない。したがって，Ｙの賃料のみの弁済の提供が本件賃貸借契約において賃借人の債務の履行遅滞となり，債務不履行になるということはできない。」

【138】は，更新拒絶の正当事由があるかどうか不明な場合に紛争の起るのを防ぐために異議権放棄の対価としての更新料を問題とし，それが支払われないのでその効果は，更新契約そのものの解除であって異議権を復活するにとどまるという。

　(2)　更新料の不払いは当事者間の信頼関係を破壊せず，賃貸借は解除されないとする場合

【139】　東京地判昭 51・7・20 判時 846・83
（【116】＝【167】＝【187】と同じ）

［事実］　前掲【116】参照。
［判旨］「更新料は更新拒絶権もしくは異議権放棄の対価として形式的には更新後の賃貸借契約とは関連性がないかのごとくであるが，前示したところによると，もし更新料約定が存しなければ更新拒絶の通知のないことあるいは異議を述べないことに基づく更新契約の成立は必ずしも期待できないのであって，この意味で前示更新料の約定は，更新拒絶の通知がないこともしくは異議を述べないことに基づく更新後の賃貸借契約の成立基盤というべく，従って，更新料の不払いは更新後の賃貸借契約の解除原因となると解するのが相当である。

（三）しかしながら，本件では，前示のように更新料の額は賃料の1ケ月分にすぎず，遅滞した期間も僅か2ケ月余りであり，……被告Ｙは原告Ｘに対し，昭和48年10月分及び11月分の賃料につきそれぞれ従前の額のまま，当該月の前月末ころ支払い，その間ＸからＹに対し更新料の支払請求もなく，両者間に更新料の話は全く出なかったところ，同年11月27日になってＸからＹに対し賃料値上げとこれにあわせて更新料についての具体的な申入れがなされ，その交渉の途中，更新料の前提となる賃料額についての合意はもちろん，更新料についてのあらたな合意が成立しないまま，Ｘは右11月27日から僅か半月を経たにすぎない同年12月13日前記のような催告及び停止条件付契約解除の意思表示をするに及んだことが認められ（右認定を左右するに足る証拠はない），かかる事情のもとでは，いまだＸＹ間の信頼関係が破壊されたとすることはできず，信義則からいってもＸに解除権は発生しないというべきである。」

法定更新の場合に更新料の金額賃料1か月分の支払を2月遅れただけでは，信頼関係を破壊する債務不履行といえないとする。異議権放棄の対価としての更新料授受契約は，更新後の賃貸借契約の成立基盤であるといえるか。

【140】 横浜地判昭57・5・21 民集38・6・631
（【109】の1審判決）

[事実] 原告Xは，昭和9年12月14日，本件土地を被告Y₁らに対し，賃貸した。契約内容は期間20年，賃料年150円，普通建物所有目的であって，無断譲渡禁止と無断転貸禁止の特約があった。昭和29年11月14日，期間が20年で満了し契約が更新され，その後の更新期間中にY₁は昭和38年2月と7月，右禁止特約に違反して建物㈠の増改築をし，また，昭和37年に1年間賃料を滞納した。2回目の期間満了日である昭和49年12月12日前に，XはY₁に更新料の支払いを請求したが，Y₁がこれに応じなかったので，XはY₁を相手どり昭和50年10月30日に調停を申し立て，昭和51年12月20日，両者間にY₁はXに対して更新料として昭和51年12月末日限り50万円を，さらに昭和52年3月末日限り50万円を支払うという調停が成立した。Y₁は，その間，昭和50年12月10日，隣地に接近した場所に建物㈡を建築した。被告Y₁は1回目の分割金は支払ったが，2回目の分割金の支払いは怠った。しかし，ほぼ10日後には2回目の分割を弁護士のすすめにしたがい供託している。

[判旨]「Y₁には，前記認定のとおりの信頼関係破壊行為があり，賃借人として極めて遺憾な点があることはいうまでもないが，いまだ本件賃貸借における信頼関係を完全に破壊するまでの行為があつたとまではいい難い。」として右請求は棄却された。

本件には，被告Y₁と被告Y₂は夫婦関係にあり，Y₁のY₂への借地の無断転貸後もY₁の土地占有に変わりはなかった。この判決は，調停で認められた更新料の不払いが合意更新の賃貸借を解除するか否かが争われた。1審では不解除という結論であった。しかし，後述するように2審，3審は契約解除を認めている。

【141】 東京地判平4・9・25 判タ825・258
（【123】と同じ）

[事実] 前掲【123】参照。

[判旨]「二……1……原則的には，更新料の支払い約定の履行は，法定更新の場合においても，信義誠実を旨とする契約原則に相応しいものであり，公平の原則に合致するものであると思料し，したがって，法定更新の場合でも，約定に反して約定更新料を支払わないのは，契約上の信義則違反として解除の対象となる場合もあると解するのを相当とする。

2 しかしながら，支払われるべき更新料が慣行として認められている額を超えているとか，賃貸人と賃借人が公平な関係になく，適正な更新料と認められない場合は，更新料を支払う義務はないものというべきである（多くの場合，合意更新においては更新料の支払いをもって合意が成立するから，問題が生じるのは法定更新の場合であることが推定される。）。

そこで，本件においてみるに，本件契約において，被告Yは新賃料の10か月分の更新料の支払いを約定しており（争いのない事実），この額は，本件契約と同一地区での3年契約の場合1.5か月分もしくは2か月分という慣行（A鑑定）に照らしても著しく適正額を超えていることが明らかであり，かつ，従前の原告XとYの関係においても，YはXの要求する更新料を支払わない限り契約を更新してもらえないものと信じて，やむなくXの要求を受け入れて更新毎に10か月分以上の更新料を支払ってきたことが窺われる（Y本人尋問の結果）ことからみて，本件更新料は賃料の前払い的性格を超えたもの

第4章 合意に基づく更新料授受

というべきであり，適正な更新料ということはできないものであるから，Yが本件更新料を支払わないことをもって，Xに対する信頼関係の破壊に当たるものということできず，X主張の本件解除は有効とは認められない。」

賃料10か月以上の更新料の授受は適正な更新料の授受といえないためその不払いは信頼関係の破壊といえない，とする。

2 更新料の不払いが賃貸借契約の解除事由となる場合
イ 更新料の不払いが信頼関係を破壊し賃貸借が解除される場合

次の【142】は，更新料支払約定があって，分割支払いを認め再三支払期を猶予したのに賃借人がなお支払わないので，当事者間の信頼関係破壊を理由に賃貸人が賃貸借契約を解除したものである。更新料の性質にはふれられていないが，その特色は賃料支払いと更新料支払いとを抱き合わせにしている点，また更新料授受合意は，土地賃貸借契約満了期直前になされたものである点にあり，建物収去土地明渡請求事件である。

【142】 東京高判昭54・1・24 判タ383・106

[事実] 昭和48年5月1日に土地賃貸借契約が存続期間20年を経過し期間が満了することになっていたが，契約当事者間で，同年1月11日頃，異議なく更新することにした。そして，その際更新料30万円を，同年4月末日かぎりで一括して支払う旨約定した。その後更新料は支払われず，1年間支払いを猶予されたが，賃借人被控訴人(被告)Yはなお賃貸人控訴人(原告)Xに対し不払いを続け，結局当事者間に昭和49年12月23日頃右30万円を分割して昭和50年1月から毎月末日に1か月1万円ずつ30回払いとする旨の約定が成立した。その後XはYに対し右更新料の不払いを理由に賃貸借を契約解除し，建物を収去し土地を明け渡すよう請求した。

[判旨] 「進んで更新料不払いの点について考えると，同6記載の催告にかかる更新料をYにおいて催告期限内に支払わなかつたことは本件弁論の全趣旨から明らかであるところ，右の更新料不払いの経緯については，前記認定，説示のとおり，Yは本件更新料30万円につき，つとに一括支払の約束をしながら，これを履行せず，その後これの支払の猶予をえたが，その猶予期間経過後もこれを履行せず，更にその後期限の利益を与えられて分割支払の約束をしながら又もや前言をひるがえしてこれを全く履行せず，更新された契約に基づく利益のみを主張しているものであつて，そのため，右催告にかかる更新料を支払わなかつた経緯にあることが明らかである。以上によれば，Yは本件賃貸借に関し，更新料を支払う旨の約定に再三違反してこれの支払義務を履行しなかつたものであり，そのためにその頃本件賃貸借の基礎となるXとYとの間の信頼関係が破壊されるにいたつたと認められ，Yは右の更新料の不払を理由として本件賃貸借を解除しうるものというべく，したがって，本件賃貸借は前記催告期限たる昭和52年1月19日の経過と同時に解除されたというべきである。」

何度も更新料を30万円とし，更新料の支払いを猶予したが，分割払いの約定に再三違反して，賃借人が結局支払いをしないため，賃貸人が信頼関係破壊に価する債務不履行を理由にして賃貸借契約を解除することが認められた。

【143】 東京地判昭 57・10・20 判時 1077・80
（【108】＝【118】＝【162】＝【184】と同じ）

[事実] 前掲【108】参照。
[判旨]「被告 Y は，昭和 53 年 3 月末日に賃貸借の期間が満了し，翌 4 月 1 日から更新されたことにより，更新後（更新前と同額）の賃料 1 か月分と同額の 7 万 2,500 円の支払義務を負うに至ったものであり，本件更新料の右のような賃料の一部たる実質に徴すると，右義務は賃借人としての重要な債務であるというべきであるから，（2 年後の昭和 55 年にさらに更新料支払義務が生じたかどうかは措くとしても）Y が右更新料を催告したにもかかわらず支払わないことは，解除原因とするに足る債務不履行であると解される。これに加えて，賃貸借契約が当事者間の信頼関係を基調とするものであることに鑑みると，Y は，昭和 53 年 3 月末日の期間満了時に原告 X から更新についての協議の申入れを受けたときには，これに応じて誠実に協議をなすべきであり，また，法定更新後は賃貸借が期間の定めのないものとなったとはいえ，昭和 55 年 3，4 月当時には，前回の更新契約時から 4 年を経過していたのであるから，少なくとも賃料改訂の協議には応ずることが期待されたものというべく，Y が右両年の協議に応ぜず，むしろこれを故意に回避するものとみられてもやむをえない態度に出たことは，信頼関係を損うものというべきである。そうすると，……賃料の遅滞についての責任の有無（それは取立払の約定との関係で問題であるが）は別としても，Y には賃貸借当事者間の信頼関係を破壊すると認めるに足る債務不履行があったものと認めるのが相当である。」

更新料の不払いは賃借人の重要な義務違反であり，賃料改訂の協議を回避しこれに応じないことは信頼関係を破壊しないという。

次の【144】は，最判昭 59・4・20 の 2 審判決であって，X が控訴したものである。

ロ 信頼関係の破壊があり，かつ信頼関係を破壊しないとする特別事情がないとする場合

【144】 東京高判昭 58・7・19 判時 1089・49
（【178】＝【180】と同じ。横浜地判昭 57・5・21 民集 38・6・645 参照）（【140】の 2 審）

[事実] 控訴人（原告）X は昭和 9 年 12 月 14 日，本件土地を，被控訴人（被告）Y_1 らに賃貸した。契約内容は，期間 20 年，賃料年 150 円，普通建物所有目的であって，無断譲渡禁止と無断転貸禁止の特約付きであった。昭和 29 年 12 月 14 日期間が 20 年で満了し，契約が更新され，その後の更新期間中に，Y_1 は昭和 38 年ころ，右特約禁止に違反して建物(1)の増築をし，また，昭和 37 年に 1 年間賃料を滞納した。2 回目の期間満了日である昭和 49 年 12 月 14 日前に，X は Y_1 に更新料の請求をしたが，Y_1 がこれに応じなかったので，X は Y_1 を相手どり昭和 50 年 10 月 30 日に調停を申し立て，昭和 51 年 12 月 20 日，両者間に Y_1 は X に対し，更新料として昭和 51 年 12 月末日限り 50 万円を，さらに昭和 53 年 3 月末日限り 50 万円を支払うという調停が成立した。Y_1 はその間昭和 50 年 12 月 10 日，隣地に接続した場所に建物(2)を建築した。ところが，Y_1 ははじめの更新料は 50 万円は支払ったが，次の 50 万円はこれを支払わなかったので，X は，昭和 52 年 4 月 4 日，Y_1 に対し右更新料の支払いを催告し，その上で賃貸借契約を解除する旨の意思表示をした。Y_1 は，賃料はこれを遅ればせながら支払い，また残りの更新料もこれを供託した。

第4章　合意に基づく更新料授受

　以上は【140】の［事実］の認定を一応前提とするものだが，ただ，調停の内容が1審における当事者の認識とは異なり，控訴人（原告）X側によって，Xが，被控訴人（被告）Y₁の従前の借地権の無断譲渡・転貸（Y₁の妻Y₂への）やY₁による建物の無断増改築など，その他のY₁の不信行為を一切不問に付する代わりに更新料の支払いを合意するというように強調され，話合いがまとまったとするものだが，結局，Xは，Y₁が更新料を支払わないためY₁には信頼関係を破壊しない特別事情があるとはいえないことを主張した。

　［判旨］「土地の賃貸借契約においてその存続期間が満了するに際し授受されるいわゆる更新料の性質及びその不払の場合の効果については多くの議論のあるところであるが，本件事案について検討するに

　㈠　本件賃貸借契約は，昭和9年に締結され，当時権利金・敷金等の差入れはなく，昭和29年に第1回目の更新がなされ，本件は昭和49年の第2回目の更新に関するものであるが，その間地価を始め物価が著しく値上りしていることは明らかであり，Xは，更新料の額を算定するについて土地の更地価格に7割を乗じて借地権価額を算出したうえ，更にその1割をもって更新料の額とし（その当否は措く。），これについて双方当事者が協議し合意したものであって，その経緯から見ると，本件更新料は本件土地利用の対価として支払うこととされたものであって，将来の賃料たる性質を有するものと認められる。

　㈡　Xは，その所有土地の有効利用を考え，また，Y₁の不信行為もあったが，賃貸借契約の解消を求めず，その継続を前提として更新料を請求したものであるから，更新に関する異議権を放棄し，その対価としての更新料を請求し，これについて更新料の支払が合意されたものと認めるべきである。土地賃貸借契約の更新に際し，賃貸人が述べる異議に正当事由があるか否かは不明確な場合が多く，その解決のためには，多くの時間と費用を費して訴訟等で争われることがあるのであるから，訴訟等による損害を未然に防止する目的で金銭的解決をはかることは賃借人にとって利益となる側面もあり，その支払の合意は，必ずしも借地法6条の規定を潜脱し，同法11条の賃借人に不利なものとは一概にいえないから，本件事情のもとではその効力を認めるべきである。

　㈢　また，本件においては，Y₁に建物の無断増改築，借地の無断転貸，賃料支払の遅滞等の賃貸借契約に違反する行為（これらが，それ自体契約解除の原因たる不信行為に該当するか否かは別として。）があったが，本件調停は，これらYの行為を不問とし，紛争予防目的での解決金をも含めた趣旨で更新料の支払を合意したものと認められる。

　そうすると，本件更新料の支払義務は，更新後の賃貸借契約の信頼関係を維持する基盤をなしていたものというべきであり，しかも，右更新料支払の合意を，Y₁は弁護士を代理人とする調停においてなしたものであり，支払期限後は催告もされているから，その不払は右基盤を失わせるものとして，賃貸借契約を解除する原因となるというべきである。

　そして，本件について，前記認定事実によるとき，信頼関係を破壊しない特別事情があるとはいえないし，ほかに信頼関係を破壊しない特別事情の存在を認めるべき証拠はない。」

　そして，同じ更新料授受契約であっても，その契約が成立するプロセスにおいて弁護士の関与する更新料授受契約を結んでいるので，その不払いは，更新後の賃貸借の信頼関係を維持する基盤を失わせ信頼関係を破壊しない特別の事情がないとしている。

次の【145】は，1審が完全には信頼関係は破壊されないとしていたが，2審において信頼関係論を採用しその上で借主が信頼関係を破壊しない特別事情の存在を立証していないとした。上告審でもこの2審を受け容れ，それは立証責任を賃貸人から賃借人に転換する，いいかえると，原則は信頼関係が破壊されるとし，例外的に信頼関係が破壊されない特別の事情はないという構成をとった。

【145】 最判昭和59・4・20 民集38・6・610
（【101】＝【109】＝【179】と同じ）

［事実］ 前掲【109】参照。

［判旨］「ところで，土地の賃貸借契約の存続期間の満了にあたり賃借人が賃貸人に対し更新料を支払う例が少なくないが，その更新料がいかなる性格のものであるか及びその不払が当該賃貸借契約の解除原因となりうるかどうかは，単にその更新料の支払がなくても法定更新がされたかどうかという事情のみならず，当該賃貸借成立後の当事者双方の事情，当該更新料の支払の合意が成立するに至つた経緯その他諸般の事情を総合考量したうえ，具体的事実関係に即して判断されるべきものと解するのが相当であるところ，原審の確定した前記事実関係によれば，本件更新料の支払は，賃料の支払と同様，更新後の本件賃貸借契約の重要な要素として組み込まれ，その賃貸借契約の当事者の信頼関係を維持する基盤をなしているものというべきであるから，その不払いは，右基盤を失わせる著しい背信行為として本件賃貸借契約それ自体の解除原因となりうるものと解するのが相当である。」「本件において，賃貸人に対する信頼関係を破壊すると認めるに足りない特段の事情があるとは認められないとした原審の認定判断は，原判決挙示の証拠関係及びその説示に照らし，正当として肯認するに足り，その過程に所論の違法はない。」

ここでは，更新料授受契約において更新料は将来の賃料たる性質を有するものとし，賃貸借の重要な要素として組み込まれている，という。

【146】 東京地判昭59・12・26 判タ556・163
（【119】）と同じ

［事実］ 原告Xは，昭和32年12月19日，被告Yに対し，所有建物の一部を賃貸し，昭和53年3月20日，右賃貸借を更新したが，その際の約定内容は存続期間5年，賃料月8万円，使用目的店舗，保証金（更新料）64万円，保証金は年40パーセントの割合で償却する，次の期間満了更新時に新賃料8か月分相当額の保証金を差入れ，その保証金の償却額は20パーセントとする，ということであった。次の更新時にYが増額賃料と保証金とを支払わないため，Xは，昭和58年2月2日，Yに対して右賃貸借を解除する旨の意思表示をした。

［判旨］「Yは約定の保証金（更新料—筆者注）支払義務を負っているにもかかわらず右保証金の支払をしていないことが認められ，右保証金は低額賃料の補充及び営業利益の対価という性格を有するので，本件保証金の支払は，賃料支払と同様，更新後の本件賃貸借契約の重要な要素として組み込まれ，その賃貸借契約の当事者の信頼関係を維持する基盤をなしているものというべきであるから，その不払は右基盤を失わせる著しい背信行為として本件賃貸借契約それ自体の解除原因となりうるものと解するのが相当である。そして，本件において，原告に対する信頼関係を破壊すると認めるに足りない

第4章 合意に基づく更新料授受

特段の事情があるとは認められない。」

更新料不払いを信頼関係の法理の枠内で取り扱われるのは，契約解除の要件を単なる債務不履行とするのではなく，解除要件を債務不履行の上に信頼関係を破壊する何かを加重するものである。この法理を用いた判例には，東京地判昭50・9・22【113】，東京地判昭51・7・20【116】，東京高判昭54・1・24【142】，東京地判昭57・10・20【108】，東京高判昭58・7・19【144】，最判昭59・4・20【145】，東京地判平4・9・25【123】，東京地判平5・8・25【124】がある。その中の東京地判昭50・9・22【113】は，解除否認説であって，賃借人は，更新料を賃料前払以外の性質のものと解して支払いを拒んでいたが，もし裁判所がその更新料を賃料の前払いであることを明らかにすれば，賃借人には支払意思があるので，更新料不払いは，賃貸借当事者間の信頼関係の破壊にあたらない，とする。

また，東京地判昭51・7・20【116】も，信頼関係不破壊解除否認説であって，更新料授受契約は，賃貸人が異議を申し述べないことに基づく更新後の賃貸借の成立基盤となるので，その更新料不払いは賃貸借契約解除の原因となるとしながら，個別的にはその不払いの悪質の程度が賃料1か月分を2か月間支払遅滞したにすぎない軽微なものであるから信頼関係は破壊されず，賃貸借の解除原因にならないという。

しかし，東京高判昭54・1・24【142】は，信頼関係破壊解除容認説であって，更新料を分割して支払う旨約定しながら，再三約定に違反し，更新料を支払わないため，賃貸借当事者間の信頼関係の破壊を認めている。

東京地判昭57・10・20【108】も信頼関係破壊解除容認説で，賃借人による更新料不払いを実質上の賃料不払いであると解し，そのことが賃貸借解除の一原因となるが，しかし，賃借人が賃貸人からの更新の協議の申入れに応ぜず，誠実に協議に対応しないばかりか，故意に更新の協議を回避したものとみられてもやむをえない状況にあったことが信頼関係を破壊する一事由と解されている。東京地判平5・8・25【124】は，信頼関係破壊解除容認説であって，更新料の性質を賃料の一部と理解するとともに，更新料授受契約は，法定更新の場合にも適用になるとし，賃借人が，更新料の支払義務を一貫して否定し，更新料を支払わないことは賃貸借当事者間の信頼関係を破壊するものとした。

初期の頃の東京地判昭50・9・22【113】では，賃貸借の解除を否認する理由は簡単であった。しかし，東京地判昭57・10・20【108】などでは，信頼関係が破壊されたか否かの判断を詳細にするようになった。東京高判昭58・7・19【144】は賃貸借当事者間の契約条件についての交渉過程を評価の対象とし，東京地判昭57・10・20【108】は，交渉過程も更新料授受契約の取扱い位置づけも評価対象にしている。最判昭59・4・20【109】も，交渉過程も更新料契約の取扱い位置づけも対象にし，原審東京高判昭58・7・19【144】と同じく，信頼関係を破壊しない特段の事情のあることの立証責任は賃借人にあるとしている。

第6節　学　説

　学説には，更新料不払いが解除原因にならないとする消極説がある。それは野口説（野口恵三「更新料不払を理由に借地契約を解除できるか」NBL 315号45頁）であって，同説は，更新料不払いは重大な背信行為であるが「たまたま借主が更新料を支払わなかったために，借地契約そのものがご破算となり，強大な借地権が消滅して，その土地が100パーセント貸主に復帰することになるとしたら，それこそ棚からボタ餅です。法律家の生命はバランスのとれた考えができるかどうかにかかっています。更新料不払は，あくまでも金銭債務の不履行として差押等の手続でその回収を図れば足りるもの」，といっている。

　その他，解除批判説には，野村（豊）説（野村豊弘「最判昭59・4・20の判批」昭和59年度重要判例解説ジュリスト838号94頁）があり，同説は，「更新料支払いの慣習を否定した最高裁判決にみられるように，判例はこれまで更新料の授受に対して比較的消極的な態度をとっていた考えられるが，本判決は，更新料不払いを理由とする解除を肯定したという点で，重要な判決であり，今後，賃貸人に有利な方向に判例が修正されていくのかは注目に値しよう。ただ，本判決が解除を認めた一事例にとどまるものであり，解除の認められない場合もあることに留意しなければならない。」といっている。

　また，解除疑問視説には，内田説（内田勝一「最判昭59・4・20の判批」民法判例レビュー（不動産）判タ536号145頁）があり「信頼関係理論は元来，解除を制限する法理として主張されたもので，信頼関係破壊を直ちに解除事由とする構成には若干問題がありまた信頼関係と言う言葉が一般条項であり，その内容は不明瞭なことにも注意を払う必要があろう。とりわけ，本件のようにいわゆる人的信頼関係を重視し，本来解除事由足り得ない軽微な不信行為を列挙したうえ，賃借人は，背信行為的な人間であると推定させ，解除を肯定するような本判決の論理の運び方には疑問がある」，という。

　他方，解除容認説の広中説（批判部分もある）（広中「前掲判批」判時1129号189頁（評論310号27頁））があって，同説は，「更新料支払義務は，正確にはやはり特約上の附随的義務ともいうべきであり，かつ，特約上の附随義務に対する違反も賃貸借契約の「解除」原因たりうる」とし，解除容認説（結論的）の塩崎説（塩崎勤「最判昭59・4・20の判批」ジュリスト821号79頁）は，50万円の更新料の支払いを半月足らず怠ったことで賃貸借を解除されたのは酷だが，賃借人らの不徳のいたすところとし，また更新料の性質に注目する容認説の宮崎説（宮崎俊行「最判昭59・4・20の判批」ジュリスト817号38頁）は，更新料は土地利用の対価であったのでその支払義務は賃貸借の重要な要素でありその不払いは解除原因となるとしている。

　周知のように，昭和40年代から，不動産賃貸借では解除を制限するものとして信頼関係理論が導入されている。前にも述べたように信頼関係理論は解除原因を加重するものだ

第4章　合意に基づく更新料授受

が，その信頼関係破壊を理由に契約解除を容認する説には伊東説（伊東「東京高判昭45・2・18の批判」判タ275号72頁）などがある。同説は，「一般に，更新料の不払いは，その不払いの態様のいかんによっては賃貸人に対する信頼関係を破壊するに与って力ある事由であると考える。それは，地主が正当事由の存否を争い，その争いを法廷に持ち込むことをしないで，平和裡に契約の更新を認め，地主が形式上有する異議権を放棄したことに対する対価なのであるから，いわば，更新した賃貸借契約の基盤をなす契約に対する不履行だと考えられるからである。であるから，更新料の不払は，更新契約がどのような経緯を経て結ばれたかにかかわらず，賃料不払と同様，いなこれに劣らず，信頼関係を破壊するに至る背信行為であると考えたい。このことは，裁判上の和解で，期間満了その他の事由で双方が互いに賃貸借契約が完全に終了したことを認めた上，同一土地について新たな賃貸借契約を結び，その和解条項のなかで借地人が権利金ないし和解金の名目で金員を支払う約束した場合に，借地人がその約束された金員を支払わなければ，それが新たに発足した契約の解除原因となりうることと対比して，その権衡上からも是認されるのではなかろうか。」という。

太田（武）説（太田「前掲論文」判タ695号31頁）は，前掲最判昭59・4・20【109】と同じ見解を示し，「更新料の性質は様々であるが，どのような趣旨で支払われようと，当事者は更新後の賃貸借契約を円満に継続することを前提としてそれ相応の更新料の支払を約束したものであるから，更新後の支払約束は更新後の賃貸借契約そのものの内容とまでは言えないとしても賃貸借契約の重要な要素の1つに組み込まれたものとみるべきであって，その支払約束は当事者の信頼関係の基盤をなすものと言える。」という。賃借人が約束した更新料を支払わず，それが信頼関係を破壊すると評価するときは賃貸借契約は解除されることもあり得る，といっている。

控え目に解除を容認する説に沢田説（沢田みのり「最判昭59・4・20の判批」法時57巻1号128頁）があり，その説は「賃借人の権利は，借地法によって強力に保護されており，正当事由が存在しなければ，借地上の建物が存続する限り，借地契約はまず，継続するものだと解されている。一方，賃貸人は，例えば，地代請求権に関していえば，適当な地代改定すら期待しがたい状況にある。このような状況のもとで，賃借人は賃貸借契約を基軸にした賃貸人との関係を比較的安易に考える傾向がある。本判決は，約定更新料の不払を理由とする賃貸人の解除権を―控え目なかたちにおいてではあるが―認めたものであり，右の傾向に一石を投じるものとして評価されてよい。」という。

ところが，更新料不払いすなわち賃貸借解除という説を新しい時代の幕開けとなる画期的判決であるとするものに池田説（池田真朗「最判昭59・4・20の判批」法セ363号134頁）があり，同説は，「ここで最も注目すべきことは，一連の背信行為法理導入の判決のほとんどが，それを賃借人保護のために用いていたのに対し，ここではそれが賃貸人に有利な結果を導くために使われていることである。その意味で，本判決は一つの事例判決ではある

が，更新料不払でも解除できるという，実務上重要な事実を示したとともに，マクロ的には，賃借人保護をまず念頭において借地・借家の問題を考えていた時代は完全に終わった，ということを象徴的に示した点で，重要であると評することができよう。」という。

繰り返し引用するが，前述最判昭59・4・20【109】では更新料授受契約が賃貸借の基盤をなすということは，賃借人の賃貸借契約違反行為を賃貸人が宥怒するための解決金と更新料とを支払うことが授受契約の内容をなすからである。しかし，賃借人側の賃貸借契約違反行為といわれる行為は，その程度の大小はあれ長期間の賃貸借関係では発生することがあるものであって，その一つ一つがはたして不信行為といえるものであろうか，内田（勝）判例批評でも疑問が出されていた。事案が借家関係の場合と異なり借地関係の場合においてはなおさら一概に無断転貸，無断増改築ということも不信行為にあたるとはいえない場合もあるように思える。とりわけ，いわゆる信頼関係の理論というものは民法541条類推適用説に解除権濫用法理を結合させたものであるから，賃借人側が信頼関係破壊にならない特段の事由あることを立証しなければならない。しかし，そのような民法541条類推適用説に対しては，賃貸人側が賃借人に信頼関係を破壊する事由があることを立証すべしとする民法628条類推適用説（川島武宜「大判昭7・7・7の判批」判民昭和7年度119事件404頁など）がある。

第5章　慣習に基づく更新料授受

第1節　問題点

　更新料の根拠を，合意におくものと慣習におくものとでは，合意におくものが圧倒的に多い。①東京地判昭45・2・13【105】，②東京高判昭45・12・18【138】，③東京地判昭48・2・16【169】，④東京地判昭50・9・22【113】，⑤東京地判昭51・7・20【116】，⑥東京高判昭53・7・20【107】，⑦東京高判昭54・1・24【142】，⑧東京高判昭54・2・9【129】，⑨東京地判昭54・9・3【114】，⑩東京高判昭56・7・15東高民時報32・7・民166，⑪東京地判昭57・10・20【108】，⑫最判昭59・4・20【109】，⑬東京地判昭59・6・7【127】，⑭東京地判昭61・10・15【126】，⑮東京地判平2・7・30【132】，⑯東京地判平3・5・9【133】，⑰東京地判平4・1・8【134】，⑱東京地判平5・8・25【124】，⑲東京地判平9・1・28【135】，⑳東京地判平9・6・5判タ967・164，㉑東京地判平10・3・10【125】，㉒東京高判平11・6・28【128】が合意におくものである。

　不動産賃貸借の当事者間で更新料を授受させるのに，その根拠として合意が認められない場合には，わが国では代って更新料を直接規制するところの明文規定があるのかというとそれがない。したがって，更新料の授受が慣習によって求めうるか否かということを吟味する必要が出てくる。その点，関連判例をみてみると，法定更新の場合に，更新料授受の慣習があるか否かの判断は，その法定更新が合意更新に準じて取り扱う（借主と貸主との間に契約存続に対立する事情がないが，新賃料に合意がまとまらないなどで，たまたま法定更新となる）ことができるかということを基準にして判断しているように思われる。しかし，同じ法定更新の場合であっても，合意更新に準じて取り扱えないという場合には，更新料の授受を認めると，結果からみてそれが法定更新の成立要件を加重するため，そのことが借地法4条・6条・11条，借家法1条ノ2・2条・6条，借地借家法21条・37条にふれることにならないかといった関係を問題にしなければならないことになる。

　これまで，慣習の存在を容認する判決はわずか1例である。逆に，その存在を否認する判決は圧倒的に多く，9例である。しかも，慣習容認判決では，取り扱う事案の範囲が限られていて賃貸借契約満了時に賃貸人側に賃貸借の更新を拒絶できるような正当事由がな

第5章　慣習に基づく更新料授受

いという場合に限られている。すなわち，それは，法定更新の場合に，当事者間に紛争がなく，合意更新の場合と同じように取り扱うことができるという場合である。では，その法定更新の場合に適用する合意更新の場合の更新料授受の慣習というものが認められるのはどうしてであろうか。

ちなみに，決定例には，付随処分としての財産給付金を算定するのに「近隣地域における期間更新料，条件変更承諾料の支払慣行を肯定し期間更新料を諸般の事情から更地価格の1％とし，条件変更承諾料として更地価格の6％とする鑑定委員会の意見採用」（千葉地松戸支決平3・3・29金額事例集追録14～17・1183の7）。それでは，慣習の存在を否認する判決の根拠とは何であろうか。とりわけ，そのような更新料授受の慣習が，裁判上，一定の法的基準を充足し，規範性をもつものになるためには，事態がどのような状況になればよいであろうか（東京地判昭51・9・14【153】（借地法4条1項本文，6条1項を適用し消極）参照）。判例は事実たる慣習はその存在を主張する者がその存在を立証すべしということになっていた東京高判昭51・3・24【152】。学説には，更新料授受の慣習が，一般に認められれば，それで慣習は認められ，その際「当事者間において右の慣習に従うという積極的な意思表示はなされる必要はなく，当事者の意思から特に慣習に従わないという趣旨が認められない場合でなければよく，さらに当事者がその慣習の存在を知っている必要もないと一般に解されている（我妻栄・新訂民法総則［昭49年］252～253頁参照）」，といわれている。また，「賃貸借契約の当事者が，とくに更新料授受の慣習に従わないという意思表示をしていると判断される場合以外は，慣習の存在を当事者の意思解釈上援用することが，一応は許されるといえよう」（梶村太市「借地借家契約における更新料をめぐる諸問題（下）」判タ342号63頁）ともいわれている。とすれば，慣習が裁判規範となるために誰が裁判でどのような立証の手続をふめばよいことになるのであろうか。民法92条は，「法令中ノ公ノ秩序ニ関セサル規定ニ異ナリタル慣習アル場合ニ於テ法律行為ノ当事者カ之ニ依ル意思ヲ有セルモノト認ムヘキトキハ其慣習ニ従フ」，と定めている。慣習に基づく更新料授受については，いろいろと問題が多い。学説は，「事実たる慣習は法律行為の解釈の基準となるものであるから，当事者間に法律行為が存在すること，その慣習が強行規定に反しないこと，そして慣習と言いうるためには，両当事者の職業又は階級に普遍的なものでなければならないことが必要である」，としている（太田（武）「前掲論文」判タ695号29頁）。

第2節　慣習容認判例

【147】は，賃貸借契約が更新されたか否かということよりも，更新された後における当事者間の法律関係をどう処理するかに関わる事件である。

【147】 東京地判昭49・1・28 判時740・66
（【183】と同じ）

[事実] 貸地人原告Xが，借地人被告Yに対して，Yは期間満了後賃貸借を更新するに際して，事実たる慣習あるいは慣習法に基づき，更新料を支払わなければならないのに，その更新料を支払わないから，右賃貸借を解除して建物収去土地明渡しを求めた。それに対し，Yは，借地法4条，6条は，法定更新の成否をXが主張する更新拒絶の正当事由の認否によってのみ決すべく，それに加え金銭の授受やその他の要件を充足することまでは必要としていないものとし，また，右両規定は，強行法規であって慣習に基づき借地人が貸地人に更新料を支払うということを容認していない，と抗弁した。

[判旨] 「東京都区内においては，建物所有を目的とする土地賃貸借契約において，契約期間が満了して契約の更新が行われる際に，建物の存する場合，特別の事情のない限り，賃借人より賃貸人に対して更新料の名の下に相当額の金員を支払うという慣習が存在している。右の更新料は，更新の請求又は使用継続による法定更新（借地法4，6条）がなされていることを前提として単に更新料の支払のみが約定されることもあり，又，合意による更新（同法5条）の際にいわば更新の条件という形でその支払が約されることもある。形式としては，むしろ後者の場合が多いが，借地法に既に法定更新の規定がある現在では，更新の合意は賃貸人において法定更新に対して異議を述べないということを確認する以上の意味はなく，更新の効果を生ずるという点からみる限り法定更新と合意更新とを区別する実益はない。合意更新が成立するに至る実際の経過を見てみても，賃貸人は法定更新を前提として単に期間満了を契機として更新料の支払を請求し，賃借人とその額について合意が成立した場合，念のため賃貸借契約自体も合意によって更新するという形をとるに過ぎない場合が殆んどである。（もし法定更新が成立しない場合であれば，その際の合意更新は実質的には新契約による借地権設定と同様であるから，賃貸人は通常の権利金相当額を要求する筈で，少額の更新料で満足する訳はない。）右に見たように，更新料は，法定更新の場合であると合意更新の場合であるとを問わず，要するに期間満了により更新するに際して更新自体を理由として支払われるものであるということができる。

以上の更新料支払の慣行は，今や社会の法的確信に支えられた慣習法であるといえないこともないが，たとえそこまでは認められないとしても，所謂事実たる慣習としては既に確固として成立しているものというべきであり，右事実は当裁判所に顕著である。」という。

上記の判決は事実たる慣習として更新料の授受を認め，その慣習が実質的には合意更新と同じ内容の法定更新の場合に認められる，とするものである。

しかし，これまでの判例には，合意更新の場合に更新料授受の慣習はないとするものがある東京高判昭58・12・23【148】など。

慣習容認説についての学説は次のとおりである。

① 星野説（星野英一・借地・借家法83頁）は，慣習にしたがい，当初に支払われた権利金が，当初の期間の賃料の補充として算定されていたにすぎなかった場合，または，更新された期間の全部の賃料の補充として算定されなかった場合，更新後の賃料と合理的賃料との差額の前払いとしての更新料などを支払請求できるとし，② 滝沢説（滝沢聿代「東京高判昭58・12・23の判批」判タ529号172頁）は，

第5章　慣習に基づく更新料授受

長年存続する借地関係では，調整を必要とする賃貸借当事者間の利益上のアンバランスがあるため，その点を微調整しようとして慣習に基づき，更新料を授受させうるとし，また③甲斐説（鈴木禄弥＝高島良一編・借地の法律相談〔増補2版〕468～469頁〔甲斐道太郎〕）は，賃貸借取引の実際において，借地権そのものが相当な価格をもつものであるのに，法律の上ではそれが考慮されないことに対処する合理的な慣習であるとし，④三和説（三和一博「東京地判昭49・1・28の判批」判時756号154頁，判評190号32頁）は，借地判例において，「更新料の制度が賃貸人・賃借人の両者の利害を調整する合理性を含んでいる以上，かかる慣行のもつ合理性は考慮されるべきであ」る，という。慣習容認学説は，いずれも借地に関するものである。

第3節　慣習否認判例

次の判例は単なる合意更新の場合に更新料授受の事実たる慣習ないし慣習法がない，とするものである。

【148】　東京高判昭58・12・23判時1105・53
（【172】と同じ）

［事実］　訴外Aは，被控訴人（被告）Yに対し，昭和26年7月31日，所有地を存続期間30年，賃料月2,713円で賃貸したが，昭和51年10月7日に死亡した。それに伴い，控訴人（原告）Xが，A所有の土地を相続し，Aの賃貸人としての地位を承継した。借地の存続期間が昭和56年7月30日に満了し更新する際に，XがYに対し更新料290万円を支払うよう求めた（控訴棄却）。

［判旨］　「東京都内及びその週〔周〕辺部において，借地契約更新の際，当事者の合意に基づき借地人から地主にいわゆる更新料を支払う事例が多数あることは，当裁判所に顕著な事実である。しかしながら，右更新料の支払いがないままに更新される場合も少なくないことは，これまた当裁判所に顕著な事実である。……そして，更新料が支払われる場合であっても，その授受の趣旨は，契約の更新を円滑にするための代償，あるいは賃料の補充を目的とするなど区々多様であって，右更新料の性格を一義的に捉えることは困難である。要するに，更新料は，当該借地契約の内容，性格及び当事者の支払能力，意識，力関係などの事情如何によって，支払の有無とその金額が定まっているうえ，これが支払われる場合であっても，その趣旨，性格は一様でないのが実情である。したがって，借地契約更新時には，当然に更新料を支払うべき慣習が存在するということはできない。

ところで，《証拠略》によれば，本件土地周辺である豊島区高松町，同区要町，同区千川町及び板橋区南町，同区幸町，同区中丸町について調査した不動産鑑定士Aは，更新料を支払った事例20例を紹介して，この地域では更新料を支払う慣習があると判断していることが認められる。しかし，右20件が前記地域の借地事例のうちの何パーセントを占めるのか不明であるばかりでなく，前示の更新料支払の実情からすると，右証拠は更新料を支払うべき慣習を認めるに足りないものであり，他に右慣習を認めるに足りる証拠はない。」

【148】は，更新料の趣旨，性格が一様でないため更新料を一律の内容とする慣習は認められず，20例の紹介だけでは慣習の存在を

【149】 東京地判平 7・12・8 判タ 918・142

　これも【148】同様単なる合意更新の場合に更新料に関する慣習ないし慣習はないとしたものである。しかし、地価高騰に伴う適正地代と支払地代との差額を更新料として授受することは合意で多くなされている、という。

　[事実] 原告Xは、昭和31年7月16日に、甲土地株式会社（後に甲会社は、A会社・B会社と商号変更）に対し、B本館が所在する敷地の一部を、賃料坪当り月330円、存続期間30年の約定で賃貸した。その後、昭和59年8月22日に、被告Yおよび甲会社は、東京地裁に会社更生手続開始の申立てをなし、昭和60年2月18日、同裁判所から右会社更生手続開始決定が出された。しかるに、さらにその後、昭和62年2月17日に、乙グループが右甲会社およびYを支援するということになり、昭和62年9月11日、乙グループの代表者Cが甲会社とYとの管財人となった。同年11月20日、同裁判所は、甲会社およびYの会社更生計画を認可する旨の決定を出し、同日、甲会社はYに吸収合併された。その結果、Yは、甲会社から同社が有していた借地権を譲り受けた。ところで、昭和61年6月12日、XはYとの間で事前交渉として、本件土地賃貸借契約が更新になる場合には、その条件としてYは、Xに借地権価格の10パーセントないし7パーセント程度の支払いをするよう求めていたが、Yは、反対した。そして、新たな提案として会社更生計画案にもりこまれている借地権を含む不動産の譲渡処分が、実際に具体化した場合に授受される借地権譲渡承諾料の中に更新料を付け加えたいと申し出た。このような事情の下で、Xは、Yとの間で具体的な交渉はできなかったが、Yが更新料の支払自体はこれ承諾していること、また更新料の支払いの合意がないとしても、それは事実たる慣習、慣習法によることを理由にしてYに対し、更新料の支払いを求めた。

　[判旨] 「土地の賃貸借契約の更新に際して、賃料を補完するものとして更新料の支払いがなされる事例の存することは否定し得ないところであり、東京都内、特に銀座地区においては、賃貸借契約の更新に際して、更新料が支払われる例が多くみられるが、これらの更新料の支払いは、賃貸借契約の更新時における更新条件等の協議に基づいた合意の結果、支払いがなされるに至ったもので、Xが主張するように、当事者間の更新料支払いに関する合意が存しないにも関わらず、慣習あるいは慣習法に基づいて当然に更新料の支払いがなされたという事例は散見することはできない。したがって、東京都内、特に銀座地区においては、賃料の増額が地価の高騰に追いつかず、適正賃料額と現実の賃料額との差額が拡大する傾向にあることから、更新料の支払いが一般的に行われているとしても、右更新料の支払いが、慣習あるいは慣習法に基づいてなされている事実を認めることはできない。」

　この【149】は、東京銀座地区において更新料の授受は多いが、それは合意によるものであって慣習によるものでないという。

　以下の【150】ないし【158】は、法定更新の場合に更新料授受の慣習はないとする。

【150】 東京地判昭 48・1・27 判時 709・53
（【110】と同じ）

　[事実] 前掲【110】参照。
　[判旨] 「原告X主張のような、借地契約の法

第5章　慣習に基づく更新料授受

定更新に当って賃貸人の請求があれば，賃借人に当然に更新料支払の義務が生ずる旨の商慣習ないし事実たる慣習の存在については，《証拠略》によってもこれを認めるに足りないし，他にこれを認めるに足る証拠はなく，却って，そのような商慣習ないし事実たる慣習が成立する余地がないものと解すべきことは後に示示するとおりであって，借地人には法律上更新料を支払う義務は当然には存しないものと解すべきであるから，Xにおいて当然被告Yより相当額の更新料の支払を受けうるものと期待するところにそもそも無理があったと言うべく，その支払を拒絶するに至ったYの前記所為をもって背信行為と目することは到底不可能である。」

「借地契約の法定更新に当り賃貸人の請求があれば当然に賃借人に更新料支払の義務が生ずる旨のX主張のような商慣習ないし事実たる慣習の存在を認めうべき証拠のないことは既述のとおりであるが，仮に，右のような，一般的に法定更新があれば賃貸人はその一方的請求により当然に更新料請求権を取得するとの慣習の存在が認められるとしても，このような慣習は，賃貸借の法定更新により当然に賃借人に更新料という経済的負担（Xの主張によるもそれは決して軽いものではない。）を強制するものであって，事実上賃借人の不利に，借地法の定める法定更新の要件を加重する結果となるものといわざるをえないから，同法第11条の規定の精神に照らし，その効力を認めるに由ないものと解すべきである。（なお，近年東京都内等都市部においては，借地契約の更新に当って借地人から地主に対し，借地の更新価格に対する一定割合の金員を更新料として支払う例がかなり一般化しており，裁判所における和解あるいは調停の条項として，借地人に対し相当額の更新料支払の義務を課する事例も少なからず見受けられることは公知の事実であるけれども，これは，個別具体的にそれぞれの状況判断のもとに更新料の支払を約するものであるから，その効力いかんは別個の問題である。）」。

この判決は更新料授受の慣習を法定更新の場合に認めると，法定更新の要件を加重し借地法11条に違反するという。

【151】　東京地判昭50・9・23 判時814・127
（【176】と同じ）

[事実]　昭和28年11月30日，原告X被告Y間でX所有の土地の賃貸借がなされた。契約内容は，存続期間20年，地代月坪300円であった。賃貸人側のX，その母A，その妹B3人の生活は，賃貸地の地代収入とB（52歳，銀行勤務）の収入に支えられ，他方，賃借人側は，Y，その母C，妻D，息子2人E，F，とが借地上の建物に居住し，YとE，Fがバックルの製造加工をしていた。そして，原材料の仕入先や納品先が借地のある台東区内に集中しているといった状況下で，Xが，Yに対し，第1次請求として，昭和48年11月29日の期間満了時に，借地契約の更新を拒絶する意思表示をしたが，裁判所は，その更新拒絶には正当事由がないと判示した。そこで，Xは，第2次請求として，法定更新になった場合に更新料授受の慣習法があることを前提にして更新料の支払いをYに求めた。

[判旨]　「土地の賃貸借において，約定の賃貸借期間が満了した際，賃貸人と賃借人が賃貸借契約の更新につき話合い，更新後の期間を定めるとともに，時には地上建物の増改築についても承諾を与え，その際これらの対価を含め，更新料として相当の金員の支払われることが世上存在することは，裁判所に顕著な事実であるが，法定更新の場合にXの主張するように更新料を支払う事実たる慣習ないしは慣習法が存在する

と認めるに足る証拠はなく，又更新料支払の有無は，その後の賃料額決定につき考慮されることになるのであるから，法定更新に際し，更新料が支払われなくても，賃貸人の権利がその故に侵害されるとは認められない。」とする。

【151】は，合意更新の場合には，増改築の承諾料を含む更新料が合意で授受されるが，しかし，法定更新の場合は，証拠がないため，更新料授受の慣習の存在が認められないとし，賃貸人が，更新料を実質賃料とみているためか，それがとれない不利益は，賃料の増額を求めることで補充できる，としている。

次の【152】は，前述の【150】の2審判決である。【150】は事実たる慣習の証拠がないとするが，【152】は，仮にその証拠があるとしても法定更新の場合は無償であるとする借地法の趣旨からすれば，慣習法にもとづき法定更新の要件に金銭的負担を加重することは許されない，といっている。

【152】 東京高判昭51・3・24 判時813・46
（【170】と同じ）

［事実］ 控訴人（原告）Xは，被控訴人（被告）Yに対し，主位的請求として，原判決の取消を求め，予備的請求として，貸地の更地価格の80％に当る78万8,667円の支払いを求めたが，しかし，更新料の金額に関する当事者それぞれの主張に開きがあり，更新料授受の合意が成立しなかったため，慣習の存在を理由にして，更新料の支払いを求めた。

［判旨］「Xは，借地契約の賃貸期間の満了に当り，賃貸人の請求があれば当然に賃貸人に対する借地人の更新料支払義務が生ずる旨の商慣習ないし事実たる慣習が存在すると主張するが，かかる商慣習ないし事実たる慣習の存在は認めることができない。もっとも，東京都内において，借地契約の賃貸期間満了に当り，賃貸借契約当事者双方の合意に基づき借地人から賃貸人に対しいわゆる更新料を支払う事例が多いことは当裁判所に顕著なところであるが，借地法第4条第1項本文，第6条第1項本文等の規定が適用される場合には，賃貸人に更新拒絶・異議の正当な事由の存しないかぎり，賃貸人の承諾をなんら必要とすることなく，かつ借地人になんらの金銭の負担なくして更新の効果を借地人に享受させるのが借地法の趣旨であることを考えると，上記のように借地人から賃貸人に更新料が支払われる場合は，契約当事者双方の合意に基づく更新料の授受を附款とする合意更新にほかならないと解するのが相当である。

したがって，X主張のごとき商慣習又は事実たる慣習の存することを前提とし，かかる商慣習又は事実たる慣習に基づき賃貸人の一方的請求により借地人に更新料支払義務が生ずることを理由とするXのYに対する更新料の請求は，その余の点について判断するまでもなく失当といわなければならない。」

先の東京地判昭48・1・27【150】と同じく東京地判昭50・9・23【151】も東京都に多いのは，合意更新の場合に更新料授受契約がある場合であって，そのようなこと自体は法定更新の場合に更新料授受の慣習があることにはならないとする。

【153】 東京地判昭51・9・14 判時858・85

［事実］ 昭和29年4月1日，原告X，被告Y間に，土地賃貸借契約が，存続期間20年という約定で締結された。そして，20年目の昭和49年3月末日に期間が満了し，その賃貸借は更新

第5章　慣習に基づく更新料授受

された。Xは，地代値上請求とあわせ，更新料支払請求をした。

[判旨]「Xは，東京都区内においては土地賃貸借契約の合意更新が行われる場合，借地権価格の5ないし10パーセントの更新料が借地権の継続的保有の対価として賃借人から賃貸人に支払われるという事実たる慣習が存在すると主張するが，本件全証拠によってもかかる慣習の存在を認めることはできない（「事実」たる慣習である以上，その存在を主張する側においてこれを証明すべきものであることは言うまでもない。）し，もとよりかかる更新料の支払が社会の法的確信に支えられた慣習法などとする理由はない。もっとも借地契約の賃貸借期間満了に際して契約当事者間の合意に基づいて更新料が授受される場合（法定更新の場合即ち借地法第4条第1項本文，第6条第1項本文等の規定が適用される場合には，賃貸人に「正当ノ事由」の存しない限り，賃貸人の承諾や賃借人の出捐なくして賃貸借契約の効果を賃借人に享受させるのが借地法の趣旨であると考えられるから，当事者間で更新料が授受された場合は，これはすべて合意更新であるとすべきである。）は，賃貸借関係の存続が契約当事者間の正当な私的自治に委ねられたものであって，ここでその効力を云々すべき限りでない。しかしながら法定更新の場合には，仮にX主張の如き更新料授受の慣習が存在するとしても，これを認めることはできないものである。蓋し合意更新と法定更新とは借地法上も区別された存在であって，前述の通り，借地法第4条第1項本文，第6条第1項本文等の規定が適用される場合には，賃借人に何らの金銭的負担を負わせることなくして，即ちXが主張するような更新の対価を問題とすることなくして更新の効果を賃借人に享受させるのが右各法条の趣旨であるから，契約当事者間で合意に達することができずに法定更新したのに，更新の効果だけはあるとして更新料は請求するというのは解釈上到底許されないところであるからである。また賃貸借契約書に仮に更新料支払の条項があっても強行規定たる借地法第11条の精神に照らしてその効力を認めるに由ないと解すべきものであるが，契約当事者間に全く何の合意もない場合にはなおさら，賃借人の不利に更新の要件を加重する法律上の「更新料請求権」（しかもその金額は，本件の場合には金100万円を超えているのであって，賃借人にとって相当に重い負担であると言わねばならない。）を認めてこれを強制することはできない。他方法定更新の場合に賃借人に更新料支払義務があるものとすると，賃貸人としては右義務の不履行を理由として賃貸借契約を解除することができることになりかねないが，かかる事態は借地法上容認できないことが明らかであるから，法定更新の場合に更新料請求権を認めようとすると，更新の効果である賃貸借契約の存続と更新料支払義務を分離して論ずるような不自然なことにならざるを得ないのであるが，これでは借地法の定める法定更新の事実上の潜脱に等しく，かかる解釈を容れる余地はないものとしなければならない。」

【153】は，前掲東京地判昭48・1・27【150】と同じく，全証拠からみても，更新料授受の慣習が認められない，事実たる慣習はその存在は主張する側が立証する責任がある，合意更新と法定更新は，同じ更新でも区別されるべきで，合意更新の場合は私的自治のたてまえから更新料授受の合意はできるが，しかし，法定更新の成立要件に更新料授受という要件を加重することは借地法11条に違反する，法定更新の場合に更新料支払義務を認めることは，合意更新とは，分離できない更新料を

分離するという不自然さが生ずる、ということを理由に慣習を認めず、地代については、昭和47年4月以降8,080円、昭和48年10月1日以降1万1,160円、昭和51年4月1日以降1万5,000円の限度で支払請求を認め、更新料請求は認めなかった。

借地法の趣旨に違反するという慣習否認説の論拠は東京地判昭51・9・14【153】と東京地判昭48・1・27【150】と東京高判昭51・3・24【152】とに共通したものである。

【153】で、注目されるのは、「契約当事者間で合意に達することができずに法定更新したのに更新の効果だけはあるとして更新料を請求するというのは解釈上到底許されないところである。」という点である。

次の【154】は、その2審判決【153】が、宅地賃貸借の法定更新に際し更新料の支払義務が賃借人に発生する旨の商慣習ないし事実たる慣習の存在を否認したのをそのまま踏襲した。

【154】 最判昭51・10・1 判時835・63（この1審判決は前述【110】＝【150】、この2審判決は【152】）

［事実］【152】参照
［判旨］「宅地賃貸借契約における賃貸期間の満了にあたり、賃貸人の請求があれば当然に賃貸人に対する賃借人の更新料支払義務が生ずる旨の商慣習ないし事実たる慣習が存在するものとは認めるに足りないとした原審の認定は、原判決挙示の証拠関係に照らして、是認することができ、その過程に所論の違法はない。」

【155】 東京高判昭52・6・15 東高民時報28・6・民135、判時860・115

［事実］ 原審の1審判決では、更新料支払いの事実たる慣習がないとし、賃貸人による更新料支払請求が棄却されたが、土地賃貸人は、「更新料が支払われる事例は、権利金、増改築承諾料、名義書換料などが支払われる事例よりはるかに多く、借地人においても地代の増額には抵抗するが、更新料は更新時に1回支払えば足りることから、その支払は抵抗なく受入れられている。更新料撤廃の運動をしている借地人は、極く少数であって、更新料支払の慣行を左右するものではない。」として控訴。

［判旨］「更新料が支払われる事例が相当数あることは、当裁判所に顕著な事実であり、更新料支払の合意をしてもなんら借地法に反するものでなく、その効力を認めるべきものである。しかしながら、その金額は一率ではないし、合意がないにもかかわらず、更新料として借地人に対し相当額の金員の支払を強制することまで、一般の借地関係の当事者が認めているかとなると、次のとおりはなはだ疑問である。すなわち、借地人に対し更新料の支払を強制できるのであれば、逆に、借地人が更新料を提供すれば、貸主からの更新拒絶による明渡請求を拒むことができるとしなければ衡平の観念に合わないことになるであろう。しかし、借地関係の当事者が一般にこのような結論を認めているとは、到底いえず、法解釈上もこのような結論は認められない。そのうえ、《証拠》にもあらわれているように、貸主が更新料の支払を求め、借地人がこれを承諾しても、その支払方法については一時金で支払う場合もあれば、その後の地代の増額で考慮することもあり、そのいずれか一方に合理性があり、他方にはないということは認められない。そうとすれば、当事者の合意なくして

第5章　慣習に基づく更新料授受

更新料の支払を強制することは，この面でも一般の認識とへだたりがあるというべきである。以上の検討の結果からみると，更新料の支払を事実たる慣習と認めて，その支払を強制することは相当でないのであって，控訴人の更新料の請求は理由がないものといわねばならない。」

　この判決は，更新料の徴収を一時金によらずに，地代増額ですることもできるので，更新料授受の慣習の存在は認められないとする。注目すべき点は，この【155】では，次のことは解釈上否定されているが，更新料の支払いを強制すれば逆に更新料を支払うことによって更新拒絶による明渡請求を拒むことができなければならないことを指摘する点である。

【156】　東京地判昭53・7・19判タ371・104
（【157】の1審判決）

　[事実]　原告Xは，東京都内において土地の賃貸借契約につき，期間満了に伴う更新に際し，賃借人より賃貸人に対し，更新料として，借地権価格の5ないし10パーセントの割合による金員を支払う慣習法ないし事実の慣習がある旨主張し，そのことを前提として，被告Yに対し，更新料の支払いを請求した。

　[判旨]　「右慣習の存在を立証すべき証拠としてXが提出した甲第7号証は，社団法人日本不動産鑑定協会内の研究団体である「日税不動産鑑定士会」が作成し刊行したもので，その成立については当事者間に争いがない書証であるが，その内容についてみるに，右は昭和48年から昭和52年の4年間における主として東京都23区内の更新料の授受について調査したものであるところ，その取扱事例は総数で229件，うち本件賃貸借契約と同種の商業地域の事例は67件が取扱われているに過ぎず，しかも，その調査対象となるべき事例がどのような基準によって選定されどのような方法で調査されたものか明らかでない。従つて右書面をもって，更新料授受の慣習の有無を認定するに足りる資料とすることはできず，他に右慣習の存在を認めるに足りる証拠はない。

　しかも，右調査結果についてみるに，更新料の授受があつた事例は右229件のうち207件であって，調査対象件数の90パーセントを超えているが，その授受の理由についてみると賃借人側においては，賃貸人の再三再四の請求のためであるとか，賃貸人との争いを避け，或は訴訟を回避したいためであるとか，借地権の消滅をおそれ或は借地権を確保したいためなど，賃貸人からの請求に対しその争いを避けたい趣旨で止むなく支払つたか，或は法定更新の障害となるべき事情があるかそのおそれがあるため，借地権の安定を図るため更新料を支払つて合意更新したとみられるものが全体の半数に近い49.1パーセントを占めているとみられる。

　本来，当事者の合意による更新料の授受を禁止しているか否かはともかく，その要件を具える限り当然に期間の更新を認められるべき法定更新制度のもとにおいて，借地人の更新料支払の意思決定が右のような実情でなされているとすれば，相当数の事件において更新料が授受されているからといつてこれをもって契約における当事者の合理的意思内容を決定する基準となるべき慣習とすることは相当でない。」

　【156】は，相当数の事件によって，更新料が授受されているからといってこれをもって契約における当事者の合理的意思内容を決定とする基準となるべき慣習とはできないという。これは，包括・抽象的に証拠によって，あるいは全証拠によって更新料授受の慣習な

しといった表現をせず，更新料に関する調査結果を丹念に分析した上でなお，否定説をとったものである。しかも，授受の数だけでなく当事者の意思内容を具体的に評価している。たとえば，この判決は，調査対象にした229件のうち，207件が更新料を授受しているが，そのデータでは，「賃貸人からの請求に対しその争いを避けたい趣旨で止むなく支払ったが，法定更新の障害となるべき事情があるが，そのおそれがあるため，借地権の安定をはかる」という理由でなされた更新料の授受は，慣習とはいえないとする。この判決は，一方では，「要件を具える限り当然に期間の更新を認められるべき法定更新制度」という考え方が働いている。

【157】　東京高判昭54・6・29判時938・46
（【156】の2審判決）

［事実］　【156】参照。
［判旨］　「一　……社団法人日本不動産鑑定協会所属の研究団体である日税不動産鑑定士会は，昭和48年1月1日頃から昭和52年1月1日頃までの間の主として東京都23区内における建物所有の目的の土地賃貸借が更新される際の更新料の授受の実態について調査し，昭和52年8月頃この調査の結果をまとめて「更新料（借地期間満了に伴う）の実態調べ」と題する統計表等（すなわち，甲第8号証）を作成，発行したことが認められるところ，同表によると，その基礎となった同都23区内の調査対象事例は総数229件であり，このうち更新料の授受のあったもの208件（但し，このうち1件は特殊事情ありとして，同表における分析対象からはずされた），これのなかったもの21件となっていることが認められ，このことからすると，更新料の授受のあった事例の比率の高いことが明らかである。

二　しかしながら，問題は，単に右比率の高低ではなく，建物所有を目的とする土地賃貸借における期間の満了にあたり，賃貸人の一方的な請求により当然に相当の更新料の支払義務が賃借人に生ずる旨の事実たる慣習ないし慣習法があるか否かにあるから，更に右更新料が授受され，授受されなかった経緯につき吟味すべきである。

三　同表によると，更新料の授受があったとする右207件のうち賃借人から支払った理由につき回答のあったもの84件（回答に挙げられた理由の合計は110）についての集計の結果からすると，賃借人において更新料を支払った理由として，「再三再四請求されたから」，「借地権を確立しておきたかったから」，「借地権の消滅をおそれたから」，「支払う必要はないと認識していたが訴訟するには金もかかることだったから」，「地主と争うのがいやだったから」等賃借権の安定，確保のためだったとする回答理由数が前記回答に挙げられた理由の総数に対し49.1パーセントであること，他方「近所の人が払っているので近所の付合と思って支払った」とする回答理由数の同比率は13.6パーセントであり，「支払うことが慣行だと思って支払った」とする回答率は31.9パーセント，「支払い得る額だったので抵抗なく支払った」とする回答率は1.8パーセントであることが認められる。また，更新料を受領した地主側の回答に挙げられた理由106（回答実数は88件）中「もらうことが当然だと認識してもらった」とするものの比率が63.2パーセントであることが認められる。

四　次に同表によると，更新料の授受のなかった右21件につき同数の賃借人からの回答（回答に挙げられた理由の合計は24）についての集計の結果からすると，更新料を支払わなかった理由として，「支払う法的根拠がないから

第5章　慣習に基づく更新料授受

支払わなかった」とする回答理由数の右回答に挙げられた理由の総数に対する比率が33・3パーセントであり、前同様右21件のうち地主から回答のあったもの（回答数20）に挙げられた理由（この理由の合計は22）の集計の結果からすると、更新料を受取らなかった理由として、「請求するだけの法的根拠がないと思ってあきらめた」とする回答理由数の比率が22.8パーセント、「請求はしたが断られたので、そのままになってしまった」とするものが31.8パーセントであることが認められる。

　五　以上認定した甲第8号証の調査、統計については、その対象件数が東京都23区内の借地につき約4年間に期間満了となったもののうち229件ときわめて少数であるうえ、そのうち更新料の授受があった事例につき当事者からその理由を回答したものの実数は借地人側も地主側もその半数に達しないことが認められ、更新料の授受につき、当事者の意識等その実態を明らかにし、前記事実たる慣習ないし慣習法の存否を判断する資料としては不十分であると言わざるをえない。

　さらに、右三の認定からすると、更新料の授受のあった事例のうち、賃借人が自己の賃借権を安定させ、確保するため更新料を支払った事例におけるその支払は、必ずしも契約更新時における賃借人の義務としてこれを支払ったものとは限らず、この事例のあること及びその比率は前記二の事実たる慣習の存在を支えるものとなし難い。

　また、前同様右三の認定からすると、更新料の授受のあった事例のうち、「近所付合と思って」又は「慣習と思って」更新料を支払った旨の回答理由数がそれぞれ相当の比率にのぼることが認められるけれども、右各比率はこれらを合計しても50パーセントに満たない。また、これらの回答を含め、更新料の授受があった事例において、賃貸借の法定更新の要件の存在が明確であるのに、なおかつ右の支払がなされたのかどうかについては必ずしも明確でなく、これらの点において、右事例の存在もなお前記二の事実たる慣習の存在を認定するに足りないものである。

　なお、更新料を受領した地主の回答中、その理由としてこれをもらうのが当然と認識していた趣旨のものが多数を占めるのは、既にこれを受領した者の回答としては当然であって、右事実をもって前記の事実たる慣習の存在の証左とすることはできない。

　六　さらに、右四の認定からすると、賃貸人、賃借人らにおいて更新料の授受についてこれの法的根拠はないものあるいは強く要求できないものと考えられている事例もかなりあることが認められるのである。

　七　以上要するに、同表（甲第八号証）及び前記証言によっても右二の事実たる慣習の存在を認めるに十分でなく、他にこれを認めるに足りる証拠はなく、固より同二の慣習法の存在を認むべき証拠はない。」

【157】では、【156】と同じ調査資料を再検討しているが、提出された全調査資料では、資料の数が少なく、判断の材料も不足しているし、とりわけ、全調査資料のなかでも、慣行によるとするものが約32％であり、これでは、慣習の存在を認定することができないとする。なお、【157】は、「更新料の授受があった事例において賃貸借の法定要件の存在が明確であるのに、なおかつ右の支払がなされたのかどうかについては必ずしも明確でなく」、したがって、事実たる慣習の存在を認定できないという。

【158】　東京高判昭55・5・27 判タ419・100

[事実]　控訴人（原告）Xは被控訴人（被告）Yに対し，東京都区内における土地賃貸借の合意更新の場合には，借地権価格の5ないし10パーセントの更新料の授受が，慣習法ないし事実たる慣習として成立していると主張し，これを前提として，法定更新の場合にも，右金額の更新料の支払いがなされるべきである，と主張する。

[判旨]　「借地権が存続期間の満了によって消滅する場合，借地法第4条第1項本文の更新請求により，あるいは同法第6条第1項の使用継続により，いわゆる法定更新が期待せられるにかかわらず，なお，更新料を授受しての合意更新がなされる事例が巷間，少なくとも東京都区内において少なくないことは，今や公知の事実であるけれども，そのことから直ちに，法定更新の場合にも同様であるべきである，と論じることはできない。

借地法は，合意更新と法定更新の2種の更新方法を認めていると解されるから，借地権者が前者の方途を選ぶことは，もとより借地法の精神に反するものではないが，反面，この両者の比率がどのようになっても，例えば，借地期間満了に際して建物が存するのになお合意更新の方途を選ぶものの比率がかりに9割に達したと仮定しても，その故に借地期間満了時に建物が存する場合の契約更新につき更新料支払が慣習化したとして，慣習法あるいは事実たる慣習の法理を以て，合意が整わずに法定更新に立ち至ったような事態までも律するのは，借地法が右両種の更新を区別し，法定更新においては借地権者側からの更新の対価の出捐を問題とせずに更新の効果を発生させることとした制度の趣旨に明らかに反することとなろう。

たしかに，更新料授受の合意がなされないま ま推移すれば法定更新となる場合において授受の合意がなされるという事態は，一見「法定更新に際して更新料が授受された」と受け取られ易い側面があることは否定できない。しかし，法定更新に際しては借地法第4条第1項但書に規定する「正当ノ事由」の存否が争いとなる可能性があるから，借地権者としては，「正当ノ事由」が肯認され更新が否定されることとなる危険を回避するためには金員の出捐を辞さぬ場合もあろうし，また，賃料増額についての土地所有者との交渉の労を省くため，賃料補充の意味で相当額の出捐をも合理的と了承する場合もあろう。そのような考えを持つ借地権者が，あえて同法第4条第1項，第6条第1項による更新の効果の享受を捨てて，進んで更新料の授受を伴う更新という方途を選んだ以上，それは既に法の予定する法定更新ではないのであるから，このような事態を「法定更新に際して更新料の授受された」事例と見るべきではないのである。「宅地賃貸借契約の法定更新に際し，賃貸人の請求があれば当然に賃貸人に対する賃借人の更新料支払義務が生ずる旨の商慣習又は事実たる慣習は存在しない。」（最高裁判所第2小法廷昭和51年10月1日判決）というべきである。」

この判決は，前述の東京地判昭49・1・28【147】という慣習容認判例の判例法理に似た分析をしながら，なお，反対の否認説の立場にたつものである。すなわち，これも前述の最判昭59・4・20【109】が指摘しているような，賃貸借契約存続中，期間満了，更新前後における事件の経緯に詳細な分析も施している。賃借人として法定更新を選択しうる場合に，合意更新を選択する事実が9割に及んだとしても，それゆえに，法定更新の場合を合意更新の場合に類似せしめて更新料授受の慣

第5章　慣習に基づく更新料授受

習があるとはいえない，と説示している。容認判例の論点に種々言及しながらも，法定更新が賃借人の経済的負担なしになされるところに借地法4条などの立法趣旨があることを強く認識した判決といえよう。

【159】　東京高判昭62・5・11 金判779・33

[事実]　建物賃貸借契約の法定更新の際に更新料を支払う事実たる慣習があるとして，これを訴求したところ，1審判決はこれを棄却し，この控訴審判決もそれを支持したものである。

[判旨]　「借家法1条の2，2条，6条によれば，借家法の適用のある建物の賃貸借は，その期間が満了する場合であっても，一定の要件の下に法定更新されることになっており，賃貸人は正当の事由がない以上更新を拒むことができず，また右法定更新については更新料の支払を要しないことが明らかである。したがって，右法定更新に当たり更新料を支払う慣習が成立する余地はない。

もっとも，東京都内においては，建物賃貸借の期間満了に際して更新料の支払がなされることが多いことは当裁判所に顕著な事実であるが，右のような事例は当事者の合意により賃貸借を更新し，双方の合意に基づき更新料を支払つているものと認めるのが相当であり，右のような事例が多いからといって法定更新の場合に更新料を支払う慣習があるということではない。」

【160】　東京地判平4・1・8 判時1440・107
（【134】＝【165】）

[事実]　前掲【134】参照。

[判旨]　借家の場合につき，「契約条項の文言からは法定更新を含むとは推認されないこと，別個に保証金が差し入れられて明渡時に償却が予定されていることから特に更新料により賃料を補充する意義は認められないこと，賃貸借期間中でも賃料の増額請求ができるとされている（第4条）ことから，これにより適正な賃料額を確保できること，法定更新の場合も含むとの慣行が存在し，かつ，その慣行を合意したと認めるべき事情のないこと，また結果論ではあるが，YはXに更新を拒絶され，かつ，明渡訴訟を提起されており，更新の利益を享受していないことなど諸般の事情を総合考慮すると，本件更新料支払いの合意は，賃料の補充的性格は希薄であり，更新料支払義務の発生について法定更新の場合を含むと解すべき特段の事情があるものとは認められず，したがって，XはYに対し更新料の支払いを求めることはできないと解すべきである。」

借地判例の多くは，右慣習を否認する理由に借地法違反をあげる。判例にはより詳細に，東京地判昭53・7・19【156】のごとく，「要件を具える限り当然に期間の更新を認めるべき法定更新制度」といい，東京高判昭54・6・29【157】は，「法定更新の要件の存在が明確である」といい，東京高判昭55・5・27【158】は，「借地法が右両種（合意更新と法定更新）を区別し，法定更新において借地権者からの更新の対価の出捐をせずに更新の効果を発生させることとした制度の趣旨に明らかに反することになろう。」というものがある。

第4節　学　　説

学説は，法条相互の間の調整をはかることを第一義的なものとしている。それゆえ，た

とえば，民法92条との間の整合上の矛盾を解決するために法例2条を慣習法，民法92条を事実たる慣習と解することをやめ，いずれも両条を慣習の効力に関する規定とみている。また，民法92条を民法91条と見比べ民法92条の独自性を貫くには，前述のように慣習は，それを排除する意思表示がない限り存在するものとして取り扱われる，としている。前述の判例は，まさに実務処理に適した考え方をとろうとし，更新料授受は事実たる慣習であるとし，その事実たる慣習はそれを援用しようとするものが自らその存在を主張，立証しなければならない，とする。判例は，これまで更新料授受の慣習はその内容が公序良俗に反する場合は認められないとし，あるいは更新料自体が一義的なものでない場合には認められないとし，あるいは，慣習が合理的な意思内容でない場合には認められないとしている。

ところで学説上，慣習容認説もあったが，慣習否認説もあり，その内容は，次のとおりである。

① 渋川説（渋川「前掲論文」現代借地借家法講座1 63頁）は，最高裁判決や下級審判決の多くが，更新料授受の慣習を否認しているため，それを受け容れ自説として容認学説にも容認判例にも反対する。② 鈴木（重）説（鈴木重信「更新料」現代契約法大系3巻58頁）は，立退料の取扱いと更新料の取扱いとを裏腹に考え，更新料の支払いは，立退料の支払いとは逆に更新拒絶の正当事由を消滅させる積極的な事情であるが，現在の実情では，そうした更新料授受の慣行は法基準を具備するような域に達していない，③ 並木説（並木「前掲判批」判タ312号143頁）は，慣習は，法律行為の解釈基準であり，借地法6条の場合は，使用収益という事実に関している場合だから，したがって慣習の存否を問題にすることはできない，④ 竹内（清）説（竹内清「借地・借家の更新料」自由と正義36巻11号22頁）は，借地における更新料授受の場合にはその慣行が法的確信に支えられていないし，行為に反復性がなく，慣習容認のための以上の両要素を備えていない，⑤ 梶村説（梶村太市「借地借家契約における更新料をめぐる諸問題⊕」判タ341号93頁）は，借地に関し，慣習が熟成しているといえるには，一定の法的効果を伴う行為の類型を一定範囲内の人間集団が繰り返し行わなければならないのであるが，更新料の慣習の存否を判断するのに更新料の性質や金額が確立していないという状況下にあるため，そのような状態を認識できないのが現実，⑥ 太田（武）説（太田「前掲論文」判タ695号29頁）は，法定更新の場合に賃借人に更新料を義務づけることは借地法の趣旨に反する，いずれも更新料ではあるが，法定更新の場合は更新料を更新の条件としているが，合意更新の場合は，更新料は更新自体の対価となっている点で，両者は区別されるから，合意更新に更新料授受の慣習を認めることができても法定更新の場合その慣習を認めることができない，法定更新の場合は，借地上の建物が朽廃すると借地関係が終了するので，合意更新の場合に更新料の慣行を認めても前者では認められない，という。

慣習には，慣習法と事実たる慣習とがある。繰り返し述べてきたように，事実たる慣習の存在は，その存在を主張しようとする当事者

第5章　慣習に基づく更新料授受

側が立証しなければならないとされ，判例上，これまでその点を立証することに成功したのは前述のように東京地判昭49・1・28【147】においてであった。

　学説上，この更新料授受に関して，慣習の存在を認める，認めない，認めるか認めないかは疑問とする三様の説がある。では，それら各学説が，それぞれの立論を根拠づけるための事情というのは，いったいどういうことであるのか。たとえば，質的にみて，更新料の性質の理解を前提にすればその慣習発生の必然性が容認できる，あるいは，取引上量的に見てその慣習が一定量普及し定着しているとすれば容認できるとしている。

　学説は，更新料授受の慣習があるかないかの問題は，裁判所による事実認定，証拠判断にかかわる問題である，とし，数多くの判例が慣習の存在について立証に成功していないことを理由に否定説をとっている。では，更新料の慣習の存在を認める肯定説の具体的理由づけとは何であったのか。

　学説には，更新と更新料支払いの関係について，両者は条件と条件成就結果の関係にあるとみる説，また，その関係は，契約上の給付と反対給付の対応関係にあるとみる説がある。

第6章　更新料の性質

第1節　問題点

　当然のことながら更新料の性質をどのように理解するかによって不動産賃貸借関係の理解の仕方も異なってくる。たとえば，更新料を賃料前払いと解する場合には，更新料不払いは，賃貸借解除の一原因となる。

　また，賃料の補充としての更新料の授受は，当事者間の合意によらなければ認められないとされている。しかし，判例には，更新料を賃料の補充として解する場合には，そのような更新料授受の合意は合意更新の場合のみならず，法定更新の場合にも適用になるとするものがあるのである（東京地判昭57・10・20【118】など）。

　これまで，判例・学説は，更新料につき多様な性質のものを認めてきた。もっとも，学説が認め，判例が認めないものに，安心料としての更新料，手数料としての更新料，利息としての更新料などがある。学説に，更新料の性質に2種のものを複合させるものがなかったわけでない。判例には借家の場合に，単に2種の性質を複合させたものだけでなく，3種の性質を複合させたものさえ認められている。時がたつにつれ，このように，1つの性質の更新料が変化して，二つ以上の性質を複合させるものが認められているが，同じ変化は，更新料の場合のみならず，権利金や敷金の場合にもまた認められている。一体単独性質としての更新料が複合性質としての更新料へと変容するのは何故なのであろうか。

第2節　単独性質の判例と学説

1　賃料前払説
イ　判　例

　更新料が前払賃料1か月分で少額だとすれば，それを支払わない場合でも債務不履行の程度は軽微であるから，賃貸借契約を解除することはできないとする。

【161】　東京地判昭50・9・22下民集26・9～12・792（【113】＝【136】と同じ）

　［事実］　前掲【113】参照。1審でX敗訴。X控訴，控訴棄却。
　［判旨］　「近時，東京都内において，建物の賃

第6章　更新料の性質

貸借契約の締結に際し，将来契約が更新される場合更新料として何か月かの賃料相当額の金員を支払う旨合意される事例が必ずしも少なくないことは，当裁判所には職務上顕著である。

そして成立に争いのない甲第5号証（賃貸借契約書）には，「期間満了により契約を更新する場合，乙は更新料として家賃1か月分に相当する金員を甲に支払うものとする。」との記載があるので，本件更新料支払の合意の性質も右に述べた都内の諸事例と同様であるとみてよいであろう。

このような更新料支払の合意は，他にこれを妨げる特段の約定がない限り，期間満了時において賃貸人が賃借人に対し，合意した一定額を受領し契約を更新する旨の意思表示をした場合には，それまでと同一の契約内容（期間の点も含む。）で賃貸借契約が新規に成立する（合意更新）が，同時に賃借人には約定の賃料とは別に賃料（物件使用の対価という意味での）の前払として当該一定額を支払う義務が発生する，とする趣旨の合意と解するのが相当である。」

【162】は，当事者間でとりかわされた契約書の約定を解釈して更新料を賃料の前払いであると解したものである。合意更新の場合の更新料授受契約であって，この場合は期間も含み同一内容でもって契約が更新される。

【161】は，更新料授受の合意が借家契約締結時になされ，更新料が繰り返し定期的に支払われる旨約されているため賃料の前払いとみている。

【162】　東京地判昭 57・10・20 判時 1077・80
（【108】＝【118】＝【143】＝【184】と同じ）

［事実］　前掲【108】参照。
［判旨］「本件の更新料は，当初の賃貸借契約においてすでにその支払が約定され，金額についても更新後の賃料額の1か月分として少なくともその決定基準があらかじめ定められており，《証拠略》各契約書の文言上も，「期間満了時に更新する場合」「期間満了後更新する場合」として，右支払に関して更新の事由を限定していないこと，本件賃貸借は，期間を2年と定め2年ごとの更新を予定するとともに，更新のたびに新賃料1か月分と同額の更新料を支払うものと定めているところからみて，更新料は，実質的には，更新後の2年間の賃料の一部の前払たる性質のものと推定しうる……」。

次の【163】は，実質的には，更新料は賃料の一部の前払いで，その金額は更新の都度協議で定めるとする。これは法定更新の場合に更新料支払義務を認めたものである。

【163】　東京地判平 2・11・30 判時 1395・97
（【121】と同じ）

［事実］　前掲【121】参照。
［判旨］　借家の場合において，原告Xに対し，被告Yは，増額賃料と支払賃料との差額などの支払う義務があるとし，「Yが，本件賃貸借契約の過去2回にわたる更新に際してXとの協議に基づいて更新料をXに支払い，本訴請求にかかる更新期にも更新料17万円の支払いを申し出ていること（争いがない），本件賃貸借契約書によれば，右各契約書第14条3項には，「特約事項）」という副題のもとに「更新の場合の更新料は甲乙協議の上定めるものとする。」との記載があり，右約定は本条の他の項（1，2，4及び5項）とともにいずれもYのXに対する具体的な義務を定めたものであると認められること，以上の事実によれば，本条は，XとYが本件賃貸借契約更新時に更新料を支払うことを前提にし

つつ、その金額を具体的に定めず、まずＸＹ間の協議に委ね、右協議が整わなかった場合には相当額の更新料を支払うべき旨合意したものと解するのが相当である。

なお、本条が、本件のように法定更新された場合にも適用があるか問題となるが、本条の文言上「更新の場合」として、更新料の支払に関して更新の事由を限定していないこと、右更新料は実質的には賃料の一部の前払いとしての性質を有するものと推定されること、賃借人が更新契約をせずに法定更新された場合には更新料の支払義務を免れるとするとかえって賃貸人との公平を害する恐れがあることなどを考えると、本件賃貸借契約においては法定更新の場合にも本条の適用があり、Ｙは更新料の支払義務を負うものと解するのが相当である。」

これは、三つの理由、①契約書上の「更新」に合意更新とする旨の限定がないこと、②更新料とは賃料の前払いの一部であること、③法定更新の場合に賃借人に更新料を支払われないと賃借人に比べ賃貸人に不公平になることといった他の判例においてもいわれていた理由をそのまま取り上げ法定更新の場合にも更新料授受の合意の適用を認めている。

【164】　東京地判平 5・8・25 判時 1502・126、判タ 865・213（【124】と同じ）

［事実］　前掲【124】参照。
［判旨］「被告Ｙは、更新料の支払を定めた特約は借家法に違反し無効である旨主張する。ところで、店舗等の賃貸借において、期間満了時に更新された際には更新料として一定額の金員を支払うべきことが予め合意されることは、よくみられるところであるが、そのような合意も、更新料の額が不相当に高額で、賃借人にとって借家法２条による法定更新を不可能又は著しく困難ならしめるようなものでない限り、借家法６条により無効とされるべき賃借人に不利な特約に該当するものとはいえないと解するのが相当である。そして、本件賃貸借における新賃料３か月分相当額の更新料の定めは、契約期間が３年とされていることなどに照らせば、未だ不相当に高額であるとはいえず、借家法６条により無効とすべき賃借人に不利なものということはできない。」

この件では、Ｙは、更新料の支払義務を一貫して否定するととともに、右賃貸借の存続期間は、20年であって３年ごとに更新する必要はない。したがって、更新料を支払う必要はないとの特異な見解を固執して支払わないので、信頼関係を破壊するものとして、右契約解除が認められた。

この【164】は、貸ビル業を営む会社が４棟のビルを賃貸している場合である。

賃料前払説判例の【161】は、期間不明の借家の場合に、更新料は、更新後の賃貸借における賃料の前払いとし、更新料額は賃料１か月分が相当とし、右判例【162】は、期間２年の借家の場合に更新のたびに新賃料１か月分が支払われるので、賃料の前払いとみている。先の判例の【164】は、期間３年の借家の場合に、更新料は賃料前払いであるとし、更新料額は賃料３か月分を相当とするも、その理由は、前述したように、賃借人にとって支払うべき更新料の額は、法定更新を不可能あるいは著しく困難ならしめるものでなければよいとするところにある。

店舗賃貸借において、更新料を賃料１か月分〜３か月分を相当とするが、賃貸借の更新

第6章 更新料の性質

期間を1年ないし3年とすることと相関性があるのではなかろうか。

学説には、更新料を実質賃料とみる説に、賃料後払説、賃料前払説があるが、しかし、次の判例【165】はそのような賃料補充説などは経験則上認められないとする。

【165】 東京地判平4・1・8判時1440・107（【134】＝【160】と同じ）

［事実］ 前掲【134】参照。
［判旨］「ところで、一般に更新料を支払う趣旨は、賃料の不足を補充するためであるとの考え方、期間満了時には異議を述べて更新を拒絶することができるが、更新料を支払うことにより異議を述べる権利を放棄するものであるとの考え方、あるいは実質的には同様であるが、期間を合意により更新することによりその期間は明渡しを求められない利益が得られることの対価であるとの考え方などがあり、右の賃料補充説に立てば、法定更新と合意更新とを区別すべき合理的な理由はないことになるが、そのように、推定すべき経験則は認められず……」。

□ 学 説

更新料は、賃料不足分補充であるとする学説は、次のとおりである。

星野説（星野・前掲書66頁）は、借地の場合は、賃料不足分の補充説をとり、しかも賃料前払説をとっている。しかし、借家の場合、借家権価格は、家賃の留保部分（正常賃料と実際賃料との差額）からのみ形成されるわけではないから、借家権価格と家賃の間には直接の関係はないと考えるのが妥当であろう、と述べているのである（澤野順彦・借地借家法の経済的基礎416頁参照）。その点、阿部説（阿部譚・不動産の管理と経営52頁）は、賃料後払説をとっているが、その後払が定着してしまうと前払いになると解されている。鈴木（重）説（鈴木「前掲論文」現代契約法大系3巻52頁）も星野（英）説と同じ内容である。すなわち、はじめの賃貸借で権利金を授受したが、その権利金はその期間だけの賃料不足分を補充しており、更新後には更新後の賃料不足分を更新時に補充するために、更新料という名でその金を授受するという。なお、宮下説（金沢良雄＝西山夘三＝福武直＝柴田徳衛・住宅経営住宅問題講座5 426頁〔宮下滋発言〕）は、更新料を権利金が償却されて減った目減り分を補うものとしている。

この賃料不足分補充説に対する批判は、次のような形でなされている。小山説（小山俊彦「借地非訟の問題点 第10更新料」伊東秀郎＝田尾桃二＝賀集唱・判例から見た借地借家の諸問題463〜470頁）は、更新料を賃料補充と解する説（たとえば、星野・借地・借家法65頁）に対して、賃料前払説の「星野教授のいわれる補充の意味は、更新後の合理的賃料と更新後の実際賃料との差額のことであるが（星野・前掲書83）、同教授は、合理的賃料がいかなるものであるかについては、なんら触れられないので、そのいうところの内容がわからない」といい、また、賃料後払説の阿部説に対して、「継続賃料の場合の経済地代を底地価格に期待利回りを乗じたものとしている」が、「底地価格に期待利回りを乗じたものが、なぜ、適正家賃であるのか。」底地価格というのは、「更地価格から借地権価格を差し引いた意味での底地価格なのか、借地権

付土地の第三者交換価値なのか，そこいらがすっきりしない。」といい，さらに同説は独自に「更新料を安心料とか潤滑油と見る考え方があいまいな性格の更新料をよく説明しているように思われる。更新料の額は，借地人の支払能力とのかね合いで決められるのであろう。地主の要求に応じ，支払能力を考慮に入れた上応分の更新料を支払えば，地主も愚痴を引っ込めることになるので，借地人から見れば安心料であり，地主は一応目的を達するので，両者の関係は滑らかに行くであろう。このように，更新料を理解すると，それは，何かの対価というものではなく，慣行による贈与と解される。」といっている。その説は，渋川説のような対価説とも異なっている。また，並木説（並木「前掲判批」判タ312号144頁）は，右補充説を支える合理的地代は土地価格に利回りを乗じたものであるから，その土地価格自体が大きく変動し不安定なものである場合には，借地関係の一要素にすることはできないとし，西村(宏)説（西村宏一「借地契約更新に伴う更新料について」商事法務518号3〜4頁）は，支払地代をそこから控除する経済地代の算定の基礎に取引価格を当てると，その取引価格が騰貴し物価指数や国民所得の増加率をはるかにうわまわる場合があるので適切でないとし，また，借地権の対価としての権利金が支払われている以上，その金額の多寡を考慮することなく一律に，更地価格から借地権価格を控除した底地価格を土地所有者に帰属する財産価値とするのも合理的でなく，地代というものは賃貸借当事者間で合意したもの，地代を基礎として計算した賃貸人の純利益に収益増と必要費とを加えた

ものとし（同説は，土地所有権の価値を取引価格と収益価値に分けて考えるという西村(宏)「前掲論文」5頁），また最近の太田(武)説（太田「前掲論文」判タ695号28頁）は，更新料の性質論は，賃貸人の立場にたつか賃借人の立場にたつか何れかの立場にたって組み立られているのが現状であるとしている。いずれも多くの批判説は，支払地代との差額を考える経済地代そのものに様々な疑問を投げかけているのであるが，他方では，更新料を賃借人の収益から考えるという全く違った考え方を対立させている。

2 異議権放棄の対価説
イ 判 例

【166】 東京高判昭45・12・18判時616・72，判タ260・216（【104】＝【138】と同じ）

［事実］ 前掲【138】参照。
［判旨］「本件賃貸借契約は法定更新により当然当初の約定期間を超えて存続すべきところ，本件更新料の支払契約は，賃貸借契約の存続を条件とするとしても，更新料の不払が本来の賃貸借契約の消滅をもたらすようなものではないと解するのが相当である。すなわち，本件におけるいわゆる更新料はたかだか被控訴人X［賃貸人—筆者注］において土地賃貸借契約の期間満了時に有する異議権の行使を放棄する対価に過ぎないというべきで，この支払の遅滞により本件更新料の支払契約を解除して異議権を行使することができると解する余地はあっても，本件更新料の不払がそれにもかかわらず法定更新された賃貸借契約の債務不履行に当るものと解することはできない。」

第6章　更新料の性質

更新料の支払契約自体の不履行として，この契約の解除ができるとしながらも更新料の支払請求権はそのまま残し，賃貸借契約については債務不履行の問題は生じないことを指摘する（星野・前掲書66頁参照）。

次の【167】は，異議権放棄の対価としての更新料不払いの場合の2通りの取扱いのうち，これは前述の判決とは異なって賃貸借契約を解除することを認めている。

【167】　東京地判昭51・7・20判時846・83
（【116】＝【139】＝【187】と同じ）

［事実］　前掲【116】参照。
［判旨］　昭和46年10月17日の原被告ＸＹ間に取り交わされた賃貸借契約書の「第3条の2項に「本契約期間満了の場合乙（借主）は1ヶ月分の賃料を更新料として甲（貸主）に支払うことにより更に本契約と同一条件にてこの契約を継続することができる。但し乙は期間満了3ヶ月前に甲に対して書面による更新の意思表示をしなければならない。」旨，またその第4条の2項に「本契約期間満了と同時に当事者が解約する場合には，甲は6ヶ月前に，乙は3ヶ月前に各々相手方に対し書面による解約の予告をしなければならない。」旨それぞれ規定されていることが認められ……」とあり，「一方貸主であるＸにおいて，少くとも借家法所定の更新拒絶をせず，かつ期間満了のさい同法所定の異議を述べないとき（したがって法定更新されたとき）にはＹに対して1ヶ月分の賃料相当額の更新料を請求しうることが合意されたと認めるのが相当である。」「本件更新料の性格は貸主であるＸにおいて更新拒絶をしない，もしくは異議を述べないことの対価とするのが相当であり，不相当な額の更新料でない限り，必ずしも賃借人に不利とはいえず，本件の場合，賃料の1ヶ月分であるから，本件更新料支払の約定をもって借家法6条により無効とすべき理由はない。」といい，さらに，「更新料は更新拒絶権もしくは異議権放棄の対価として形式的には更新後の賃貸借契約とは関連性がないかのごとくであるが，前示したところによると，もし更新料約定が存しなければ更新拒絶の通知のないことあるいは異議を述べないことに基づく更新契約の成立は必ずしも期待できないのであって，この意味で前示更新料の約定は，更新拒絶の通知がないこともしくは異議を述べないことに基づく更新後の賃貸借契約の成立基盤というべく，従って，更新料の不払いは更新後の賃貸借契約の解除原因となると解するのが相当である。」

この判決は，更新料を更新拒絶権放棄の対価，異議権放棄の対価と解するのであるから，その更新料を支払うことが更新後の賃貸借契約の成立基盤とみることができるという程度に両者間を密接な関係にあるとみるためその不払いは解除原因になるとしている。しかしながら，もし更新料の授受を条件とし，存続する賃貸借を法律行為として位置づける関係にあると解すれば更新料と賃貸借との間は必ずしも密接関係にあるとはいえなくなるのではないか。

【168】　東京地判昭59・6・7判時1133・94，判タ549・215（【127】＝【181】と同じ）

［事実］　前掲【127】参照。
［判旨］　「二……1　土地の賃貸借契約において，その存続期間が満了する際に，当事者間でいわゆる更新料が授受される事例の多いことは当裁判所に顕著なところであるが，その趣旨は，賃貸人において賃貸借の存続期間満了を機に賃

貸借を終了させることを求めず，更新に関する異議権を放棄して円満に賃貸借を継続させることとし，その対価として，賃借人から一定額の金銭の支払を得ることにあると解される。」

しかし，この【168】は，「更新料に関する特約は，存続期間満了まで，まだ17年も残していて将来の土地の需給に関する予測もたてがたい時期になされているのであり」，それゆえに，法定更新の場合に具体的に更新拒絶権の放棄の代償としての更新料とは考えられないし，賃借人が当事者の意思を解釈するのに17年先に無償でなすことのできる法定更新の機会をすててまで，高く更新料を支払って合意更新をするとは思えないし，更新料はこの異議権放棄の対価であるといっても，それは抽象的なものであって，紛争予防の金銭といった程度のものであり，この判決は，満了の17年も前に更新料授受契約がとり交わされたものであるから法定更新の場合に適用にならないとしている。

|10| 東京地決昭和46年（借チ）第35号昭47・6・13判時673・62，判タ282・383

［事実］ 経緯はいろいろあったが，昭和35年，申立人は相手方から相手方所有の土地を借地した。借地契約成立当時この借地付近は建っている建物が大部分木造であったが，現在高層ビルとなっている。そこで申立人が建物構造に関する借地条件を非堅固建物所有から堅固建物所有に変更してくれるよう裁判所に求めそれが認められた。その決定の付随処分の一部は次のごとく述べられている。

［決定理由］「更新の有無は正当事由の存否によって決せられるのであるから，正当事由がない場合は，更新拒絶権なるものは実質を伴わない形式だけの権利に過ぎず，その対価などありうるはずがなく，正当事由がある場合，更新料の額は不当に低額であるばかりでなく，正当事由を備える事例が極めて少ないのに更新料授受の事例が極めて多い事実からすれば，更新料が更新拒絶権放棄の対価であるとする見解では更新料の性格を説明することができないであろう。」

|10|この決定は，賃料は賃借人の収益から算定するため，借り得分としての更新料も認められない，としている。

もっとも，更新料を異議権放棄の対価と解する決定がある。

|11| 東京高決昭和44年（ラ）第1020号昭46・2・19下民集22・1・2合併号172

［事実］ 昭和42年10月，申立人（被抗告人）Xは，相手方（抗告人）Yから非堅固建物所有目的で相手方所有の土地を賃借した。この借地契約は，もと，AB間の契約を承継したものである。1審ではXの条件変更の申立が認容決定されたが，Yは，その客観的事情の変更による条件変更は不当，また，1審が財産給付に借地権価格の差額のみを取り上げるのは不当であるとして即時抗告した。

［決定理由］「原決定は，本件において鑑定委員会が財産上の給付として借地人に支払を命ずべきものとの意見を述べたもののうち，契約の目的の変更に伴う借地権価格の差は考慮すべきであるが，借地人としては更新料を支払う義務はないのであるから，更新料を考慮に入れるべきではない，と判示する。しかし，本件賃貸借契約においては，契約の目的の変更に伴い，その存続期間も当然伸長されなければならず，契約更新の時期も引きのばされることになるので

第6章　更新料の性質

あるからそれにより，借地人は，利益を得るものといわなければならない。けだし，借地権の存続期間満了に際し，法定の要件が存するときは，借地契約は，いわば法律上当然に更新されるのであつて，この場合，借地人においていわゆる更新料を支払う必要がないことは，いうまでもない。しかし，具体的事案において，いわゆる正当事由等法定の要件が存するかどうかは，必ずしも一般的に明白であるかということはできないから，そのような関係から生ずる紛争を予防するため，契約更新に対する賃貸人の異議権の放棄のいわば対価として，借地人がいわゆる更新料を支払うことは，故ないことではなく，その支払の実際上の必要は，各更新の機会に存しないということはできないから，その意味において，更新の時期を引きのばすことは，借地人の利益に資するものとなしうるのである。鑑定委員会の更新料に関する意見も，右のように解するときは，理由がないものということはできず，これを排斥した原決定の判断は支持することができない。本件のような事情のもとにおいて，契約目的変更に伴う財産上の給付の額を決するについては，鑑定委員会の意見のように，借地権価格の差ばかりでなく，いわゆる更新料の額をも考慮に入れるべきである。」

東京高判昭51・3・24【170】は，更新料を異議権放棄の対価と解するも，更新拒絶の正当事由がある場合でなく，あるかないか不明な場合である。要するに，以上の異議権放棄の対価説には，厳格な意味でのそれと，正当事由の存否がきわめて不明な場合の単なる不安解消の紛争解決金に当るものがある。言い換えると，異議権放棄の対価には，具体的に裏付けのある場合と抽象的に裏付けのない場合と2通りあり，抽象的な異議権放棄の対価の場合の更新料について，上記11の決定理由

は，「具体的事案において，いわゆる正当事由等，法定の要件が存するかどうかは，必ずしも一般的に明白であるということはできないから，そのような関係から生ずる紛争を予防するため，契約更新に対する賃貸人の異議権の放棄のいわば対価としても借地人がいわゆる更新料を支払うことは故ないことではなく」と述べている。

ロ　学　説

異議権放棄の対価説については，学説はこれを容認するものがあり，石川（明）説（石川明「借地権利金の性質」借地・借家　不動産法大系Ⅲ237～238頁）は，更新の場合に地主は異議権を保留し当然に承諾義務を負うわけではないから，更新料はこれを更新承諾の対価とみることができるとする。渋川説（渋川「前掲論文」現代借地借家法講座1　51～53頁）では，その他，対価の対象となるものに基づき区別して更新料といわれるものを列記し，異議権放棄の対価のみならず，借地権消滅の危険性の対価，譲渡性のある借地権の対価，訴訟によらず合意で更新する利益の対価があるといっている。同説は，更新料にはほかに賃料不足分補充説，手数料説，安心料説があるともいう。

3　紛争解決金
イ　判　例

【169】　東京地判昭48・2・16判時714・196
（【189】と同じ）

[事実]　控訴人（原告）Xは，昭和34年6月8日，所有建物を被控訴人（被告）Yに賃貸した。

しかし，同41年1月19日，XY間で，賃料同41年1月1日以降月30,000円，月末払い，存続期間同年1月19日より2年，契約が更新される場合双方協議のうえ更新料を定めて，支払うことという訴訟上の和解が成立した。しかし，更新の際，右協議が調わなかったためXはYに対し，増額賃料と相当額の更新料を請求し，それでもYが支払わずXは賃貸借を解除して建物の明渡しを請求した。

[判旨]「Yは約定の更新料を支払うことにより，Xからの更新拒絶に伴う明渡請求等の紛争を免れるとの利益を得ると解せられ，とくにYは前記の如くかつて更新拒絶に伴う本件建物明渡訴訟において敗訴の苦境におちいったこともあるだけにその利益は一入である。」

【170】 東京高判昭51・3・24 判時813・46
（【152】と同じ）

[事実] 前掲【152】参照。

[判旨]「期間満了に当り賃貸人が更新を拒絶し又は異議のあるときは正当事由の存否につき法的結着をつけるために訴訟上の紛争に持ち込まれるおそれがあるので，かかる紛争に発展するのを未然に防止するため更新をめぐる拒絶権ないし異議権を事実上放棄せしめる対価ないし代償ともいうべき契約当事者双方の合意に基づく個別的具体的ないわゆる更新料を授受することによって更新をはかり円満な借地関係の存続を実現することは，結局前述のとおり合意にかかる更新料の授受をその附款とする合意更新の締結にほかならない……。」

【170】では，更新料の性質については，一面では紛争解決金，他面では異議権放棄の対価としての性質をもつとするも，結局のところ，その更新料の授受契約は成立していないとする。

口 学　説

紛争解決金についての学説は，次のとおりである。甲斐説（鈴木＝高島編・前掲書借地の法律相談468頁〔甲斐道太郎〕）は，借地期間満了の際に借地上に建物が残っていると，借地法4条，6条が適用になり正当事由の存否の判断が微妙となるが，「正当事由が認められる可能性が全くないというわけではなく，借地権の存続期間が満了したとき，借地人は，幾分かは消滅の危険性をはらんだ借地権存続の期待権のようなものを持っており，この期待権はそれなりの価格を持っていると考えられます。話合いによって借地権が存続することになると，右のような消滅の危険性はなくなり，借地人は完全な借地権を手に入れることになります。これは，地主が裁判で争うことをやめてくれたおかげですから，借地人は，更新された借地権の価格とそれ以前の期待権の価格との差（これは完全な借地権の価格に消滅の危険率を乗じたものと考えることができます）をその対価として支払うべきであるとされ，これが更新料だと考えられます。その他，節約できた裁判の費用だとか，訴訟を差し控え譲歩したことに対する一種の慰謝料的なものも，更新料の一要素だといえましょう。」というが，判例には，このような紛争解決金としての更新料の算定を，更新後の借地権と更新前の借地権との差とするものは見当たらない（しかし決定にはこうした考えを示すものがある）。

この紛争解決金に対する批判説には，小山説（小山「前掲論文」判例からみた借地借家の

第6章　更新料の性質

諸問題467頁）がある。同説は紛争解決金説の鈴木（禄）説に対して「借地権消滅の危険率なるものは、個々の借地契約によって異なるので、このような危険率を平均することはナンセンスといわなければならない。同教授の理論によれば、正当事由のある場合、借地人は借地権価格の10％程度の更新料を支払うことにより、更地価格の70％ないしは80％程度の価格のある借地権価格を確保しうることになる。これは、地主の利益を不当に侵害することになる。」と述べている。

4　賃貸借期間存続保持の利益の対価
イ　判　例

【171】　東京地判平 2・7・30 判時 1385・75
（【132】と同じ）

［事実］　昭和60年3月29日に、原告Xは、被告Y会社に、自己所有の建物を、期間2年、賃料月16万5,000円、賃貸借を更新する場合、更新料として新賃料1か月分を支払う、という約定で賃貸した。そして、この建物賃貸借は、昭和62年3月1日に法定更新されたが、Xは、Yに対し、更新料不払いを理由に賃貸借を解除し建物の明渡しを請求した。

［判旨］　「本件賃貸借契約書には第11条第1項に特約条項として「更新料は新賃料の壱カ月分とする」旨記載されていることが認められ、右文言のみをもってすれば、法定更新の場合を含む趣旨とみられないではない。」

「本件賃貸借契約の当事者間においては、更新料の請求は契約を正常な形とすることすなわち更新契約の締結を前提とするものと認識していたことが推認される。

また、前記のような更新料支払の特約を締結する場合の当事者の合理的意思を推測しても、合意更新の場合には少なくとも更新契約の定める期間満了時まで賃貸借契約の存続が確保されるのに対し、法定更新の場合には、じ後期間の定めのないものとなり、正当事由の有無はともかく、いつでも賃貸人の側から解約の申し入れをすることができ、そのため賃借人としては常時明渡しをめぐる紛争状態に巻き込まれる危険にさらされることになるのであるから、この面をとらえると、更新料の支払は、合意更新された期間内は賃貸借契約を存続させることができるという利益の対価の趣旨を含むと解することができる。」とし、「法定更新の場合にも更新料の支払を認めるべき事情は特に認められない……。」

【171】のように、更新料を賃貸借期間存続の対価と解する場合には、法定更新後には、期間の定めのないものとなるため、更新料授受契約が適用にならないであろう。

ロ　学　説

その他、単独性質説についての学説には、並木説（並木「前掲判批」判タ312号146頁）のような譲渡承諾料説などがある。

学説に認められているが、しかし判例上認められていない更新料の性質に関する学説には次の諸説がある。それは、収益配分説（阿部諄・不動産の管理と経営45頁参照）、権利金の目減り説（金沢＝西山＝福武＝柴田編・前掲書426頁〔宮下滋発言〕）、更新の承諾料あるいは増改築契約を排除することの対価説（西村（宏）「前掲論文」商事法務518号5頁）、それに手数料説（原田強一「借地権の物権化と借家法㈣」不動産研究7巻2号75頁）、慣行による贈与・安心料という説（小山「前掲論文」

判例からみた借地借家の諸問題470頁）である。

ところが，渋川説（渋川「前掲論文」現代借地借家法講座1　53～54頁）は，右の収益配分説について，同説は，土地価格の高騰に着目して土地が値上がりすれば地上建物を収益目的に利用している借地人の収益性が増加するから，その収益性のうち土地に帰属する分について地主に底地割合を配分させるのが衡平である，としているが，しかしながら，それは借地人の収益が上がるから地価が上がるのであって，地価が上がるから借地人の収益が上がるのではないというように，説明が逆ではないかと批判している。また，西村（宏）説（西村「前掲論文」商事法務518号2頁）は，右の手数料説は新契約書代など支払額にも限度があるので，少額であってもよいということになるが，最近の借地関係にみられる更新料はそれよりも高額であるから，更新料を手数料説では説明することができないと批判している。

第3節　複合性質の判例と学説

1　判　例

次の【172】は，更新料を多義的なものと解している。

【172】　東京高判昭58・12・23判時1105・53
（【148】と同じ）

［事実］　前掲【148】参照。
［判旨］　「これ［更新料—筆者注］が支払われる場合であっても，その授受の趣旨は，契約の更新を円滑にするための代償，あるいは賃料の補充を目的とするなど区々多様であって，右更新料の性格を一義的に捉えることは困難である。要するに，更新料は，当該借地契約の内容，性格及び当事者の支払能力，意識，力関係などの事情如何によって，支払いの有無とその金額が定っているうえ，これが支払われる場合であっても，その趣旨，性格は一様でないのが実情である。」

一つの更新料が，2種以上の性質を複合して有しているとする判例は次のとおりである。

イ　賃料補充金と賃貸借期間存続保持利益の対価との二性質を複合して有するとする説

【173】では，当事者間の契約は特異なもので，従来の賃貸借を解除する契約と継続料を支払わせる契約とが複合した状況にある，とする。

【173】　東京地判昭46・1・25判時633・81
（【115】＝【182】と同じ）

［事実］　前掲【115】参照。
［判旨］　「同法［借地法—筆者注］5条においては当事者の合意によって契約の更新される場合のあることを規定しており，この場合は多く，賃料の補充としてのないしは紛争を避止して円満に借地使用を継続し得る利益の対価としての意味をもつ更新料名義の金員の授受が約されるのであるが，かかる更新の合意も法定更新を終局的に排除するものではなく，借地人の更新料支払義務の不履行によって更新の合意が解除されることがあっても土地所有者に正当事由のない限り法定更新によって借地使用は継続され得るのである。」

第6章　更新料の性質

ロ　賃料補充金と異議権放棄の対価を複合して有する説

【174】 東京地判平4・1・23 判時1440・109

（【122】と同じ）

［事実］　前掲【122】参照。

［判旨］　「借家契約における更新料支払の特約については、借家契約の内容や更新料の金額等によっては、その全部又は一部が無効となる場合があり得るとしても、本件においては、賃貸借期間は1年であるが、更新料の額は新賃料1月分であり、絶対額としてもそれほど高額とはいえず、賃料の補充ないし異議権放棄の対価の性質を有する更新料支払の特約として必ずしも不合理なものとはいえないから、本件特約は有効と認めるべきである。」

【175】 東京地判平10・3・10 判タ1009・264

（【125】＝【185】と同じ）

［事実］　【125】参照。

［判旨］　「更新料の支払義務の有無について

(一)　証拠（甲1の2）によれば、本件賃貸借契約においては、特約条項として「賃貸借契約更新の場合は更新料として、賃借料及び共益費合計額の2ヶ月分を乙（被告Y商会）は、甲（原告X）に支払うものとする。」と定められているところ、第3条の賃貸借期間の条項には、「但し期間満了6ヶ月前に上記契約期間を更新するかどうかを協議することとし、協議をしないときは上記契約期間終了と同時に本件賃貸借契約は終了するものとする。」と定められている。

(二)　借家契約における更新料支払の特約については、その内容いかんによっては、借地借家法30条により無効となる場合はあり得るとしても、本件においては、使用目的は店舗・事務所であること、賃貸借の期間も5年であること、更新料の額も87万6,200円であることからすると、使用目的及び賃貸借期間と比較してそれほど高額とはいえず、更新料の性質については見解が分かれるところではあるが、賃料の補充ないし異議権放棄の対価の性質を有すると解するのが相当であることも併せ考えると、本件における更新料の特約については、必ずしも不合理なものとはいえないというべきであるから、右特約は有効であると認めることができる。

(三)　次に、本件において、Y商会に更新料支払の義務があるかどうかであるが、右(一)によれば、第3条の条項を併せて考えても、更新料の支払を合意による更新の場合に限定しているとは認められず、賃料の補充ないし異議権放棄の対価という更新料の性質、合意更新の場合との均衡という点にも鑑みると、本件の場合においては、法定更新の場合を除外する理由はないというべきであるから、Y商会には、Xに対して、更新料として87万6,200円の支払う義務があるというべきである。」

「XとY商会との信頼関係は、XからY商会に対する右停止条件付き解除の意思表示をなした当時において、Y商会らによる右各債務不履行により既に破壊されていたものと認めるのが相当であって、右解除は有効であると認めることができる。」

この判決は、店舗として使用する目的で賃貸借する場合には、87万6,200円の更新料（賃料補充、異議権放棄の対価）を授受することは、使用目的および賃貸借期間に照らし高額とはいえないから借地借家法30条に違反せず合理的であって有効といえるとする。

ハ 賃貸借保持利益の対価と増築承諾料の性質を複合して有するとするもの

【176】 東京地判昭50・9・23判時814・127
（【151】と同じ）

[事実] 前掲【151】参照。
[判旨]「土地の賃貸借において、約定の賃貸借期間が満了した際、賃貸人と賃借人が賃貸借契約の更新につき話合い、更新後の期間を定めるとともに、時には地上建物の増改築についても承諾を与え、その際これらの対価を含め、更新料として相当の金員の支払われることが世上存在することは、裁判所に顕著な事実であるが、法定更新の場合にXの主張するように更新料を支払う事実たる慣習ないしは慣習法が存在すると認めるに足る証拠はなく、又更新料支払の有無は、その後の賃料額決定につき考慮されることになるのであるから、法定更新に際し、更新料が支払われなくても、賃貸人の権利がその故に侵害されるとは認められない。」

【176】は、「更新料の支払の有無は、その後の賃料額決定につき考慮されることになる」という判示部分は、更新料を賃貸借期間存続保持の利益の対価と解することと符合する。

ニ 賃料の補充ないし営業上の利益とみる場合

【177】 東京地判昭48・12・19下民集24・9～12・906

「事実」 原告Xは、昭和42年4月1日、被告Y会社からY会社所有の店舗および居室を期間5年の約定で借り受け、右店舗で青果小売業を営んでいた。昭和47年3月31日、右賃貸借の期間が満了したので、次の約定でさらに右賃貸借で更新することとし、XはY会社に対し、敷金29万円、更新料として35万円をそれぞれ支払った。ところが、Y会社代表者Aの娘Bは、X店舗において窃盗行為を2～3か月間に10数回繰り返したので、XはXY会社間の信頼関係は破壊されたとして右賃貸借を解約し昭和47年11月末日に同契約は終了した。

そこでXはY会社に敷金・更新料の返還を求めた。

[判旨]「単に将来の賃料の補充としての賃料の前払いの意味だけでなく、営業上の利益もしくは場所的利益に対する対価としての意味をも包含しているものと解するのが相当である。

ところで、更新料の授受がなされた賃貸借が賃貸期間の中途で終了するに至つた場合……残存期間の利用が不可能となり、その期間における利益の享受もできなくなるのであるから、賃貸人は、特段の事情がない限り、不当利得として、残存期間に対応する額の更新料を賃借人に返還すべきものと解するのが相当である。」「また賃借人側の帰責事由によつて賃貸借が終了した場合には更新料の返還をしないのが当事者間の一般的な意識であるとしても、本件では、前記のとおり、賃貸人たるY会社側の帰責事由によつて終了するに至つたものであり、その他特段の事情と見るべきものはないのであるから、Y会社は、Xに対し、残存期間（4年4か月）に対応する更新料合計金30万3333円を返還すべき義務があるものといわなければならない。」

第6章　更新料の性質

5　賃料の前払い，異議権放棄の対価，訴訟等による損害を未然に防止する金銭（紛争予防の解決金）の3種の性質を複合して有するとするもの

【178】　東京高判昭58・7・19判時1089・49

（【144】＝【180】と同じ）（1審判決は横浜地判昭57・5・21【140】，3審判決は【109】）

［事実］　前掲【144】参照。
［判旨］　「土地の賃貸借契約においてその存続期間が満了するに際し授受されるいわゆる更新料の性質及びその不払の場合の効果については多くの議論のあるところであるが，本件事案について検討するに

㈠　本件賃貸借契約は，昭和9年に締結され，当時権利金・敷金等の差入れはなく，昭和29年に第1回目の更新がなされ，本件は昭和49年の第2回目の更新に関するものであるが，その間地価を始め物価が著しく値上りしていることは明らかであり，控訴人Xは，更新料の額を算定するについて土地の更地価格に7割を乗じて借地権価額を算出したうえ，更にその1割をもって更新料の額とし（その当否は措く。），これについて双方当事者が協議し合意したものであって，その経緯から見ると，本件更新料は本件土地利用の対価として支払うこととされたものであって，将来の賃料たる性質を有するものと認められる。

㈡　Xは，その所有土地の有効利用を考え，また，被控訴人Yの不信行為もあったが，賃貸借契約の解消を求めず，その継続を前提として更新料を請求したものであるから，更新に関する異議権を放棄し，その対価としての更新料を請求し，これについて更新料の支払が合意されたものと認めるべきである。土地賃貸借契約の更新に際し，賃貸人が述べる異議に正当事由が

あるか否かは不明確な場合が多く，その解決のためには，多くの時間と費用を費して訴訟等で争われることがあるのであるから，訴訟等による損害を未然に防止する目的で金銭的解決をはかることは賃借人にとって利益となる側面もあり，その支払の合意は，必ずしも借地法6条の規定を潜脱し，同法11条の賃借人に不利なものとは一概にいえないから，本件事情のもとではその効力を認めるべきである。」

【179】　最判昭59・4・20民集38・6・610（【101】＝【109】＝【145】と同じ，【144】の3審判決）

［事実］　前掲【109】参照。
［判旨］　「2㈠　本件賃貸借契約は，昭和9年に締結されて以降2回の更新がされているが，右契約締結当時権利金・敷金等の差入れがなく，かつ，その間地価をはじめ物価が著しく値上りしているため，被上告人Xが更新の際に借地権価格の1割に相当する更新料の支払を請求し，これについて当事者双方が協議したうえその支払の合意がされたことの経緯から見ると，本件更新料は，本件土地利用の対価として支払うこととされたものであって，将来の賃料たる性質を有するものと認められる。㈡　Xは，その所有土地の有効利用を考え，また，上告人Yらの不信行為もあったが，本件賃貸借契約の解消を求めず，その継続を前提として更新料を請求したものであるから，更新に関する異議権を放棄し，その対価としての更新料を請求し，これについて更新料の支払が合意されたものと認めるべきである。㈢　また，本件においては，Yに建物の無断増改築，借地の無断転貸，賃料支払の遅滞等の賃貸借契約に違反する行為があったが，本件調停は，これらYの行為を不問とし，紛争予防目的での解決金をも含めた趣旨で更新料の支払を合意したものと認められる，と認定

判断するところ，以上の認定判断は，原判決挙示の証拠関係及びその説示に照らし正当として是認することができる。」

このように更新料について2種以上の性質を複合させる判例がみられるようになったのは，そもそも，更新料のもっている潜在的性質を，おもてに顕在化させた結果そうなるのであろうか，時の流れに応じ単独性質のものが複数の性質のものに分化した結果なのであろうか。

2 学　説

最近，複合性質の更新料に関して，判例のみならず，学説において言及するものが多くなってきた。たとえば，太田(武)説(太田「前掲論文」判タ695号28頁)は，「更新料がいつ，なぜ支払われるようになったのかについても明確ではなく，その発生当初から不透明な性質を有していること，また，実際に支払われる更新料が諸々の要素を複合していることから(横須賀・前掲書[『借地契約期間満了に伴う更新料——その理論と実態』——筆者注])15頁以下の調査結果でも，借地人が更新料を支払った理由，地主が更新料を受取った理由はまちまちであり，また，調停や和解で更新料を支払う理由，受取る理由を尋ねてみても，地代が安いとか，賃貸人と争いたくないなど様々である)，更新料の根拠ないし性質を1つの立場で説明し尽くすことはできないはずである。したがって，更新料支払の根拠ないし性質については，更新料が当事者の合意のもとに支払われるものであることを考えると，更新料がいかなる性質を持つかは当事者の合意ないしその解釈によって決するほかないと思われる(渋川「前掲論文」56頁，塩崎勤「最判昭59・4・20の判批」法曹時報39巻2号370頁参照)」。浦野説(浦野真美子「更新料をめぐる問題」判タ932号135頁)も，「実際に授受される更新料は，当該契約の具体的事情や当事者の意思如何によって異なるものとなり得るし，複数の要素が複合していることもあると思われる。したがって，更新料の理論的根拠ないし法的性質を何れか1つの見解で説明することは困難であるといえるであろう。」という。

第7章　更新料の金額と算式

第1節　問題点

　最近の下級審判例では，店舗賃貸借当事者間において，更新期間が1年ないし3年という短期の場合に，更新料を1か月ないし3か月分の賃料相当額とする合意を有効であるとしているが，土地の賃貸借当事者間では，更新期間が20年あるいは30年という長期の場合に，賃貸人が更新料を，更地価格の10パーセント，あるいは，借地権価格の10パーセントや7.5パーセントという形で請求しても認められず，借地権価格の3パーセント前後のものとしてその有効性を認めるものがある。借家の場合と借地の場合とでは，右のように更新料額とその算式において顕著な差異が認められるのは，一体何故なのか。

　学説中には，星野（英）説や山田（卓）説のように，そもそも，借地の場合とちがって借家の場合に，更新料の授受を有効なものとして認めることはできないとする見解がないわけではない。というのは，借地の場合には，更新料を授受することに合理性があるけれども，借家の場合には更新料授受に合理性がないからであるというわけである。では，そこでいうところの合理性とは何であろうか。

　前述のように，学説は，更新料は「借地の場合の更新後の期間の賃料の補充，つまりその前払である……」（星野・借地・借家法66頁）としそこに合理性があるとする。いいかえれば，借家の場合には，存続期間が短期であるため長年にわたって生じた賃料不払いの累積分を穴埋めしようとしその補充分を先払いさせるような必要性はない，とするのであろう。なるほど，借家の場合には，そういえるとしても，実際には下級審判決では，1年ないし3年の店舗賃貸借において，賃料の1か月ないし3か月分が更新料として授受されるのを認めていることが多いから，少なくともそれが，更新料授受の回転を早めることを意図しているようにも思われる。以下，更新料の性質によって更新料の金額や算式がどうなるかを見てみることにする。

第2節　借地の場合

1　賃料としての更新料に関する判例

【180】　東京高判昭58・7・19判時1089・49
（【144】＝【178】と同じ）

[事実]　前掲【144】参照。
[判旨]　「本件賃貸借契約は，昭和9年に締結され，当時権利金・敷金等の差入れはなく，昭和29年に第1回目の更新がなされ，本件は昭和49年の第2回目の更新に関するものであるが，その間地価を始め物価が著しく値上りしていることは明らかであり，控訴人Xは，更新料の額を算定するについて土地の更地価格に7割を乗じて借地権価額を算出したうえ，更にその1割をもって更新料の額とし（その当否は措く。），これについて双方当事者が協議し合意したものであって，その経緯から見ると，本件更新料は本件土地利用の対価として支払うこととされたものであって，将来の賃料たる性質を有するものと認められる。」

　更新料が賃料の性質をもつ他の判例には東京地判昭50・9・23（相当の金員，賃貸人は借地権価格の8パーセントを請求）【151】，東京地判平7・12・8（賃貸人が借地権価格の10パーセントを請求，しかし，その更新料の支払いにつき合意とか慣習の存在は認められていない）【149】。

2　異議権放棄の対価としての更新料に関する判例

【181】　東京地判昭59・6・7判時1133・94，判タ549・215（【127】＝【168】と同じ）

[事実]　前掲【127】参照。
[判旨]　「借地人は地主に対しそのときにおける土地の売買価格の一割の期間更新料を支払わなければならない旨の条項が存することが認められる」「土地の賃貸借契約において，その存続期間が満了する際に，当事者間でいわゆる更新料が授受される事例の多いことは当裁判所に顕著なところであるが，その趣旨は，賃貸人において賃貸借の存続期間満了を機に賃貸借を終了させることを求めず，更新に関する異議権を放棄して円満に賃貸借を継続させることとし，その対価として，賃借人から一定額の金額の支払いを得ることにあると解される。」

3　紛争解決金（賃料の補充）としての更新料に関する判例

【182】　東京地判昭46・1・25判時673・81
（【115】＝【173】と同じ）

[事実]　前掲【115】参照。
[判旨]　「二，……昭和41年1月18日原告XとAとの間で，別紙「土地賃貸借他証書」（以下単に「証書」という）のとおりの記載ある合意書面が作成され，Aは同書面2項記載の『土地賃貸借継続料』として，Xに対し，即日5万円を支払った外昭和43年1月死亡するまでの間に2，3度にわたり20万円合計25万円を支払い，他に地代相当額として，昭和42年12月までの月額3,000円を支払ったことが認められ，この認定に反する証拠はない。

三、そうすると，他に，前記「証書」記載の文言と別異に解すべき特段の事情がない限り，XとAとの間に右「証書」記載のとおり合意，即ち，従前の借地契約の解約と共に改めてAから100万円の所定期限の支払を停止条件とする新規の借地契約（その内容は同書面2項記載の「別紙……土地賃貸借契約証書」の添付がないため，明らかでないが，当事者の意思解釈により，賃貸期間及び地代を同書面二項記載のとおりとするほか従前の契約と同一と認める）の締結という復〔複〕合的合意（以下本件合意という）が成立したものと認めるべきである。」「同法5条〔借地法5条—筆者注〕においては当事者の合意によって契約の更新される場合のあることを規定しており，この場合は多く，賃料の補充としてのないしは紛争を避止して円満に借地使用を継続し得る利益の対価としての意味をもつ更新料名義の金員の授受が約される」という。

他に【109】では，賃貸人は土地の売買価格の一割を更新料として請求したが，当事者間の合意で更新料は100万円と合意された。

4 賃料の一部後払，異議権放棄の対価，権利金の補充などそれらのいずれかあるいはそれらの複合した更新料に関する判例

次の判例は，賃貸人からの更新料請求は，借地権価格の7.5パーセントであったが，鑑定の結果にしたがい，更新料を借地権価格の3パーセント前後と判示した（後述(A)の場合賃料の約110倍，(B)の場合約90倍，(C)の場合約113倍である）。

【183】 東京地判昭49・1・28判時740・66（【147】と同じ）

［事実］ 前掲【147】参照。
［判旨］ 裁判所は，法定更新，合意更新の場合を区別せず支払わせる更新料支払いの慣習は，賃貸借契約成立時には確立したかどうか不明だが，更新時には成立したとし，その上で，「更新料の額について検討する。この点は理論的には更新料の性格の問題と関連することになろう。更新料の意味ないし性格については，賃料の一部後払，賃料の一部前払，異議権放棄の対価，権利金の補充等々種々の考え方がある。恐らく，具体的なケースを後で分析してみれば右のいづれか又はいくつかの複合であろう。従って，本来はケース毎に算出の方法が異なるべきことになろう。しかし，実際上は，当事者の意思は，要するに更新料支払の慣習があるからそれに従うというだけのことであり，従って，その額も慣習に従って決められている場合が極めて多いのである。

又，当事者の間に具体的な額についての合意が成立しなかった本件のような場合は，どのようにして額を決めるかという問題がある。しかし，既に賃貸人は更新料支払の義務があるのであるから，具体的な額の合意がないからといって支払わなくてもよいということにはならない。この点は，賃貸借契約を結びながら具体的な賃料の定めをしていなかった場合と同様である。結局いずれの場合も諸般の事情を考慮して裁判所が具体的な額を決定するより外に方法がない。

そこで，本件においては，鑑定人甲の鑑定の結果および弁論の全趣旨によれば，更新料は，それぞれ本件各土地の借地権価格（更地価格の70％前後と認める。）の3％前後が適当であると考えられる。右鑑定によれば，本件各土地の更新時の更地価格はそれぞれ金2,120万円(A)，

金1,990万円(B), 金2,440万円(C)位と認められ, 結局, 更新料はそれぞれ金45万円, 金42万円, 金51万円もって相当額と認める。」

右判決は, 慣習によって更新料支払義務が生ずる場合, 更新料の金額も慣習によって定まるとする。

5 性質には言及しないが, 金額に言及する判例

これは, 東京高判昭54・1・24判タ383・106（更新料30万円）であるが, 更新料不払いのために信頼関係は破壊され, 賃貸借契約が解除されるとしている。

第3節 借家の場合

1 賃料の補充としての更新料に関する判例

イ 賃料補充に関するもの

【184】 東京地判昭57・10・20判時1077・80
（【108】＝【118】＝【143】＝【162】と同じ）

［事実］ 前掲【108】参照。
［判旨］「本件の更新料は, 当初の賃貸借契約においてすでにその支払が約定され, 金額についても更新後の賃料額の1か月分として少なくともその決定基準があらかじめ定められており,《証拠略》各契約書の文言上も「期間満了時に更新する場合」「期間満了後更新する場合」として, 右支払に関して更新の事由を限定していないこと, 本件賃貸借は, 期間を2年と定め2年ごとの更新を予定するとともに, 更新のたびに新賃料1か月分と同額の更新料を支払うものと定めているところからみて, 更新料は, 実質的には, 更新後の2年間の賃料の一部の前払たる性質のものと推定しうること, このように, 更新料が使用の対価たる実質のものである以上, 賃借人が賃借を継続するかぎり, 更新の原因がいずれであるかを問わずこれを支払うべきものとしても, 賃借人に不利益であるとはいえず, むしろ, 本件のように, 賃借人が更新の協議に応じない間に期間が満了して法定更新された場合には更新料の支払を免れるとすれば, かえって公平を害するおそれがあることなどを総合して考えると, 本件賃貸借においては, 法定更新の場合にも, Yは更新料の支払義務を免れないと解するのが相当である。」

【184】は, 更新料は合意に根拠があり, その性質は賃料の前払いであり, 金額は7万2,500円, 2年で更新, 新家賃の1か月という算定方法である。法定更新の場合に適用され, 更新料の不払いは賃貸借解除になるという。いわば, 賃貸人にとってもっとも有利な構成といえよう。

ここに属する判例には, その他, 東京地判平2・11・30（更新料は旧賃料2か月分の6分の5, 27万5,000円）【121】, 東京地判平5・2・25判タ854・231（更新料は新賃料2か月分）, 東京地判平5・8・25（更新料は新賃料3か月分）【124】がある。

ロ 賃料の補充ないし異議権放棄の対価としての更新料に関する判例

【185】 東京地判平10・3・10判タ1009・264
（【125】＝【175】と同じ）

［事実］ 原告Xは, 昭和50年7月31日に,

被告Y商会にX所有の建物を賃貸した。存続期間5年で5年ごとに更新し，平成7年7月31日の経過をもって法定更新された。その時の契約内容は，平成7年8月1日から5年，賃料1か月40万円，25日に支払い，管理費月3万8,100円，使用目的店舗・事務所，物置設置使用料月3万1,800円，更新料，新家賃および管理費の合計2か月分などであった。管理費は3万8,100円のうち，共益費として2万円しか払わず，1万8,100円には要素の錯誤があるという抗弁に対し，裁判所はそこには民法95条所定の要素の錯誤はないとする。また，平成7年7月31日，賃借人は更新料を支払っていない。

[判旨]「借家契約における更新料支払の特約については，その内容いかんによっては借地借家法30条により無効となる場合はあり得るとしても，本件においては，使用目的は店舗・事務所であること，賃貸借の期間も5年であること，更新料の額も87万6,200円であることからすると，使用目的及び賃貸借期間と比較してそれほど高額とはいえず，更新料の性質については見解が分かれるところではあるが，賃料の補充ないし異議権放棄の対価の性質を有すると解するのが相当であることを併せ考えると，本件における更新料の特約については，必ずしも不合理なものとはいえないというべきであるから，右特約は有効であると認めることができる。」

【185】は，更新料授受契約としての性質から法定更新の場合に適用になり，管理費不払い，更新料不払いによって賃貸借当事者間の信頼関係が破棄され，契約解除がされることは認められている。

ここに属する判例には，東京地判平4・1・23（新賃料1か月分）【122】がある。

ハ　更新料は，経済的には賃料であるが，しかし，法律的には賃料とは別ものとする判例

【186】　東京地判昭45・2・13 判時613・77
（【105】＝【112】＝【137】と同じ）

[事実]　前掲【112】参照。
[判旨]「原告Xと被告Yとの間に本件建物部分の賃貸借契約の成立時に，賃貸借契約の期間を更新するときは更新料8万円を支払うとの約定のあったことおよび右賃貸借契約が更新されたことは当事者間に争いがない。そしてこの約定を借家法第6条により無効とするべき理由はない。」XはYに，昭和41年7月6日，その更新料8万円と昭和41年4月1日から同年6月末日までの賃料として8万7,966円の支払いを催告した。「更新料は経済的には賃料の前払いの性格をもつ場合が多いが，法律的には賃料とは別個のものであるから，その催告は本件賃貸借契約の解除権を発生させない。（更新料の不払いは賃貸借更新契約の解除原因となるが，Xらが賃貸借更新契約の解除を主張しているとしても，昭和41年1月3日の期間経過後Yが本件建物部分の使用を継続していることは当事者間に争いがないから，本件賃貸借契約は法定更新され，Yの本件建物部分の明渡義務が発生する余地はない。）」

【186】は，更新料の不払いは，更新契約の解除原因とはなるが，更新料は法律的には賃料とは別個のものであるから，賃貸借契約そのものの解除原因にならないとした。更新料は経済的には賃料の前払いで8万円である。

2 異議権放棄の対価である判例

【187】 東京地判昭51・7・20 判時846・83
（【116】＝【139】＝【167】と同じ）

［事実］ 前掲【116】参照。

［判旨］「本件では，前示のように更新料の額は賃料の1ケ月分にすぎず，遅滞した期間も僅か2ケ月余りであり……被告Yは原告Xに対し，昭和48年10月分及び11月分の賃料につきそれぞれ従前の額のまま，当該月の前月末ころ支払い，その間XからYに対し更新料の支払請求もなく，両者間に更新料の話は全く出なかったところ，同年11月27日になってXからYに対し賃料値上げとこれにあわせて更新料についての具体的な申入れがなされ，その交渉の途中，更新料の前提となる賃料額についての合意はもちろん，更新料についてのあらたな合意が成立しないまま，Xは右11月27日から僅か半月を経たにすぎない同年12月13日前記のような催告及び停止条件付契約解除の意思表示をするに及んだことが認められ（右認定を左右するに足る証拠はない），かかる事情のもとでは，いまだXY間の信頼関係が破壊されたとすることはできず，信義則からいってもXに解除権は発生しないというべきである。」

【187】は，借家契約が（期間2か年）昭和42年10月18日になされ，更新料授受契約はその4年後の昭和46年（更新の2年前）になされ，この借家は，昭和48年10月27日に法定更新された。更新料の性質は更新拒絶権，異議権放棄の対価であって，金額は3万4,000円，賃料1か月分である。この更新料は授受契約が賃貸借の成立の基盤をなすので更新料の不払いは解除原因となり，法定更新に適用になるが，賃借人が賃料1か月分の更新料を支払うのが1，2か月おくれるだけで，賃貸人の催告期間が不十分であるときには，賃貸借当事者間の信頼関係は破壊にならないとしている。

ここに属する判例には他に，東京地判平4・1・8（更新料は新家賃2か月分，賃料補充の性質は稀薄）【134】がある。

3 賃貸借期間存続保持の利益の対価としての更新料に関する判例

【188】 東京地判昭56・11・24 判タ467・122

［事実］ 原告Xは，建物を被告Yに，存続期間昭和50年6月1日より5年，賃料月8万円，更新料新賃料5か月分などの約定で賃貸し，XがYを相手どり増額賃料や更新料の支払いを請求した。

［判旨］「そこで，本件建物賃貸借契約における前項1項の更新料支払の合意の効力について判断するに，当裁判所は，右合意が一方的に借家人に不利な特約であるとは断定できず（借家人としては，約定の更新料を支払うことにより，更新拒絶に伴う明渡請求等の紛争を免れ，更には更新前の契約と同じ賃借期間が確保されるといった利益を得る），その額が相当である限りその効力は否定できず，実質的に借家法6条に反しないものと解する。

しかして前記鑑定は，本件建物の近隣における更新料については，不払賃料の1ケ月分が標準であると認定しているところ，当裁判所もこれを妥当と解するものである。しからば更新料につき，支払賃料の5ケ月分とする前記合意は，通常支払われる1ケ月分の限度で有効とすべきである（弁論の全趣旨に照らせば，右特約をもってただちに全部無効とするのは相当ではない。）」

ここに属する判例には、他に東京地判平2・7・30（更新料は新賃料1か月分で19万1,700円）【132】、東京地判平9・1・28（更新料は新賃料2か月分）【135】がある。

4　紛争解決金としての更新料に関する判例

【189】は、家屋明渡請求控訴事件である。

【189】　東京地判昭48・2・16 判時714・196
（【169】と同じ）

［事実］　前掲【169】参照。
［判旨］「本件建物賃貸借契約の期間満了に際し更新料を支払う合意が借家法第6条、1条の2、2条に反するか否かを検討する。第1審被告Yは約定の更新料を支払うことにより、第1審原告Xからの更新拒絶に伴う明渡請求等の紛争を免れるとの利益を得ると解せられ、とくにYは前記の如くかつて更新拒絶に伴う本件建物明渡訴訟において敗訴の苦境におちいったこともあるだけにその利益は一入である。このような事情のもとでは更新料の額が相当であれば、その支払の合意が借家人に不利な特約であるとは断定できないので、その効力は否定できない。

そして本件賃貸借契約において、その額はまずXとYの協議により定められるべく、もし協議不調の際は通常支払われる相当額によるべき旨の合意が存することは当事者間に争いがないところである。前示の如く協議不調に終った以上「通常支払われる相当額」をこゝに確定しなければならない。

しかし、更新料の算定基準は賃料と異り統一されておらず、A鑑定も、更新料額の決定は近隣の実例によるほかないものとし、これを調査のうえその基準を権利金、敷金等の運用益や償却額を控除した実質支払賃料の2倍又は新規賃料の1.5倍程度と認定し、前者は100,000円弱、後者は100,000円強であるところから、結局100,000円を適正な更新料としている。B鑑定も、その算定の経過はA鑑定と若干異なっているものの、100,000円を相当な更新料とする結論においては一致している。よって、当裁判所もこれらを妥当と解するものである。」

【189】は、更新料合意は、金額が定まっていない場合でも通常の相当額で有効とする。この場合、その更新料は10万円である。近隣の例にしたがい、実質賃料の2倍、新賃料の1.5倍としている。

5　性質には言及しないが更新料の金額に言及する判例

【190】　東京高判昭54・2・9 下民集30・1〜4・15、判時927・200（【129】と同じ）

［事実］　前掲【129】参照。
［判旨］「控訴人Xは、昭和47年1月31日の本件賃貸借更新契約の際、Xと被控訴人Yとは将来本件賃貸借契約が更新される場合、将来の賃料をその13パーセント増額し、新賃料の1.34か月分の更新料を支払う旨約定したと主張するところ、昭和49年2月1日から本件賃貸借契約が合意更新された場合について右のような約定がなされたことは当事者間に争いがないが」、「さらに昭和49年2月1日からの更新後も2年ごとに本件賃貸借契約が更新され、その都度賃料を13パーセント増額し、新賃料の1・34か月分の更新料を支払う旨の約定があつたというものであるが、この主張を裏付ける資料としてYが提出した右甲第2号証は、右述のごときものであつて、しかも、合意更新の場合について昭和49年2月1日の時点における賃料増額、更新

料支払を約したものでそれ以後の賃料増額，更新料支払，まして法定更新の場合のそれについてまで約したものとは到底解せられないから，もとより同号証によって右事実を認めることはできず，他に右事実を認めるに足りる証拠はない。」

【190】は，借家（店舗）のケースで，昭和44年1月に賃貸借契約が成立，その契約は昭和47年に合意で更新され，昭和49年2月1日に法定更新になった。この時の更新料授受契約は，契約の解釈からすれば，合意更新の場合に適用になるが，法定更新の場合には適用にならないとするものである。その更新料は，更新後は新賃料1・34か月分であって，9万9,937円に当るものである。

ここに属する判例には，他に，東京地判昭55・5・14（更新料は賃料1か月分）【130】がある。

【191】 東京地判昭61・10・15 判時1244・99，金判770・123（【120】＝【126】と同じ）

［事実］ 前掲【120】参照。

［判旨］「本件更新料特約の定める更新料330万円は本件契約の定める本件貸室についての1か月の賃料52万円の約6.35か月分に相当し，しかも，後記のように被告Yが本件追加保証金特約により支払うべき追加保証金330万円と合わせると，その額は右賃料の1年分以上の660万円に達すること，そして，《証拠略》によれば，Yが東京都新宿区及び同都豊島区等で本件貸室と同様の目的に使用するため賃借している区分所有建物の各賃貸借契約においては，契約期間3年につき更新料は賃料の1か月分ないし3か月分と定められていることが認められるこ

とに照らすと，本件建物の所在場所や前記認定のとおりYが本件契約締結の際には原告Xに対して本件原契約で定められた更新料330万円を異議なく支払っていることを考慮しても，本件更新料特約は，本件貸室の更新後の賃料の3か月分に相当する156万円の限度では有効であるが，それを超える部分は借家法6条にいう賃借人に不利なものとして無効とすべきである。」

【191】は，店舗賃貸借の場合には，裁判所は，強行法規である借家法6条を適用し，いわゆる一部無効の法理により，更新料は更新期間1年につき賃料1か月分，更新期間3年の場合賃料3か月分とする限度で有効であるとする。

要するに，借地の場合でも，借家の場合でも，それぞれの賃貸借自体においては，更新料はその性質によっても金額に格段の差が認められない状況にある。

第4節 学説と判例

1 問題点

借地関係自体や借家関係自体ではなく借地関係と借家関係との間では，更新料の金額や算式の上で顕著な差異がみられる。前者では，経済地代と支払地代の差額の累積分としての更新料，後者では，賃貸借の存続期間，2年につき賃料1ないし2か月分という更新料が認められている。この違いは，存続期間の差異に由来していると思われる。借地の場合には，借り得分を借地権の価値として賃料とは別ものとしているが，借家の場合にはそのよ

うな取扱いにはなってはいない。なお，借家の場合には，更新料の算式は新賃料の1か月分ないし2か月分と定め，必ずしも旧賃料を基準にしない場合がある。言い換えると更新料の金額は新賃料とともに変動することを予定しているので，そのような観点にたつとすれば，更新料授受約定において更新料の金額がはじめから一定額で定められていない場合であっても契約約定は無効にならない。

2　学　説

学説も，更新料額は，更新料の性質や根拠によって定まる，という。そして，借地の場合，更新料を借地権価格の何パーセントといった方式で計算する学説が多い。しかし，更新料を授受する不動産賃貸借の契約当事者間における事情は必ずしも一様ではないため，そのように一律の方式によって計算することは妥当ではないとされている。したがって，賃料不足分補充説は実情に合わない，あるいは，営業のためではなく居住のための借地の場合には，更新料を借地権価格の何パーセントとして算定するとしても，その価格は，交換価格としての借地権価格によらずに，収益価格としての借地権価格によるべきである，ともされている。

すなわち，学説には，理論面から更新料額に検討を加えた説と，実務面から実態調査を手がかりにして，更新料額を決定する説とがある。

前説，例えば，鈴木(重)説(鈴木・前掲論文58〜59頁)は，借地関係では，更新料を更新前後における借地権価格の差で算定するにしても，更新前の借地権価格が明確でないために算定が困難であるとし，借家関係では，存続期間が短いことが多く，その間家賃の基礎となる価格の上昇によって採算の狂いが少ないから更新料支払いの合理的根拠は借地契約の場合に比してうすいとし，西村(宏)説(西村「前掲論文」商事法務518号5頁)は，更新料を賃料不足分の補充と解する場合に，経済地代が高すぎると近隣地代と比較してその金額を抑制するのが現実だから経済地代と支払地代との差額を求める算式に不合理性が認められるとし，並木説(並木「前掲判批」判タ312号146頁)は，借地権の対価は賃貸人と借地人の合意によって生ずるとし，その対価の全部あるいは一部が更新料であって，それは借地権売買の違約手付金であるとしている。ところで，鈴木(禄)説(鈴木「借地関係における更新料支払の諸問題」判タ345号49頁)は，前述の借地価格の差額説(鈴木(重)説)や収益価格を基礎とする更新料説(西村(宏)説)，合意による借地権の対価説(並木説)と異なり，更新料は，借地人が更新料を支払わずに地主と争った場合の借地権喪失に危険を回避するもので，その金額は，

$$借地権価格 \times \frac{借地人の予想する更新不成立の危険率}{} + \frac{裁判についての借地人の費用}{} > 更新料 >$$

$$借地権価格 \times \frac{地主の予想する更新不成立の期待率}{} - \frac{裁判についての地主の費用}{}$$

という関係の中で算出されるとする。しかし，この説に対しては，P説(加藤実＝鐘ヶ江晴夫＝河村直樹＝公文貞行＝小山俊彦＝原田強一＝藤井孝四郎・借地非訟における附随処分319頁)は，「正当事由が具備し，借地権が消滅し借地人の保有する価格がゼロとなることも

ある」といわれながら，他面，借地人が保有する地位の価格は平均的には 100% の借地権価格から消滅の危険率を控除したものといっているので，この平均という表現は要注意であって，平均的に危険率を 10% と見ることはできないとする。さらに，新田説（新田「賃貸借契約における更新料の支払義務（二・完）」判時 828 号 120 頁（評論 214 号）6 頁））は，生活危険としての更新料は支払うべきだと考えると，賃借人が支払わず訴訟になっても，更新料を支払って更新された場合の利益は賃貸人から奪うべきでないと考えて，弁護士報酬の半分の支払いを命ずることも考えられる，としている。

なお，鈴木(重)説は，更新料の金額は借地の需給関係によって定まり，借地権価格の 5% ないし 10%（2倍の開きあり），また，並木説は，右の鈴木(重)説と同様に考え，更新料を借地権価格の 5% ないし 10% としている。

後説，実態調査を手がかりにして金額を例示する学説では，例えば，渋川説（渋川「前掲論文」現代借地借家法講座 1 57～58 頁）は，東京の資料によると，借地の場合の更新料は，昭和 32 年ごろは借地権価格の 2 ないし 3%，昭和 35 年ごろには借地権価格の 5% 前後，昭和 40 年ごろには借地権価格の 10% 前後で，今日この金額は減少しており，また，借家の場合の更新料は，昭和 40 年代都区内のアパートの賃貸では賃料の 1 ないし 2 か月，店舗の賃貸ではそれよりやや高額とされているが，借地の更新料は借地権価格の 3%，借家の更新料は賃料 1 か月分位を有効と思うとする。梶村説（梶村「借地借家契約における更新料をめぐる諸問題(上)」判タ 341 号 94 頁以下）は，諸資料を紹介し，借地の場合，更新料と支払地代との割合は，更新料が支払地代の約 100 倍から 120 倍であるし，あるいは更新料を直接的に坪当り 1 万円，5,000 円とする場合もあるが，実情は借地権価格の 3% ないし 10%，借家の場合の更新料は，店舗賃貸借の更新料は存続期間 2～5 年の場合に賃料の 1 か月分ないし 2 か月分であるとする。その他，瀬川説（瀬川・前掲書 181 頁）は，1988 年～90 年には，住宅地の更新料は地代の 67 倍ないし 236 倍，商業地の更新料は地代の 84 倍ないし 240 倍とし，平野説（平野晃「東京における借地条件，地代等の実体について」ジュリスト 399 号 34 頁）は，借地の更新料は，支払地代の 100 倍から 120 倍，借地権価格の 5% ないし 6% になるとする。酒井説（酒井金太郎「借地借家問題の現況と政策要求」ジュリスト増刊総合特集 7 102 頁）は，借家の更新料は，借家アパートでは，月賃料の 1 か月か 2 か月が多く，2 年の契約が多いので 2 年ごとの家賃の値上げとともに，更新料の負担が大きくなる点で問題があるとされる。

3　学説と判例

借地の場合，更新料を借地権価格の何パーセントという算式で計算し，借地権価格を基準にするとすれば，その価格は取引価格によるのかそれとも収益価格によるのかという問題があった。また，借地権価格自体の算定にあたっても更地価格の 70 パーセントとして算定する場合その更地価格は取引価格によるのかそれとも建付地価格によるのかという問題もあった。

借家の場合，判例でも，学説でも，1年の存続期間に比例させ更新料は賃料1か月分とする判例が多く，そして更新料を賃料の一部前払いと解している。その場合の更新料を賃借人の借り得分とせず，短期間の賃貸借における賃料不足分の補充とすれば，その金額の徴収は本来賃料増額請求という手続きですることができなくはないように思われる。ところが，不足分の連年の累積である借地の場合の更新料についても，地代増額という方法で，その更新料の徴収ができなくはないとする批判がある。「合意がないときは，法定更新であると合意更新であるとを問わず，更新の際に更新料の支払を要求できるとする法律上の根拠は存在しないというほかはないであろう。そして，賃貸人によるいわゆる失地の回復は，本来，借地借家契約存続中は賃料増額の請求（借地法12条，借家法7条）の方法で，契約終了後は借地についてみれば顕在化した土地の価格から回収する方法で行われるのが原則であるべきであろう。」（渋川「前掲論文」現代借地借家法講座1　56～57頁）とされ，また，「地代増額請求でまかなえるものを（ちなみに，この説は地代増額請求における相当額の算定方法には利回り方式を援用しています。），更新料請求という形で借地権者に地代の一部前払いをさせる理論的実践的理由が不明であるということがあります。」とされている（並木茂「前掲論文」東京調停協会々報27号7頁）。では，その場合，賃貸人が賃借人に対し賃料増額請求によろうとしないのは何故であるのか（判例にも同様の見解を示すものがある（東京高判昭52・6・15【155】）。なお，同じ借家の場合に店舗賃貸借の更新料は賃料11か月分また居室の賃貸借は賃料3か月というようにしているが，前者の場合には営業上の利益の代償というものが入っているようである（東京地判昭48・12・19【177】））。

第8章 結 語

第1節 諸状況と更新料

　不動産賃貸借の当事者間では，賃料以外に様々な一時金が授受されている。たとえばその中の一つ，敷金は，賃借人の債務を担保する性質のものであって1種類しか存しないが，その法律構成は債権質説や停止条件付金銭所有権移転説など多岐にわたっている。しかしながら，ここで取り扱った更新料は，権利金と同じく，そもそも幾種類かのものがあって，その種類に即応して，異なった法律構成がなされている。更新料を賃料の補充金と解しておくことによって，法定更新の場合に更新料授受契約は適用になり更新料の不払いは賃貸借を解除するという結果となる。もっとも，そのような法律構成上のちがいというものは更新料の性質の何かということに由来するだけではなく，更新料がおかれている場合の諸状況のちがいにもよっており，関連事件が裁判に係属していない場合なのか，それとも係属している場合なのかにもよるのである。

1　関連事件が裁判に係属していない場合

　この場合には，まず，賃貸借の期間満了時に契約当事者が合意によって賃貸借を終了させ更新料はこれを授受しないということもある（澤野「借地契約の更新と更新料」新借地借家法講座1　235頁）。また，そのような場合に，賃貸借を終了させずに，合意によって更新はするのだけれども，しかし，更新料は授受しないということがある。さらに，また，賃貸借終了期に合意によって賃貸借を更新し合意によって更新料を授受するということもないわけではない（岩城謙二「敷金・保証金・更新料」法令ニュース30巻11号22頁）。関連事件が裁判に係属していない場合であっても，賃貸借の「存続期間満了前に地主から更新拒絶の意思表示をし，借地人は更新を請求して対立したが，正当事由の存否を訴訟で争うことを避けて更新料を授受して（授受を約して）更新の合意をする場合」があるといわれている（宮崎「前掲論文」日本法学45巻2号73頁）。なお合意によって更新料が授受されるのは賃貸人が業者であることが多いということである。

2　関連事件が裁判に係属している場合

　最近の学説は，更新料の金額を算定するの

第8章 結　語

に，借地契約が賃貸人に正当事由なく法定更新され借地上の建物が朽廃しないおそれがない場合，それと同じく建物が朽廃するおそれがある場合，また賃貸人に正当事由があって借地契約の更新を拒絶することができるが賃貸人が異議権を放棄する場合，賃貸人が賃料の値上げをすることなく更新料を徴収する場合，賃借人の債務不履行による解除を修復するものとして更新する場合の各場合に分けてその分析を行っている（澤野「前掲論文」245～246頁）。また，この場合に次のような問題がある。更新拒絶の正当事由がなく賃貸借が法定更新になるという場合に，更新料授受契約が適用になるかという問題である。その点，判例上は，適用容認判例11件，適用否認判例9件で，認否ほぼ相拮抗するという状況にある。適用否認判例の強力な論拠は，借地法4条や借家法1条ノ2違反などであって，法定更新というものは，賃借人に金銭的負担を負わせないもので無償でなければならないが，更新料授受契約を適用すると有償になるということにあったが，他方適用容認判例の論拠の1つは，賃貸人を賃貸借関係の中で賃借人に対し公平に扱うこと，法定更新と合意更新における賃貸人を公平に扱うことにあった。更新拒絶の正当事由がなく賃貸借が法定更新になる場合に更新料授受の合意がなくても，更新料授受の慣習があるという場合には賃借人は賃貸人に対し，更新料の支払いを義務づけられるこというまでもない。東京地判昭49・1・28【147】は，正当事由がなくて，法定更新になる場合は，多くは，実務上，合意更新になっているとして，合意更新の場合の慣習は法定更新の場合にも認められるとして次のようにいう。「東京都区内においては，建物所有を目的とする土地賃貸借契約において，契約期間が満了して契約の更新が行われる際に，建物の存する場合，特別の事情のない限り，賃借人より賃貸人に対して更新料の名の下に相当額の金員を支払うという慣習が存在している。右の更新料は，更新の請求又は使用継続による法定更新（借地法4，6条）がなされていることを前提として単に更新料の支払のみが約定されることもあり，又，合意による更新（同法5条）の際にいわば更新の条件という形でその支払が約されることもある。形式としては，むしろ後者の場合が多いが，借地法に既に法定更新の規定がある現在では，更新の合意は賃貸人において法定更新に対して異議を述べないということを確認する以上の意味はなく，更新の効果を生ずるという点からみる限り法定更新と合意更新とを区別する実益はない。合意更新が成立するに至る実際の経過を見てみても，賃貸人は法定更新を前提として単に期間満了を契機として更新料の支払を請求し，賃借人とその額について合意が成立した場合，念のため賃貸借契約自体も合意によって更新するという形をとるに過ぎない場合が殆んどである。（もし法定更新が成立しない場合であれば，その際の合意更新は実質的には新契約による借地権設定と同様であるから，賃貸人は通常の権利金相当額を要求する筈で，少額の更新料で満足する訳はない。）右に見たように，更新料は，法定更新の場合であると合意更新の場合であるとを問わず，要するに期間満了により更新するに際して更新自体を理由として支払われるものである」，と判示していた。しかしながら，そのとおり

とすれば，この見解は，「賃貸人の一方的意思によって賃借人に経済的負担のある合意更新を強制し，無償の法定更新の途を排除する趣旨の特約」を認める見解ということになり，それゆえに「更新合意不成立・異議権放棄型ケースを合意更新事案と認定するのは無理だと思われる」といっている（木崎安和「借家契約における特約の効力」新借地借家法講座3 183頁）。

逆に，更新拒絶の正当事由が認められる場合については，学説は，前述したように地主にある程度，更新拒絶の正当事由が存する場合，この場合の契約更新は，実質的には地主が異議権を放棄することになるからその更新料は異議権放棄の対価相当額となる。更新料は，「具体的には，正当事由の程度に応じ，契約更新により完全に復帰する借地人の借地権価格と，立退料を提供することにより借地権を消滅させることができる可能性とその場合の立退料の額を考慮して求めることになる」（澤野「前掲論文」新借地借家法講座1 245頁）という。なお，借地非訟事件手続において，更新拒絶の正当事由がある場合に，賃貸人からその場合の更新拒絶の機会を奪うような存続期間を延長する借地条件の変更を認める決定をすることは認められない，としている（大阪高決平成3年（ラ）第49号平3・12・18判タ775・171）。

第2節　「従前の提供」と更新料

借地借家法6条では，「前条の異議［借地契約の更新請求に対する異議—筆者注］は，借地権設定者及び借地権者（転借地権者を含む。以下この条において同じ。）が土地の使用を必要とする事情のほか，借地に関する従前の経過及び土地の利用状況並びに借地権設定者が土地の明渡しの条件として又は土地の明渡しと引換えに借地権者に対して財産上の給付をする旨の申出をした場合におけるその申出を考慮して，正当の事由があると認められる場合でなければ，述べることができない」，また借地借家法28条では，「建物の賃貸人による第26条第1項の通知又は建物の賃貸借の解約の申入れは，建物の賃貸人及び賃借人（転借人を含む。以下この条において同じ。）が建物の使用を必要とする事情のほか，建物の賃貸借に関する従前の経過，建物の利用状況及び建物の現況並びに建物の賃貸人が建物の明渡しの条件として又は建物の明渡しと引換えに建物の賃借人に対して財産上の給付をする旨の申出をした場合におけるその申出を考慮して，正当の事由があると認められる場合でなければ，することができない。」と定めている。ここでは，いずれの場合も正当事由を補強するものとしての立退料の支払いを認めることが明文化されている。前述したように東京地判昭49・1・28のコメントでは，同判決は，法定更新の場合に更新料授受を事実たる慣習として認めるので今後は更新料を立退料の裏返しとして位置づけ，借地借家訴訟に影響を与えるだろうといわれていた。

そして，それとあたかも付合するかのように，1992年10月になると，右の借地借家法にみられる正当事由の判断基準の1つに「借地に関する従前の経過を揚げ，更新料の支払

第8章 結　語

の有無，その額等に考慮する」といわれ，早々と未来の予測を述べるものも出てきていたのである（大阪青年司法書士会借地借家問題研究委員会「新借地借家法の問題点」7頁〔松崎基之〕）。

　すなわちその後，借地借家法についての解釈論も，多少重ねられ，右の「従前の経過」について相反する二つの見解がでてくるようになった。一方では，借地借家法6条所定の「借地に関する従前の経過」について，「更新はすでに何回あったか，更新料は支払われたか，支払われたとすればその額はどうであったか」が考慮されるとし（基本法コンメンタール新借地借家法1993年第1版22頁〔平井一雄〕），借地借家法28条所定の「建物に関する従前の経過」については，「契約更新の際に，更新料が支払われたかどうかなども考量要素となる」といっている（基本法コンメンタール新借地借家法83頁〔木村保男〕）。

　しかし，他方では，右の借地借家法6条所定の「借地に関する従前の経過」について，賃借人には，「更新料を支払うべき法律上の義務はないとされるので，更新料支払の有無はこれに該当しないことになる」といい（新版注釈民法⑮増補版836頁〔内田勝一〕），右の「建物の賃貸借に関する従前の経過」についても賃借人による更新料の支払いの有無はふれられていない状況にある（新版注釈民法⑮〔増補版〕938頁〔広中俊雄・佐藤岩夫〕）。

　前者の考え方では，いうまでもなく法定更新の場合に更新料の授受を認めることになり，後者の考え方では，そのような更新料の授受を認めないことになる。そもそも，そうした「従前の経過」の解釈上のちがいというものは，賃貸借当事者間が交渉力などの点で不対等な関係にある場合なのか，それともその点で対等関係にある場合なのかのちがいの反映なのではないか。

第3節　判例解説の検討結果

　関連事件が裁判で係争中の場合，たとえば，先に述べたように更新料授受契約が，賃貸借契約の更新時よりも17年前に結ばれているため先の予測もできないときになされ，したがって契約の拘束力が認められないとするものが認められた。また，更新料授受契約の成立の経過において何かともめごとが重なり，契約当事者間に激しい対立紛争があった。このような事情は，権利金授受契約の判例では見受けられないものであって，このことは賃貸借当事者間において更新料授受を容認することが今日いまだに定着していないことの一証左ではなかろうかと思われる。

　更新料授受契約において，更新料の金額が定まっていない場合には，たとえ合意があったとしても契約は成立していないとされる学説がないわけでない（浦野「前掲論文」判タ932号137頁）。東京高判平3・7・30金法1313・26は，契約に更新料の定めがなければ，更新料請求権を具体化できないとし，東京地判平5・2・25判タ854・231は，賃貸借の更新時に賃借人が賃貸人に新賃料額を基準とする更新料を支払う旨の約定がある場合において，新賃料につき，合意が成立しておらず，更新料が具体的債務として発生していないとするも

のである。しかし，そのような場合についても，「貸地人，借地人間が円満にいっている場合には，借地期間満了にあたって，借地人が相当額の更新料を貸地人に払って借地契約が更新をされるのが普通のようである（星野・借地借家65）」（新版注釈民法⒂平成元年初版393頁〔鈴木禄弥・生熊長幸〕）。ところで，そこでいう更新料の相当額とは，判例によると，借地の場合，借地権価格（更地価格の70パーセント）の3ないし10パーセントであり，また借家の場合には，期間1年につき賃料の1か月ないし2か月分である。

合意更新の場合の更新料授受契約の効力に関しては，判例は，一部無効，一部有効の法理を用いていた。その法理というのは，更新料授受契約が一部無効である場合に賃貸借契約全体も無効になるのではない。更新料授受契約を一部無効，一部有効であるとした上で賃貸借全体は有効になるとしている。つまり賃貸借契約は有効であるから，賃貸借当事者関係に変動なくそのまま生きており，その中の更新料契約だけが，当事者の仮設的意思を推測して，一部有効となるというわけである。東京地判昭56・11・24【188】は，更新料を賃料5か月分のうちの賃料1か月分の限度で，有効としている。

判例は，更新料を異議権放棄の対価と解する場合に，実際に異議権を行使するに価するの裏付けのある場合とそのような裏付けのない場合とに分けて考えている。後者は，いわゆる紛争解決金ともいうべきものであろう。更新料の不払いは，賃貸借解除と結びつくかについて，前述のような法律構成上の一般問題があるだけでなくそのような異議権放棄の

性質上の差異ということが反映するのではないか，また，両者の結びつきについては更新料授受契約と賃貸借契約の関係がどのようなものであるかが反映するのではないかと思われる。たとえば一説では更新料を支払う条件が充たされれば契約が更新される（星野・前掲書66頁）。更新という条件が充たされれば更新料が支払われる（鈴木（禄）「前掲論文」判タ345号55頁）とか，他の一説では「更新料支払の債権債務が生ずるのは賃貸借更新を認めることの反対給付として，借地人が賃貸に対し，更新料を支払うことを約束するかどうかであり，かかる合意が更新料支払債務の原因なのである」（伊東「前掲判批」判タ265号71頁）とかいわれている。

また，判例では，法定更新の場合に更新料授受契約の適用を容認する場合にその理由として賃貸人にとっての利益公平ということが数え上げられているが，その公平は合意更新と法定更新との場合における賃貸人の公平ばかりでなく，法定更新の場合における賃借人の利益と賃貸人の利益との公平を考えている。

第4節　残された問題

今後，なお究明を必要とする問題のその1は，慣習に関する前掲東京地判昭49・1・28【147】は，なるほど実質的にみて法定更新のうち，合意更新とみられる場合があることを前提にして，その場合に，合意更新の場合の慣習がそのまま認められるとしているが，では，何故に合意更新の場合に更新料授受の慣

第8章 結　語

習が認められるのか，その理由・根拠が明らかにされていない。その点をどう解するかである。

その2は，法定更新の場合に更新料授受契約が適用になるかについて，容認説と否認説の対立があることを前に述べたが，それらの説がすべての場合においてその是非が問題になるという形で取扱いををなすべきものではなく，中心問題は，法定更新の無償性を是認するかにかかわるので，容認説は賃貸借当事者間を契約締結上の交渉力の格差のない対等者関係とみる場合に適用になるもの，また，否認説は格差がある不対等者関係とみ，したがって，公平の理念が支配する場合に適用になるもの，として両者を区別して扱うべきではないかと考えている。そのような更新料授受の問題は，不動産賃貸借の関係を借地・借家や営業用・居住用に分けて考えるだけでなく，そのような対等者間，不対等者間に分けても考えるべきではないか，ということである。

その3は，賃貸人が，賃借人から更新料を徴収する際に，本来，更新料によらないで賃料増額の形でよるべきなのに，判例は更新料によっているのは何故かということである。判例は，更新料の一種に賃料の補充という場合を認めているのでその場合は，なおさらのことである。学説は，「地代の差額請求は増額請求（借地法12条）で対処すべきであり，これを更新料で補おうとすることは本来の姿とは言えず，さらに現実に支払われていることからみても，① [賃料補充説―筆者注] が更新料の根拠として妥当なものといえるか疑問がある」（太田「前掲論文」27頁）ともいって

いる。ちなみに千葉地決昭和43年(借チ)第7号昭43・9・13事例集2・98は，期間を更新する増改築許可決定に伴う財産給付金は，更新料によらずに賃料増額のみの方法で算定するとしているのである。更新料を賃料増額で徴収しないのは，賃料増額では簡易迅速に事を運ぶことができないからであろうか。賃料増額例としては最近の東京地判平6・2・7判時1522・110で，適正賃料額の算定にあたり，正常賃料額と実際賃料額との差額の8割を賃借人の負担とするものがあらわれている。

私には，更新料を賃料増額請求によって徴収しない理由というのは，徴収すると賃貸人側で増額に対応して使用収益適状作出義務を拡大することを認めざるをえなくなる場合があるので，そうしたことを回避するためということもあるのではなかろうかと思われる。末尾に掲げた東京地判平6・8・22判時1521・86がでるまで，判例上増額賃料に相応して賃貸人の義務内容の分析を十分になされてこなかった事実がある。そもそも，営業用建物の賃貸借においては，賃借人は，居住用建物の賃貸借の場合に比べてより高額な賃料を支払っているが，その代わりに単に賃借建物の床面積とその上の立体的空間を利用させるだけでなく，冷暖房設備やエレベーター，エスカレーターの付帯設備を利用させることや，また，貸ビルの保安管理業務を盡くさせることを賃貸人に対し求めることができるように思われる。たとえば前掲東京地判平6・8・22は，賃貸人に高い賃料に相応して貸し，マンションのハイグレードな住環境を維持することを義務づけ，また，東京地判平10・9・30判時1673・111も，雑居ビルの賃貸借において

賃料が坪当り1万9,000円という場合に，貸室を使用収益させる前提として，賃借飲食店の顧客が賃借オフィスの利用者に加える迷惑行為を防止することを義務づけている。けだし，それら判例が出る前には，わが国の判例においても賃料増額に対応させ，賃貸人の使用収益適状作出義務を分析するということが十分に行われなかったように思われるのである。

参考文献一覧 (50音順)

阿部諄・不動産の管理と経営，商事法務研究会，1969

井口牧朗編・改正借地法にもとづく借地非訟手続の解説，酒井書店，1968

幾代通＝広中俊雄編・新版注釈民法(15)，有斐閣，1989，同〔増補版〕，1996

伊東乾＝三井哲夫編・注解非訟事件手続法〔改訂〕，青林書院，1995

伊東秀郎＝田尾桃二＝賀集唱・判例から見た借地借家の諸問題，新日本法規出版，1976

水本浩＝田尾桃二編・現代借地借家法講座1 借地法，日本評論社，1985

稲葉威雄＝内田勝一＝澤野順彦＝田尾桃二＝寺田逸郎＝水本浩編・新借地借家法講座1 総論・借地編1，日本評論社，1998

新借地借家法講座3 借家編，日本評論社，1999

薄根正男・借地・借家（借家篇），青林書院，1959

遠藤浩＝林良平＝水本浩監修・現代契約法大系3巻，有斐閣，1983

大橋九平治・土地建物借地借家関係並要義，常磐書房，1930

加藤実・鐘ヶ江晴夫他編・借地非訟における附随処分，学陽書房，1975

金沢良雄＝西山夘三＝福武直＝柴田徳衛編・住宅経営 住宅問題講座5，有斐閣，1968

澤野順彦・借地借家法の経済的基礎，日本評論社，1988

篠塚昭次・不動産法の常識下，日本評論社，1971

篠塚昭次＝田山輝明＝内田勝一＝大西泰博・借地借家法――条文と解説――，有斐閣，1992

鈴木禄弥・借地法下巻，青林書院，1971

鈴木禄弥＝高島良一編・借地の法律相談〔増補2版〕，有斐閣，1976

瀬川信久・日本の借地，有斐閣，1995

竹内昭夫＝松尾浩也＝塩野宏編・新法律学辞典第3版，有斐閣，1989

谷口知平＝有泉亨編・総合判例研究叢書民法(1)，有斐閣，1956

谷口知平＝甲斐道太郎編・新版注釈民法(18)，有斐閣，1991

東京地裁 借地非訟研究会編・詳解借地非訟手続の実務，新日本法規出版，1996

中川善之助＝兼子一編・不動産法大系III，青林書院新社，1970

中田眞之助・新版ビル賃貸借の法律，ぎょうせい，1994

西村宏一＝菅原勝郎＝寺田逸郎＝澤野順彦編・現代借地・借家法の法律実務II，ぎょうせい，1994

日税連公開研究討論会 中国税理士会研究チーム編・借地権101年目の改革，中央経済社，1998

日本住宅総合センター 借地借家制度調査会・借地借家制度の研究，日本住宅総合センター，1989

日本不動産鑑定協会調査研究委員会・借地権・借家権及び継続賃料の鑑定評価，日本不動産鑑定協会，1980

古山宏・判例借地借家法，判例タイムズ社，1954

古山宏＝水本浩編・借家の法律相談〔増補版〕，有斐閣，1976

法務省民事局参事官室編・借地・借家法改正の問題点，別冊NBL.17，商事法務研究会，1987

星野英一・借地・借家法，有斐閣，1969

松坂佐一＝西村信雄＝舟橋諄一＝柚木馨＝石本雅男先生還暦記念・契約法大系III，有斐閣，1962

水本浩＝遠藤浩編・基本法コンメンタール新借地借家法，日本評論社，1993

民法総合判例研究刊行会編・叢書民法総合判例研究(25)，一粒社，1976

武藤運十郎・日本不動産利用権史論，嚴松堂，1948

我妻栄・新訂民法総則，岩波書店，1974

渡辺洋三・民法と特別法I 土地・建物の法律制度(上)，東京大学出版会，1960

参考文献一覧

■論文・判批

吾妻光俊「権利金に就て」法時3巻1号

安藤良一「最判昭58・4・28の解説」法律のひろば37巻10号

池田真朗「最判昭59・4・20の判批」法セ363号

石栗正子「借地非訟事件の現状」判タ1050号

石外克喜「最判昭35・5・6の判批」法時33巻10号

市川太志「借地非訟事件の処理について」判タ967号

伊東秀郎「東京高判昭45・2・18の判批」判タ265号

岩城謙二「敷金・保証金・更新料」法令ニュース30巻11号

内田勝一「最判昭59・4・20の判批」判タ536号

浦野真美子「更新料をめぐる問題」判タ932号

太田武聖「更新料」判タ695号

岡垣学「権利金をめぐる諸問題——判例の綜合的概観」判タ59号

梶村太市「借地借家契約における更新料をめぐる諸問題（上）」判タ341号，「借地借家契約における更新料をめぐる諸問題（下）」判タ342号

川島武宜「大判昭7・7・7の判批」判民昭和7年度119事件

菊地康夫「定期借地権は都市における土地利用を促進するのか」法学セミナー447号

後藤清「昭29・3・11の判批」民商31巻2号

酒井金太郎「借地借家問題の現況と政策要求」ジュリスト増刊総合特集7

沢田みのり「最判昭59・4・20の判批」法時57巻1号

澤野順彦「定期借地権の担保上・評価上の諸問題」自由と正義47巻6号

塩崎勤「最判昭59・4・20の判批」法曹時報39巻2号，ジュリスト821号

司法省調査部「大阪に於ける所謂借家老舗に就て」世態調査資料第29号

島田周平「借地非訟手続及び付随処分に関する諸問題」自由と正義30巻5号

鈴木喜三郎「所謂権利金について」新聞2732号

鈴木禄弥「東京高判昭51・3・24の判批」判タ339号

「借地関係における更新料支払の諸問題」判タ345号

田尾桃二「最判昭43・6・27の判批」判タ228号

滝沢聿代「東京高判昭58・12・23の判批」判タ529号

竹内清「借地・借家の更新料」自由と正義36巻11号

谷口知平「最判昭35・5・6の判批」民商43巻6号

茶谷勇吉「借地借家の現行法規に関する若干の考察」司法研究17輯5巻

寺田逸郎「新借地借家法の解説(1)」NBL488号

寺田彌一郎「所謂権利金の意義性質」新聞2767号

戸根住夫「最決昭45・5・19の判批」民商64巻2号

並木茂「地代増額請求における相当額の算定と借地更新料について」東京調停協会々報27号

並木茂「東京地判昭49・1・28の判批」判タ312号

西村宏一「借地契約更新に伴う更新料について」商事法務518号

新田孝二「賃貸借契約における更新料の支払義務（一）」判時825号，「賃貸借契約における更新料の支払義務（二・完）」判時828号

野田宏「最判昭43・6・27の判批」最判判例解説法曹時報20巻10号

野村豊弘「最判昭59・4・20の判批」昭和59年度重判解ジュリスト838号

「最判昭43・6・27の判批」法協86巻8号

平野晃「東京における借地条件，地代等の実体について」ジュリスト399号

広瀬武文「建物に関する借地条件変更の裁判」法律時報38巻10号

広中俊雄「最判昭59・4・20の判批」判時1129号

広渡清吾「住居賃貸借法の位置と政策的機能」法時70巻2号

藤井俊二「定期借地権の権利金・保証金をめぐる問題」法律のひろば48巻4号

「地価の下落と賃貸借契約のスライド条項の法

的拘束力」判タ1050号
古屋紘昭「借地借家契約の合意更新・法定更新と更新料の授受」金判580号
星野英一「最判昭36・7・6の判批」法協80巻3号
宮ヶ原光正「定期借地権と権利金」季刊日本不動産学会誌7巻2号
宮川博史「東京地判平3・5・9の判批」判タ821号
宮崎俊行「借地契約の更新料と利益衡量的手法」日本法学45巻2号

「最判昭59・4・20の判批」ジュリスト817号
三和一博「東京地判昭49・1・28の判批」判時756号,判評190号
森泉章「最判昭43・6・27の判批」民商60巻2号
薬師寺志光「所謂権利金について」日本法学3巻4号
我妻栄「大判大15・1・29の判批」判民大正15年度5事件

判　例　索　引

【　】内は本書の判例通し番号，太字は〔判旨〕掲載頁を示す。

東京地判明 35・1・27 新聞 74・10 ……………………7
大判明 45・1・20 民録 18・1 ………6,【40】44,【58】66
東京地判大 8・4・21 評論 8 上・民法 1161
　　　　……………………7,【15】27,【68】73,【89】83
東京区判大 8・12・12 新聞 1794・9 ……【57】66, 78
東京控判大 9・7・15 新聞 1835・17 ……【69】73,【76】78
大判大 14・11・28 民集 4・12・670 ……【16】27,【63】71
大判大 15・1・29 民集 5・1・38 …………【49】61, 106
東京地判大 15・3・30 新聞 2558・11
　　　　………………【7】19,【31】38,【64】71,【86】82
東京地判大 15・11・24 新報 106・22…【28】36,【50】62
東京地判昭 2・2・5 評論 16 上・民法 642 ……………74
東京地判昭 3・4・27 評論 17・12・民法 872……50, 99
東京区判昭 5・2・15 新聞 3100・9
　　　　……………【8】20,【41】45, 50,【59】68,【102】99
大判昭 6・6・17 新聞 3286・4 ……………【92】88
東京地判昭 7・8・5 新聞 3459・9
　　　　……………………【19】30,【42】45, 50,【56】65
東京地判昭 8・5・8 新聞 3560・17 …【37】42,【51】62
東京控判昭 9・1・12 評論 23 上・民法 59 ……【96】90
東京地判昭 9・1・20 新報 360・21 ………………59
東京地判昭 9・12・6 評論 24 上・民法 242
　　　　…………………………………50, 58,【87】82
東京地判昭 10・10・23 新聞 3917・13 ……【35】40
東京地判昭 13・7・30 評論 27 下諸法 717 …【52】62
大判昭 15・11・27 全集 8・3・81 ……【53】63,【90】83
福岡高判昭 25・10・19 高刑集 3・3・498
　　　　………………………………【17】28,【38】42
大阪地判昭 25・11・10 下民集 1・11・1799
　　　　………………………………………【13】22, 95
東京高判昭 26・2・15 民集 8・3・683 ………【39】43
東京地判昭 26・7・12（古山宏・判例借地借家法
　66 頁）……………………………………………95
東京地判昭 27・1・28 下民集 3・1・79 ……………95
大阪地判昭 27・6・11 下民集 3・6・796 …50,【78】79
東京地判昭 27・8・7 下民集 3・8・1097 ……………50
東京地判昭 28・1・31 下民集 4・1・142 …………100

東京高判昭 28・6・8 東高民時報 4・2 民 47 ………50
東京地判昭 28・6・20 下民集 4・6・103 ………95
東京地判昭 28・6・20 下民集 4・6・901 …50,【60】69
最判昭 29・3・11 民集 8・3・672
　　　　……【9】20, 50, 58,【54】64,【70】75, 99, 103
大阪地判昭 29・4・6 判時 27・10…【10】20, 50,【72】76
東京高判昭 29・12・6 東高民時報 5・13・民 298
　　　　………………………… 7,【1】15,【73】76, 99
東京地判昭 30・2・2 下民集 6・2・159 …………52, 95
東京地判昭 31・2・10 下民集 7・2・303
　　　　…………………………【14】22,【20】30, 52
東京地判昭 31・4・26 下民集 7・4・1045
　　　　………………………【11】21,【32】39, 52, 58
大阪地判昭 31・8・22 下民集 7・8・2254 …【2】16, 52
東京高判昭 31・9・26 東高民時報 7・9・民 207
　　　　………………………………………【44】46
東京地判昭 32・5・11 判時 117・3
　　　　……………………【12】21,【45】46, 52, 58
最判昭 32・11・15 民集 11・12・1962
　　　　……………………【3】17, 52, 58,【75】77
最判昭 32・12・27 民集 11・14・2535 …52, 58,【97】91
東京地判昭 33・6・26 下民集 9・6・1196
　　　　……8,【21】31, 52, 58,【55】64,【65】72,【77】78, 99
東京高判昭 33・10・31 判時 173・20 ……52,【98】92
大阪高決昭 35・2・2 下民集 11・2・274 …………52
大阪地判昭 37・2・13 ジュリスト 264・判例カー
　ド 6 ……………………………………【88】83
横浜地川崎支判昭 37・8・10 下民集 13・8・1651
　　　　……【4】17, 42, 54, 58,【93】88, 99
東京地判昭 38・1・19 下民集 14・1・37 ………【33】39
福岡地小倉支判昭 38・4・8 下民集 14・4・687
　　　　………………【5】18,【18】29, 54,【79】80,【99】92
東京地判昭 39・5・28 判時 378・11 ……………110
東京地判昭 39・12・24 判タ 173・202 ………【22】31
東京地判昭 40・1・22 下民集 16・1・59
　　　　………………………………【23】32, 54, 58
旭川地判昭 40・3・23 下民集 16・3・469

判例索引

……………………………【36】41, 54,【94】89
名古屋地判昭 40・4・27 判時 419・45 ………… 7
東京地判昭 40・8・31 判時 430・39
　　　…………………………54,【66】72,【80】80
最決昭 41・3・2 民集 20・3・360 ………… 124
東京地判昭 42・5・29 判時 497・49 …【29】36, 54, 58
東京地決昭和 42 年(借チ)第 1 号昭 42・9・1
　　判時 492・15 ………………………… ③120
東京地決昭和 42 年(借チ)第 1028 号昭 43・3・
　　21 判タ 219・185 …………………… ④121
神戸地決昭和 43 年(借チ)第 3 号昭 43・6・15
　　事例集 2・20 ……………………………… 98
最判昭 43・6・27 民集 22・6・1427 ……54,【85】81
千葉地決昭和 43 年(借チ)第 3 号昭 43・7・11
　　判タ 225・191 …………………… 4, 98, ②119
千葉地決昭和 43 年(借チ)第 7 号昭 43・9・13
　　事例集 2・98 …………………………… v, 222
東京地判昭 43・12・20 ……………………… 118
大阪地判昭 44・1・31 金法 543・39 ………… 100
大阪地判昭 44・3・28 ジュリスト 442・判例カー
　　ド 7 ………………………………… 【43】45
大阪地判昭 44・5・14 判時 598・77 ………… 100
東京地判昭 44・5・21 判時 571・64
　　………………………【24】32, 54,【61】69,【81】80
東京地決昭和 44 年(借チ)第 9 号昭 44・12・11
　　判タ 242・284 ……………………………121
東京地判昭 44・12・11 判タ 242・285 ……… 124
東京地判昭 45・2・13 判時 613・77
　　……… 7,【105】118, 132, 133, 139,【112】140,
　　　　　　　　　【137】160, 173,【186】209
東京地判昭 45・2・27 判タ 248・261
　　………………………【25】33,【46】46, 56,【82】80
最決昭和 44 年(ク)第 419 号昭 45・5・19 民集
　　24・5・377 ………………………… ⑦128
東京地決昭和 45 年(借チ)第 11 号昭 45・8・17
　　判タ 256・259 ……………………………121
東京地決昭和 45 年(借チ)第 15 号昭 45・12・1
　　判タ 260・309 ……………………… ⑤125
東京高判昭 45・12・18 高民集 23・4・551, 判時
　　616・72, 判タ 260・216
　　……………【104】118, 124,【138】161, 173,【166】193
東京地判昭 46・1・25 判時 633・81

　　…………… 124, 132,【115】141,【173】199,【182】206
東京地決昭和 45 年(チ)第 2077・2104 号昭 46・
　　2・9 判タ 263・318 ………………… ①40
東京高決昭和 44 年(ラ)第 1020 号昭 46・2・19
　　下民集 22・1・2 合併号 172 ………… ⑪195
東京高決昭 46・2・19 判タ 263・318 ………… 124
京都地判昭 46・10・12 判時 657・76 ……【34】40, 56
東京高判昭 46・11・26 金判 304・10 ……56,【95】89
東京地決昭和 46 年(借チ)第 35 号昭 47・6・13
　　判時 673・62, 判タ 282・383 …………… ⑩195
東京地判昭 47・11・30 判タ 286・267
　　………………【6】19,【47】46, 56, 58,【91】84
東京地判昭 48・1・27 判時 709・53
　　…… 124, 131,【110】137,【150】177, 179, 180, 181
東京地決昭和 47 年(借チ)第 14 号昭 48・2・1
　　判タ 302・266 …………………………… 130
東京地判昭 48・2・16 判時 714・196
　　………… 118, 133, 139, 173,【169】196,【189】211
東京地決昭和 47 年(借チ)第 1033 号昭 48・3・
　　6 判タ 295・302 ……………………… ⑥126, 128
東京高判昭 48・7・31 判時 716・42
　　………………… 6,【48】48, 56, 58,【74】77
東京地判昭 48・12・19 下民集 24・9〜12・906
　　………………………………【177】201, 215
東京地判昭 49・1・28 判時 740・66
　　……【147】175, 185, 187,【183】207, 218, 219, 221
東京地判昭 49・1・28 判時 740・67 ……………113
江戸川簡判昭 49・3・25 判時 753・81
　　…………………4,【100】97, 131,【111】138
東京地判昭 50・9・22 下民集 26・9〜12・792,
　　判時 810・48 ………………118, 132, 139,【113】140,
　　　　　　　　【136】160, 168, 173,【161】189
東京地判昭 50・9・23 判時 814・127
　　…………… 124,【151】178, 179,【176】201, 206
東京高決昭和 50 年(ラ)619, 729 号昭 51・
　　3・12 判タ 338・221………………………… 98
東京高判昭 51・3・24 判時 813・46, 判タ 335・192
　　……… 124, 174,【152】179, 181, 196,【170】197
東京地判昭 51・7・20 判時 846・83
　　……………118,【116】144,【139】162, 168, 173,
　　　　　　　　【167】194,【187】210
東京高判昭 51・7・28 東高民時報 27・7・民 185,

230　権利金・更新料の判例総合解説

判タ 344・196 ……………6,【30】37, 56,【71】76
東京地判昭 51・9・14 判時 858・85
　……………………………174,【153】179, 181
最判昭 51・10・1 判時 835・63 …………【154】181
東京地判昭 52・5・30 判時 879・113 ………【106】126
東京高判昭 52・6・15 東高民時報 28・6・民 135,
　判時 860・115 ………………【155】181, 215
浦和地決昭和 50 年 (借チ) 第 15 号昭 52・9・30
　事例集 4・198 …………………………………99
岐阜地判昭 52・10・3 判時 881・142 ……………26
横浜地川崎支決昭和 52 年 (借チ) 第 10 号昭 53・
　7・7 事例集 4・182 ……………………………130
東京地判昭 53・7・19 判タ 371・104 …【156】182, 186
東京高判昭 53・7・20 判時 904・68
　……………………131, 173,【107】134,【117】145
東京地決昭和 52 年 (借チ) 第 38 号昭 53・11・20
　事例集 4・58 ……………………………………99
東京高判昭 54・1・24 判タ 383・106
　……………………133, 139,【142】164, 168, 173, 208
東京高判昭 54・2・9 下民集 30・1〜4・15, 判時
　927・200 ………………139,【129】153, 173,【190】211
東京高判昭 54・6・29 判時 938・46 …【157】183, 186
東京地判昭 54・9・3 判タ 402・120
　…………………………………132,【114】141, 173
東京地判昭 55・5・14 判時 983・100
　……………………………139,【130】153, 212
東京高判昭 55・5・27 判タ 419・100
　……………………………………154,【158】184, 186
東京高判昭 56・7・15 東高民時報 32・7・民 166
　………………………………………139, 154, 173
東京地判昭 56・7・22 判タ 465・135 ………【131】154
東京地判昭 56・11・24 判タ 467・122
　……………………………132, 141,【188】210, 221
東京地判昭 56・12・17 判時 1048・119
　…………………………【26】34, 56,【67】72,【83】81
浦和地判昭 57・4・15 判時 1060・123
　…………………………【27】35, 56,【62】70,【84】81
横浜地判昭 57・5・21 民集 38・6・645 ………165, 201
横浜地判昭 57・5・21 民集 38・6・631 ……【140】163
東京地判昭 57・10・20 判時 1077・80
　………………131, 133,【108】135,【118】145, 147,
　　　　【143】165, 168, 173, 189,【162】190,【184】208

東京地判昭 58・1・26 ジュリスト 804・判例カー
　ド 6 ………………………………………154
東京高判昭 58・7・19 判時 1089・49
　………………【144】165, 168,【178】202,【180】206
東京高判昭 58・12・23 判時 1105・53
　………………………175,【148】176,【172】199
最判昭 59・4・20 民集 38・6・610
　………………4,【101】98, 131, 133,【109】136, 139,
　　　　【145】167, 168, 171, 173, 185,【179】202
東京地判昭 59・6・7 判時 1133・94, 判タ 549・215
　………………132, 133, 139,【127】151, 159, 173,
　　　　【168】194,【181】206
東京地判昭 59・12・26 判タ 556・163
　……………………………【119】145,【146】167
東京地判昭 61・10・15 判時 1244・99, 金判 770・
　123 ……133,【120】146,【126】150, 173,【191】212
東京高判昭 62・5・11 金判 779・33 ………【159】186
高松高決昭和 63 年 (ラ) 2 号昭 63・11・9 判タ
　710・214 …………………………………125
東京高決昭和 63 年 (ラ) 第 113 号平 1・11・10
　判タ 752・231 …………………………125, 8 129
東京地判平 2・7・30 判時 1385・75
　………………139,【132】154, 173,【171】198, 211
東京地判平 2・11・30 判時 1395・97
　………………………【121】146,【163】190, 208
千葉地松戸支決平 3・3・29 金額事例集追録
　14〜17・1183 の 7 ……………………………174
東京地判平 3・5・9 判時 1407・80
　……………………………133, 139,【133】155, 173
東京高判平 3・7・30 金法 1313・26 …………156, 220
大阪高決平成 3 年 (ラ) 第 49 号平 3・12・18
　判タ 775・171 ………………………9 129, 219
東京地判平 4・1・8 判時 1440・107
　……133,【134】156, 173,【160】186,【165】192, 210
東京地判平 4・1・23 判時 1440・109
　………………………133,【122】147,【174】200
東京地判平 4・7・23 判時 1459・137 ………【103】100
東京地判平 4・9・25 判タ 825・258
　…………………………【123】147,【141】163, 168
東京地決平 5・1・29 追録 28〜29・1183 の 20 …130
東京地判平 5・2・25 判タ 854・231 …………208, 220
東京高判平 5・5・14 判時 1520・94 ……………128

判例索引

東京地判平 5・8・25 判時 1502・126, 判タ 865・213
　………………【124】148, 168, 173,【164】191, 208
浦和地判平 5・11・30 判時 1522・126 …………110
東京地判平 6・2・7 判時 1522・110 ……………222
東京地判平 6・8・22 判時 1521・86 ……………222
東京地判平 7・12・8 判タ 918・142 …【149】177, 206
東京地判平 9・1・28 判タ 942・146
　………………………………【135】157, 173, 211

東京地判平 9・6・5 判タ 967・164 ………………173
東京地判平 10・3・10 判タ 1009・264
　………………【125】149, 173,【175】200,【185】208
東京地判平 10・9・30 判時 1673・111 …………222
東京高判平 11・6・28 金判 1077・46
　………………………………………【128】151, 173
東京地判平 12・10・26 金判 1132・52 …………100

〔著者紹介〕

石 外 克 喜（いしがい かつき）

略歴　1923　大阪府に生まれる
　　　1951　京都大学法学部卒業。和歌山大学経済学部助手
　　　1961　和歌山大学経済学部助教授
　　　1970　大阪府立大学経済学部教授
　　　1977　広島大学法学部教授
　　　1987　広島修道大学法学部教授
現職　広島大学名誉教授，弁護士

〔主要著作〕

編著　現代民法講義5・契約法（改訂版），法律文化社（1994年）
論文　「敷金と権利金」契約法大系Ⅲ，有斐閣（1962年）
　　　「適正地代と判例」ジュリスト652号（1977年）
　　　「貸ビル保証金の返還時期」法律時報53号2号（1981年）
　　　「住宅ローンと物的担保」法律時報54巻5号（1982年）

権利金・更新料の判例総合解説　　　　　　　　判例総合解説シリーズ

2003(平成15)年4月25日　第1版第1刷発行
2005(平成17)年2月25日　第1版第2刷発行

著　者　石外克喜
発行者　今井 貴・稲葉文子　　発行所　株式会社信山社　東京都文京区本郷 6-2-9-102
　　　　　　　　　　　　　　電話(03)3818-1019　〔FAX〕3818-0344〔営業〕　郵便番号 113-0033
　　　　　　　　　　　　　　印刷／製本　松澤印刷株式会社

©2003, 石外克喜　Printed in Japan　落丁・乱丁本はお取替えいたします。　NDC分類 324.211
ISBN 4-7972-5641-9　　　　　★定価はカバーに表示してあります。

Ⓡ〈日本複写権センター委託出版物・特別扱い〉　本書の無断複写は，著作権法上での例外を除き，禁じられています。本書は，日本複写権センターへの特別委託出版物ですので，包括許諾の対象となっていません。本書を複写される場合は，日本複写権センター(03-3401-2382)を通して，その都度，信山社の許諾を得てください。

広中俊雄編著

日本民法典資料集成（6部編成 全15巻）

第1巻　民法典編纂の新方針

B5変上製箱入り／約1200頁／定価10万5千円（本体10万円）

目　次

『日本民法典資料集成』(全15巻)への序／全巻凡例／日本民法典編纂史略年表
全巻総目次／第1巻目次(第1部細目次)

「民法典編纂の新方針」総説
　Ⅰ　新方針(=民法修正)の基礎
　Ⅱ　法典調査会の作業方針
　Ⅲ　甲号議案審議前に提出された乙号議案とその審議
　Ⅳ　民法目次案とその審議
　Ⅴ　甲号議案審議以後に提出された乙号議案
あとがき（研究ノート）

日本民法典の編纂は、明治23年公布民法（いわゆる旧民法）の編纂の時期（前期）とそれの施行を延期して旧民法修正という新方針のもとに編纂のしなおしをした時期（後期）とに分かれ、後期に関する資料については、①福島正夫編『穂積陳重立法関係文書の研究』があるが、同書には誤りも少なくないし、後期に関する資料としては別に、②梅謙次郎関係、③箕作麟祥関係および、④田部芳関係の各文書に含まれている資料にも重要なものがかなりある。

本書刊行の目的は、上述4文書中の新方針に関する文書を複製により体系的かつ網羅的に集成のうえ所要の解説を付して、日本民法典編纂史研究のための初期史料集の決定版を学界に提供することにある。初期史料集に続く史料集も逐次準備していく予定である。

最初に、旧民法修正という新方針を基礎づけた立法資料について説明したうえ、関係文書を収録する。ここには第三回帝国議会で審議された「民法商法施行延期法律案」の「原稿」およびその提出を受けた貴族院が配付した「議案書」（ともに全容は今回はじめて公刊のかたちで学界に提供される）や、勅令「法典調査会規則」の明治27年改正のための「穂積書込み草稿」および「梅書込み草稿」などが含まれる。

つぎに、法典調査会の作業方針の策定に関する諸資料を収録するが、ここには穂積文書に含まれない（福島正夫編『穂積陳重立法関係文書の研究』で触れられていない）修正「法典調査規程」案および「法典調査委員会議事規則」案も含まれる。また、穂積文書でばらばらになっている『法典調査会規則／法典調査規程／法典調査ノ方針』という表題の綴りの復元や「議事に関する申合規則」の形成過程に関係があると考えられる文書（福島・前掲書では「法典調査会運営についての箇条書」と名づけられているが、正確には「法典調査会の運営に関する提案」と名づけられるべきもの）の位置付けを試みる。

以上のあと、民法本文の修正に取り掛かる準備の段階の諸資料（いわゆる予決議案など）を収録する。それぞれの場所で穂積文書、梅文書、箕作文書、田部文書に含まれる貴重な諸資料を収録し（複製にあたっては書込みを捕捉しやすくなるためカラー写真を用いる）、日本民法典編纂史を把握するための初期史料を集大成する。

2005年3月　第1巻予約分のみ発売　信山社　20周年記念　　全巻予約販売

信山社　判例総合解説シリーズ

公共の福祉の判例総合解説	長谷川貞之
無能力者と財産管理制度の判例総合解説	新井誠
権利能力なき社団・財団の判例総合解説	**河内宏**
法人の不法行為責任と表見代理責任の判例総合解説	阿久沢利明
公序良俗の判例総合解説	中舎寛樹
錯誤の判例総合解説	**小林一俊**
心裡留保の判例総合解説	七戸克彦
虚偽表示の判例総合解説	七戸克彦
詐欺・強迫の判例総合解説	松尾弘
無権代理の判例総合解説	半田正夫
委任状と表見代理の判例総合解説	武川幸嗣
越権代理の判例総合解説	高森八四郎
時効の援用・放棄の判例総合解説	松久三四彦
除斥期間の判例総合解説	山崎敏彦
登記請求権の判例総合解説	鎌野邦樹
民法77条における第三者の範囲の判例総合解説	半田正夫
物上請求権の判例総合解説	徳本鎮・五十川直行
自主占有の判例総合解説	田中整爾・下村正明
占有訴権の判例総合解説	五十川直行
地役権の判例総合解説	五十川直行
使用者責任の判例総合解説	五十川直行
工作物責任の判例総合解説	五十川直行
名誉権侵害の判例総合解説	五十川直行
即時取得の判例総合解説	**生熊長幸**
附合の判例総合解説	潮見佳男
共有の判例総合解説	小杉茂雄
入会権の判例総合解説	中尾英俊
留置権の判例総合解説	清水元
質権・先取特権の判例総合解説	椿久美子
共同抵当の判例総合解説	下村正明
抵当権の侵害の判例総合解説	宇佐見大司
物上保証の判例総合解説	椿久美子
譲渡担保の判例総合解説	小杉茂雄
賃借権侵害の判例総合解説	赤松秀岳
安全配慮義務の判例総合解説	円谷峻
履行補助者の故意・過失の判例総合解説	鳥谷部茂
損害賠償の範囲の判例総合解説	岡本詔治
不完全履行と瑕疵担保責任の判例総合解説	久保宏之
債権者取消権の判例総合解説	下森定
詐害行為取消権の判例総合解説	佐藤岩昭
債権者代位権の判例総合解説	佐藤岩昭
連帯債務の判例総合解説	手嶋豊・難波譲治
保証人保護の判例総合解説	**平野裕之**
間接被害者の損害賠償の判例総合解説	平野裕之
製造物責任法の判例総合解説	平野裕之
消費者契約法の判例総合解説	平野裕之
在学契約の判例総合解説	平野裕之
弁済の提供と受領遅滞の判例総合解説	北居功
債権譲渡の判例総合解説	野澤正充
債務引受・契約上の地位の移転の判例総合解説	野澤正充
弁済者代位の判例総合解説	寺田正春
契約締結上の過失の判例総合解説	本田純一
事情変更の原則の判例総合解説	小野秀誠
危険負担の判例総合解説	小野秀誠
同時履行の抗弁権の判例総合解説	**清水元**
専門家責任の判例総合解説	笠井修
契約解除の判例総合解説	笠井修
約款の効力の判例総合解説	中井美雄
リース契約の判例総合解説	手塚宣夫
クレジット取引の判例総合解説	後藤巻則
金銭消費貸借と利息の判例総合解説	鎌野邦樹
銀行取引契約の判例総合解説	関英昭
フランチャイズ契約の判例総合解説	宮下修一
賃借権の対抗力の判例総合解説	野澤正充
無断譲渡・転貸借の効力の判例総合解説	藤原正則
権利金・更新料の判例総合解説	**石外克喜**
敷金・保証金の判例総合解説	石外克喜
借家法と正当事由の判例総合解説	本田純一
借地借家における用方違反の判例総合解説	藤井俊二
マンション管理の判例総合解説	藤井俊二
建設・請負の判例総合解説	山口康夫
相殺の担保的機能の判例総合解説	千葉恵美子
事務管理の判例総合解説	副田隆重
不当利得の判例総合解説	**土田哲也**
不法原因給付の判例総合解説	田山輝明
不法行為に基づく損害賠償請求権の期間制限の判例総合解説	松久三四彦
事業の執行性の判例総合解説	國井和郎
土地工作物設置保存瑕疵の判例総合解説	國井和郎
過失相殺の判例総合解説	浦川道太郎
生命侵害の損害賠償の判例総合解説	田井義信
請求権の競合の判例総合解説	奥田昌道
婚姻の成立と一般的効果の判例総合解説	床谷文雄
婚約の判例総合解説	國府剛
事実婚の判例総合解説	二宮周平
婚姻無効の判例総合解説	**右近健男**
離婚原因の判例総合解説	阿部徹
子の引渡の判例総合解説	許末恵
養子の判例総合解説	中川高男
親権の判例総合解説	**佐藤隆夫**
扶養の判例総合解説	西原道雄
相続回復請求権の判例総合解説	門広乃里子
相続・贈与と租税の判例総合解説	三木義一
遺言意思の判例総合解説	潮見佳男

[太字は既刊、各巻2,200円～3,200円（税別）]

判例総合解説シリーズ

分野別判例解説書の新定番　　　　　　　実務家必携のシリーズ

実務に役立つ理論の創造

緻密な判例の分析と理論根拠を探る

石外克喜 著 (広島大学名誉教授)　2,900 円
権利金・更新料の判例総合解説
●大審院判例から平成の最新判例まで。権利金・更新料の算定実務にも役立つ。

生熊長幸 著 (大阪市立大学教授)　2,200 円
即時取得の判例総合解説
●民法192条から194条までの即時取得に関する主要な判例を網羅・解説。学説と判例の対比に重点。動産の取引、紛争解決の実務に役立つ。

土田哲也 著 (香川大学名誉教授・高松大学教授)　2,400 円
不当利得の判例総合解説
●民法703条〜707条までの不当利得に関する判例解説。不当利得論は、判例は公平論を維持しているが、通説となってきた学説の類型論の立場で整理。事実関係の要旨をすべて付し、実務的判断に便利。

平野裕之 著 (慶應義塾大学教授)　3,200 円
保証人保護の判例総合解説
●信義則違反の保証「契約」の否定、「債務」の制限、保証人の「責任」制限を正当化。総合的な再構成を試みながら判例を分析・整理。

佐藤隆夫 著 (國學院大学名誉教授)　2,200 円
親権の判例総合解説
●子の受難時代といわれる今日、親権の行使、離婚後の親権の帰属等、子をめぐる争いは多い。親権法の改正を急務とする著者が「親権」とは、「親とは何か」を問いつつ、判例を分析・整理。

河内　宏 著 (九州大学教授)　2,400 円
権利能力なき社団・財団の判例総合解説
●民法667条〜688条の組合の規定が適用されている、権利能力のない団体に関する判例の解説。

清水　元 著 (中央大学教授)　2,300 円
同時履行の抗弁権の判例総合解説
●民法533条に規定する同時履行の抗弁権の適用範囲の根拠を判例分析。双務契約の処遇等、検証。

右近建男 著 (岡山大学教授)　2,200 円
婚姻無効の判例総合解説
●婚姻意思と届出意思との関係、民法と民訴学説の立場の違いなど、婚姻無効に関わる判例を総合的に分析。

小林一俊 著 (大宮法科大学院教授・亜細亜大学名誉教授)　2,400 円
錯誤の判例総合解説
●錯誤無効の要因となる要保護信頼の有無、錯誤危険の引受等の観点から実質的な判断基準を判例分析。

小野秀誠 著 (一橋大学教授)　2,900 円
危険負担の判例総合解説
●実質的意味の危険負担や、清算関係における裁判例、解除の裁判例など危険負担論の新たな進路を示す。

松尾　弘 著 (慶應義塾大学教授)　【近刊】
詐欺・強迫の判例総合解説
●詐欺・強迫行為を規律する関連法規の全体構造を確認しながら、各法規による要件・効果をベースに判例を整理・分析。日常生活の規範・関連するルールを明らかにし、実務的判断に重要。

信山社